westermann

Markus Peters, Elvira Pürling

W0203087

Handlungsorientierte Datenverarbeitung für kaufmännische Berufe

Textverarbeitung mit Word 2021
Präsentieren mit PowerPoint 2021

1. Auflage

Bestellnummer 60295

Die in diesem Produkt gemachten Angaben zu Unternehmen (Namen, Internet- und E-Mail-Adressen, Handelsregistereintragungen, Bankverbindungen, Steuer-, Telefon- und Faxnummern und alle weiteren Angaben) sind i.d.R. fiktiv, d.h., sie stehen in keinem Zusammenhang mit einem real existierenden Unternehmen in der dargestellten oder einer ähnlichen Form. Dies gilt auch für alle Kunden, Lieferanten und sonstigen Geschäftspartner der Unternehmen wie z.B. Kreditinstitute, Versicherungsunternehmen und andere Dienstleistungsunternehmen. Ausschließlich zum Zwecke der Authentizität werden die Namen real existierender Unternehmen und z.B. im Fall von Kreditinstituten auch deren IBANs und BICs verwendet.

Zusatzmaterialien zu „Handlungsorientierte Datenverarbeitung für kaufmännische Berufe – Word 2021 und PowerPoint 2021"

Für Lehrerinnen und Lehrer:

Lösungen zum Schulbuch Download: 978-3-427-60298-9

BiBox westermann inkl. E-Book

BiBox Einzellizenz für Lehrer/-innen (Dauerlizenz): 978-3-427-60301-6
BiBox Kollegiumslizenz für Lehrer/-innen (Dauerlizenz): 978-3-427-60304-7
BiBox Kollegiumslizenz für Lehrer/-innen (1 Schuljahr): 978-3-427-60307-8

Für Schülerinnen und Schüler:

BiBox westermann inkl. E-Book

BiBox Einzellizenz für Schüler/-innen (1 Schuljahr): 978-3-427-60310-8
BiBox Klassensatz PrintPlus (1 Schuljahr): 978-3-427-82901-0

mit Webcode im Buch – Buch +Web

Zu diesem Produkt sind digitale Zusatzmaterialien kostenlos online für Sie erhältlich. Sie können diese ganz einfach über die Eingabe des nachfolgenden Codes im Suchfeld unter www.westermann.de abrufen.

BVE-60295-001

Sollten Sie zu diesem Produkt bereits eine BiBox mit Material erworben haben, so sind die Zusatzmaterialien selbstverständlich dort bereits integriert.

Druck und Bindung: Westermann Druck GmbH, Georg-Westermann-Allee 66, 38104 Braunschweig

ISBN 978-3-427-**60295**-8

Vorwort

Das Buch „Handlungsorientierte Datenverarbeitung für kaufmännische Berufe – Textverarbeitung mit Word 2021 und Präsentieren mit PowerPoint 2021“ vermittelt fundierte Kompetenzen im Bereich der Textverarbeitung mit MS Word der Präsentationssoftware PowerPoint. Es enthält zahlreiche in berufliche Handlungssituationen eingebundene betriebswirtschaftliche Problemstellungen, die ganzheitlich und schüleraktiv gelöst werden können. Sowohl die Erarbeitungen als auch die Übungen haben eine einheitliche Struktur, die ausgehend von einer Situation über ausführliche und schüleradäquat formulierte Informationen die Lernenden selbstständig zur Lösung kommen lässt Durch die induktive Vorgehensweise wird den didaktisch-methodischen Anforderungen und Richtlinien Rechnung getragen. Die Förderung der beruflichen Handlungskompetenz hat im Rahmen der Entwicklung des Buches einen hohen Stellenwert eingenommen. Das Buch eignet sich zum selbstständigen schüleraktiven Lernen. Es kann somit auch als Nachschlagewerk für die Vor- und Nachbereitung des Unterrichts von den Schülerinnen und Schülern verwendet werden. Weiterhin bietet es durch die zahlreichen Übungen eine umfassende Lernerfolgskontrolle.

In den Situationen stützt sich das Buch auf das Modellunternehmen Duisdorfer BüroKonzept KG. Die Lernenden werden in die Rolle einer/eines Auszubildenden versetzt, in der sie die Arbeitsaufträge bearbeiten. So können sich die Lernenden mit dem jeweiligen Arbeitsauftrag identifizieren. Die Einführung in die jeweiligen Themen wird den Schülerinnen und Schülern anhand von durchgängigen, berufsnahen Situationen Schritt für Schritt verdeutlicht, sodass stets der Sinn und der Nutzen des jeweiligen Inhalts nachvollziehbar werden. So wird ein Bezug zur beruflichen Lebenswirklichkeit der Schülerinnen und Schüler hergestellt.

Mithilfe der umfangreichen Übungen mit integrierten Wiederholungen des bereits Gelernten wird auch der Heterogenität der Schülerinnen und Schüler in den Klassen Rechnung getragen. Je nach Lerngruppe ist so eine differenzierte Übung möglich.

Zu dem Buch besteht die Möglichkeit unter www.westermann.de (siehe Hinweis auf Seite 2) Dateien herunterzuladen. So können sich die Schülerinnen und Schüler bei Bedarf auf den relevanten Lerninhalt konzentrieren. Es findet sich an den gegebenen Stellen des Buches das Symbol Web als Hinweis auf die jeweilige Datei.

Verweise auf das Modellunternehmen sind mit dem Symbol gekennzeichnet. Die Ausgangssituationen zu beruflichen Problemstellungen werden durch das Symbol kenntlich gemacht.

Insgesamt wurden bei der Erstellung des Buches Microsoft Office 2021 und 365 zugrunde gelegt. Das Buch kann aber auch mit älteren Versionen von Microsoft Office genutzt werden.

Die Autoren

Inhaltsverzeichnis

PowerPoint

Das Unternehmen Duisdorfer BüroKonzept KG

Die Duisdorfer BüroKonzept KG besteht seit dem Jahr 2005. Gegründet wurde sie von vier Freunden, die ihre beruflichen Erfahrungen und ihr verfügbares Kapital in ein gemeinsames Unternehmen einbringen wollten. Sebastian Falo hatte kurz vorher seine Meisterprüfung als Möbeltischler absolviert und wollte sich selbstständig machen. Katharina Niester hatte im Betrieb ihrer Eltern eine kaufmännische Ausbildung gemacht und nach vier Jahren die Leitung der Einzelunternehmung übernommen. Nach weiteren vier Jahren übertrugen die Eltern das betriebliche Eigentum auf Katharina und zogen sich aus dem Unternehmen zurück.

In Gesprächen mit Sebastian Falo, den Katharina Niester aus ihrer gemeinsamen Schulzeit kannte, entstand die Idee, das Bürohandelsunternehmen ihrer Eltern um die Produktion von Büromöbeln zu erweitern. Für die erforderlichen Investitionen benötigten sie finanzielle Mittel. Beate Keller-Rössler und Matthias Suttner beteiligten sich mit insgesamt 160.000 € an dem Unternehmen. An einer Mitarbeit im Unternehmen hatten beide kein Interesse.

So gründeten die vier Freunde eine Kommanditgesellschaft. Sebastian Falo und Katharina Niester wurden Komplementäre (Vollhafter). Beate Keller-Rössler und Matthias Suttner waren als Kommanditisten (Teilhafter) an dem Unternehmen beteiligt. Die Höhe der Einlagen sowie die Rechte und Pflichten der vier Gesellschafter wurden im Gesellschaftsvertrag vereinbart.

Der Eintrag ins Handelsregister beim Amtsgericht Bonn erfolgte mit der Firma Duisdorfer BüroKonzept KG unter HRA 1221. Zweck des Unternehmens ist seit damals die Herstellung und der Vertrieb von Ausstattungsgegenständen im Bürobereich sowie die Beratung in allen Fragen der Büroorganisation. Die Duisdorfer BüroKonzept KG ist Mitglied der **Industrie- und Handelskammer Bonn/ Rhein-Sieg** und gehört dem Tarifverband der **IG Metall – Holz und Kunststoff** an.

Der Sitz der Duisdorfer BüroKonzept KG mit Produktions- und Lagerhalle, einem Ausstellungsraum und dem Verwaltungsgebäude befindet sich in Bonn. Der Standort ist von der Autobahn gut zu erreichen und bietet Erweiterungsmöglichkeiten bei zukünftigen Expansionen. Die Mitarbeiter können ihren Arbeitsplatz gut mit öffentlichen Verkehrsmitteln erreichen, haben aber auch Parkmöglichkeiten auf dem Betriebsgelände.

Das Organigramm zeigt die derzeitige Organisationsstruktur der Duisdorfer BüroKonzept KG.

Organigramm der Duisdorfer BüroKonzept KG

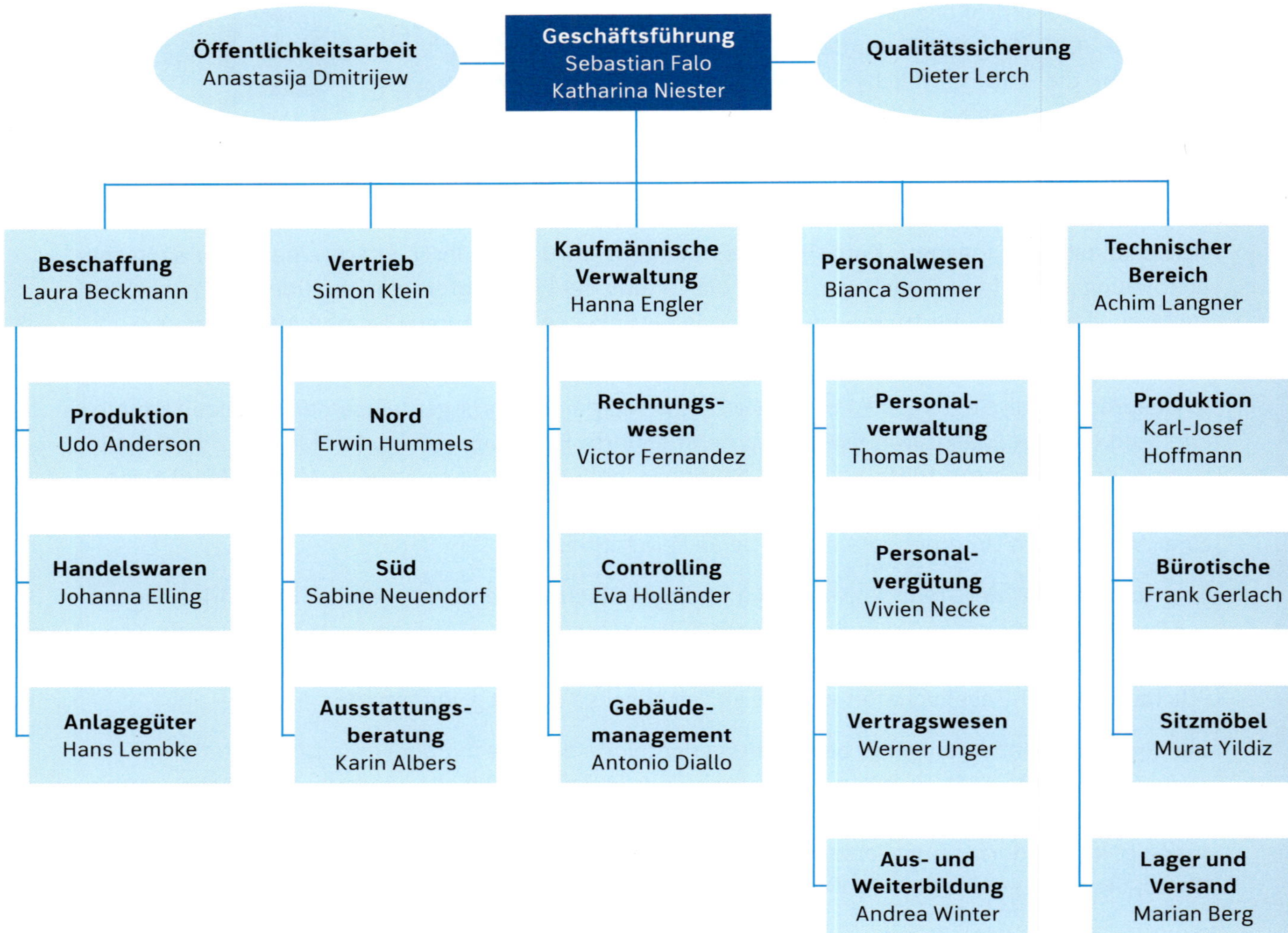

Die Tabelle führt eine Auswahl der Artikel auf, die die Duisdorfer BüroKonzept vertreibt. Die Artikel in den Warengruppen 10, 20, 40 und 88 sind selbst hergestellt. Die als Handelsware beschafften Artikel werden in den Warengruppen 30 und 50 geführt. Die jeweilige Warengruppe ist aus den beiden ersten Ziffern der Artikelnummer zu ersehen.

Artikelliste (Auszug)

Artikel-Nr.	Artikelbezeichnung	Warengruppe	Einzelpreis
101111	Schreibtisch Ökostar	10	489,00 €
101112	Schreibtisch Ahorn	10	519,00 €
101113	Schreibtisch weiß C-Füße	10	219,00 €
101114	Konferenztischelement lichtgrau	10	98,00 €
101115	Mehrzwecktisch oval lichtgrau	10	579,00 €
202111	Bürostuhl Comfort	20	228,00 €
202112	Bandscheiben-Drehstuhl extra	20	299,00 €
202113	Chefsessel Bonn Maxx	20	399,00 €
202114	Bürosessel Tenno (zuvor Bürosessel Bodu L)	20	349,00 €
202115	Hocker Milano	20	59,00 €
300212	Aktenvernichter Safeway	30	79,00 €
300213	Scann-Chef 100	30	150,00 €
301111	Multifax 0912	30	59,00 €
302222	Tischkopierer Sumsang	30	275,00 €
401589	Ventilator Orkano	40	36,00 €
500013	Magnettafel Memoboard weiß 60 x 90	50	59,90 €
500023	Tafellöscher für Magnettafel	50	10,99 €
885961	Naturkontor Schreibtisch 140 x 80	88	399,00 €
885963	Naturkontor Schreibtisch 160 x 80	88	449,00 €
885965	Naturkontor Schreibtisch 180 x 90	88	599,00 €

Warengruppenliste

Warengruppe	Bezeichnung
10	eigene Erzeugnisse Tische
20	eigene Erzeugnisse Stühle
30	Handelswaren Bürotechnik
40	eigene Erzeugnisse Bürotechnik
50	sonstige Büroausstattung
88	Büromöbelprogramm Naturkontor

Die Kunden der Duisdorfer BüroKonzept KG sind Wiederverkäufer sowie Endkunden aus Deutschland und dem europäischen Ausland. So finden sich in der Kundenliste Unternehmen des Bürohandels sowie Betriebe und Einrichtungen, die die Produkte und Artikel zur Ausstattung ihrer eigenen Büros nutzen.

Kundenliste (Auszug)

Kunden-Nr.	Firma	Firmenzusatz	Straße Nummer	PLZ	Ort	Telefon	Bank	IBAN/BIC	Ansprechpartner	Rabattsatz %	Kunde seit
2401	Neuhoff KG	RaumDesign	Brunnenstraße 3	38700	Hannover	0511 886055-0	Sparda Hannover	DE95 2509 0500 5588 4674 58 GENODEF1S09	**Otto Langner**	5,0	27.03.2005
2402	Intermöbel GmbH	Großhandel für Büromöbel	Kaiserstraße 10	57074	Siegen	0271 522455-0	Commerzbank Siegen	DE09 4604 0033 7987 8544 31 COBADEFF460	**Zeta Franke**	7,5	05.01.2006
2403	Stadt Bonn	Gebäudemanagement	Berliner Platz 2	53103	Bonn	0228 953378-0	Westdeutsche Landesbank Köln	DE10 3005 0000 7584 6214 70 WELADEDDXXX	**Laura Bender**	0,0	05.05.2006
2404	Frohn KG	Büroausstattung	Lerchenweg 44	69117	Heidelberg	06221 474456-0	Sparkasse Heidelberg	DE51 6725 0020 5934 8754 24 SOLADES1HDB	**Udo Frohn**	5,0	21.09.2007
2405	Birkmann OHG	Alles fürs Büro	Im Ruhrfeld 35a	22866	Norderstedt	040 214455-0	Hamburger Sparkasse	DE71 2005 0550 5957 5413 59 HASPDEHHXXX	**Hans Bräuner**	10,0	28.03.2008
2406	Gilles & Partner	Möbelgroßhandlung	Königstraße 28	06618	Naumburg	03445 977567-0	Volks- und Raiffeisenbank Saale-Unstrut eG	DE10 8006 3648 6947 3278 51 GENODEF1NMB	**Sabine Gilles**	5,0	29.05.2008
2407	Stammhaus KG	Bürokonzepte	Berliner Damm 9	56077	Koblenz	0261 2554778-0	Postbank Frankfurt Main	DE33 5001 0060 8574 9636 14 PBNKDEFFXXX	**Matthias Höpfner**	7,5	07.08.2008
2408	Rhenag GmbH	Bürogroßhandel	Annostraße 56	68239	Mannheim	0621 745567-0	Kreissparkasse Köln	DE33 3705 0299 2574 9652 14 COKSDE33XXX	**Lisa Henseler**	10,0	03.06.2009
2409	Blattschneider & Partner	Rechtsanwaltskanzlei	Mozartplatz 89a	60322	Frankfurt M.	069 558944-0	Deutsche Bank Frankfurt	DE35 5007 0024 1526 8495 76 DEUTDEDBFRA	**Bianca Tänzer**	0,0	08.09.2009
2410	Ärztezentrum Bonn	Ganzheitliche Medizin	Hohenzollernplatz 83	53188	Bonn	0228 588755-0	Deutsche Apotheker- und Ärztebank eG Düsseldorf	DE70 3006 0601 1649 7643 25 DAAEDEDDXXX	**Gerd Trapagini**	0,0	13.01.2010
2411	Peter Wagner e. K.	Gartenbaubetrieb	Große Straße 12	53332	Bornheim	02223 47885	Volksbank Köln Bonn eG	DE50 3806 0186 3696 2585 14 GENODED1BRS	**Peter Wagner**	5,0	06.07.2011
2412	Schulzentrum Nord		Effertzgasse 13	53721	Siegburg	02241 144856-0	Westdeutsche Landesbank Köln	DE39 3005 0000 1937 4682 55 WELADEDDXXX	**Hanna Danzer**	0,0	19.09.2012
2499	Sonstige Kunden										

Lieferantenliste (Auszug)

Liefe-rer-Nr.	Firma	Firmenzusatz	Anschrift	PLZ	Ort	Telefon	Telefax	E-Mail	Bank	Zah-lungsziel (Tage)	Skonto-frist (Tage)	Skonto-satz (%)	IBAN/BIC
4401	Frank Zettler OHG	Metallbau	Steinacker 38	53177	Bonn	0228 58766-0	0228 58766-123	info@zettler-metall-bau.de	Volksbank Köln Bonn eG	30	10	2	DE90 3806 0186 2487 3215 74 GENODED1BRS
4402	Saam KG	Bürotechnik	Am Sonnen-hang 9	36039	Fulda	0661 88672-0	0661 88672-444	info@saam-kg.de	Commerzbank Fulda	40	14	3	DE51 5304 0012 3988 4658 94 COBADEFF530
4403	Opitz AG	Holz- und Spanplatten	Scheeren-gasse 177	53721	Siegburg	02241 6955-0	02241 6955-555	info@holz-opitz.de	Postbank Köln	30	8	2	DE67 3701 0050 5886 2478 76 PBNKDEFF370
4404	Balthasar GmbH	Spedition	Kierbach 27	52324	Düren	02421 888999-0	02421 888999-11	info@balthasar-spedition.de	Sparkasse Düren	20	0	0	DE38 3955 0110 2114 7598 64 SDUEDE33XXX
4405	Rösgen e. K.	Metallteile	Beethoven-straße 30	38700	Hanno-ver	0511 23796-0	0511 23796-55	info@schrauben-roesgen.de	Hannoversche Volksbank	30	10	3	DE29 2519 0001 1185 7566 57 VOHADE2HXXX
4406	Keupen	Farben AG	Industrie-park 100	81249	München	089 16854-0	089 16854-99	info@farben-keupen-ag.de	Postbank München	30	10	2	DE67 7001 0080 9675 5157 74 PBNKDEFF700
4407	Papier Spoth GmbH	Großhandel für Papier- und Bürobe-darf	Auf der Höhe 90	22076	Hamburg	040 963486-0	040 963486-44	info@papier-spoth.de	Hamburger Sparkasse	30	8	2	DE68 2005 0550 5445 4668 70 HASPDEHHXXX
4408	pctech AG	Fachhandel für Elektronik	Hamburger Str. 111	45317	Essen	0201 487665-0	0201 487665-12	info@pctechag.de	Bank für Sozialwirt-schaft	30	8	3	DE77 3702 0500 4448 7657 15 BFSWDE33XXX
4409	Willi Lauf OHG	Bürobedarf	Mander-scheider Platz 1	34414	Warburg	05641 48006-0	05641 48006-88	kontakt@willi-lauf.de	Vereinigte Volksbank Brakel	30	10	2	DE33 4726 4367 1500 2221 08 GENODEM1STM
4410	Wittman AG	Bürotechnik	Untere Dorfstr. 130	57074	Siegen	0271 80053-0	0271 80053-10	kontakt@wittmann-ag.de	Postbank Köln	30	10	2	DE82 3701 0050 5135 1547 81 PBNKDEFF370
4411	Rüdiger Kiel GmbH	Schaumstoffe und Polste-reibedarf	Brunnenstr. 23	53340	Mecken-heim	02225 646440-0	02225 646440-11	info@polster-kiel.de	Volksbank Köln Bonn eG	30	10	3	DE96 3806 0186 2677 7898 90 GENODED1BRS
4499	Sonstige Lieferan-ten												

Die Duisdorfer BüroKonzept KG kauft bei ihren Lieferanten Handelswaren zur weiteren Veräußerung sowie Rohstoffe und halbfertige Erzeugnisse zur Produktion der eigenen Erzeugnisse. Die Lieferanten stammen aus Deutschland und dem europäischen Ausland.

Im Gesellschaftsvertrag der Duisdorfer BüroKonzept KG sind die rechtlichen Grundlagen für die Führung des Unternehmens als Kommanditgesellschaft geregelt. Diese sind neben den entsprechenden Paragrafen im Handelsgesetzbuch zu berücksichtigen.

Duisdorfer BüroKonzept KG
Gesellschaftsvertrag

Die Gesellschafter

A. Sebastian Falo
wohnhaft in 53113 Bonn, Euskirchener Straße 17
B. Katharina Niester
wohnhaft in 53123 Bonn, Rochusstraße 33
C. Beate Keller-Rössler
wohnhaft in 53347 Alfter, Domgasse 25
D. Matthias Suttner
wohnhaft in 51023 Köln, Petersweg 9

verbinden sich zu einer Kommanditgesellschaft und schließen zu diesem Zweck den folgenden **Gesellschaftsvertrag**.

§ 1 Zweck der Gesellschaft
(1) Die Gesellschafter gründen eine Kommanditgesellschaft.
(2) Zweck der Gesellschaft ist die Herstellung und der Vertrieb von Ausstattungsgegenständen im Bürobereich. Die Gesellschaft berät auch in Fragen der Büroorganisation.

§ 2 Firma und Sitz der Gesellschaft
(1) Die Gesellschaft führt die Firma Duisdorfer BüroKonzept KG.
(2) Der Sitz der Gesellschaft ist 53123 Bonn, Rochusstraße 30.

§ 3 Beginn, Dauer
(1) Die Gesellschaft beginnt am 1. Januar 2005.
(2) Ihre Dauer ist unbestimmt.

§ 4 Gesellschafter/Einlagen
(1) Persönlich haftende Gesellschafter (Komplementäre) sind die Gesellschafter A und B. Kommanditisten sind die Gesellschafter C und D.
(2) Der Komplementär A erbringt folgende Einlage: 100.000 €.
Der Komplementär B erbringt folgende Einlage: 80.000 €.
Der Kommanditist C erbringt folgende Einlage: 70.000 €.
Der Kommanditist D erbringt folgende Einlage: 90.000 €.
(3) Die Kapitalanteile (€) entsprechen den Einlagen. Sie sind Festkapitalanteile, die auf einem Kapitalkonto zu buchen sind.
(4) Die in das Handelsregister einzutragende Haftsumme der Kommanditisten C und D entspricht ihrem Festkapitalanteil.

§ 5 Geschäftsführung und Vertretung

(1) Zur Geschäftsführung und Vertretung sind die Komplementäre berechtigt und verpflichtet.
(2) Den Komplementären obliegt die alleinige wirtschaftliche und fachlich-technische Leitung.
(3) Bei Geschäften, die über den gewöhnlichen Betrieb des Handelsgewerbes der Gesellschaft hinausgehen, steht den Kommanditisten ein Widerspruchsrecht zu. Als derartige außergewöhnliche Geschäfte gelten insbesondere Erwerb, Veräußerung und Belastung von Grundstücken, grundstücksgleichen Rechten sowie Rechten an Grundstücken und an grundstücksgleichen Rechten; Aufnahme und Gewährung von Darlehen und Eingehen von Verbindlichkeiten, die im Einzelfall einen Betrag von 50.000 € übersteigen.
Macht ein Kommanditist von seinem Widerspruchsrecht Gebrauch, ist ein Beschluss sämtlicher Gesellschafter erforderlich.

§ 6 Gesellschafterversammlungen, Gesellschafterbeschlüsse, Stimmrecht

(1) Die Gesellschafter entscheiden über die ihnen nach Gesetz oder Gesellschaftervertrag zugewiesenen Angelegenheiten durch Beschlüsse, die in Gesellschafterversammlungen gefasst werden.
(2) Eine Gesellschafterversammlung wird durch die Komplementäre einberufen und geleitet. Sie ist mindestens einmal im Jahr einzuberufen.
(3) Zu einer Gesellschafterversammlung ist unter Einhaltung einer Frist von 14 Tagen schriftlich einzuladen. Die Frist beginnt mit der Absendung der Einladung. Tagungsort, Tagungszeit und Tagesordnung sind in der Ladung mitzuteilen. Stimmen alle Gesellschafter zu, können Beschlüsse auch außerhalb einer Gesellschafterversammlung mündlich oder schriftlich gefasst werden. Werden die Beschlüsse mündlich gefasst, haben die Komplementäre unverzüglich ein Protokoll zu erstellen und den Beteiligten vorzulegen.
(4) Schreiben Gesetz oder Gesellschaftsvertrag nicht zwingend eine andere Mehrheit vor, werden die Gesellschafterbeschlüsse mit einfacher Mehrheit der abgegebenen Stimmen gefasst. Je 10.000 € des Kapitalkontos gewähren eine Stimme. Stimmenthaltungen zählen nicht als abgegebene Stimme. Bei Stimmengleichheit gilt der Antrag als abgelehnt.
(5) Der Zustimmung von 75 % der abgegebenen Stimmen bedürfen Beschlüsse über:
- Änderung des Gesellschaftsvertrags, soweit nicht für einzelne Bestimmungen ausdrücklich etwas anderes geregelt ist,
- Auflösung der Gesellschaft,
- Aufnahme eines Gesellschafters.

(6) Jeder Kommanditist ist berechtigt, eine Ausfertigung des Jahresabschlusses zu verlangen und dessen Richtigkeit unter Einsicht in die entsprechenden Unterlagen zu prüfen. Er kann auf seine Kosten einen zur Verschwiegenheit verpflichteten Dritten bei der Wahrnehmung dieser Rechte hinzuziehen oder allein damit beauftragen.

§ 7 Wettbewerb und tätige Mitarbeit

(1) Der Komplementär verpflichtet sich, dem Unternehmen seine volle Arbeitskraft zur Verfügung zu stellen.
(2) Nebentätigkeiten – gewerblicher/freiberuflicher Art oder auf arbeitsvertraglicher Basis – während der Vertragsdauer sind nicht zulässig; ebenso nicht die direkte oder indirekte Beteiligung an Konkurrenzunternehmen. Ausnahmen hiervon bedürfen eines Gesellschafterbeschlusses, der mit 75 % der Stimmen der übrigen Gesellschafter zu fassen ist.
(3) Scheidet der Komplementär durch Kündigung aus der Gesellschaft aus, so darf er ab dem Tag der Wirksamkeit seines Ausscheidens fünf Jahre lang im Umkreis von 200 km Luftlinie, gemessen vom Sitz der Gesellschaft aus, ein Unternehmen ähnlichen oder gleichen Gegenstandes weder selbstständig führen noch als Gesellschafter oder Geschäftsführer in einer solchen Gesellschaft tätig werden.

§ 8 Buchführung, Bilanzierung
(1) Geschäftsjahr ist das Kalenderjahr. Die Gesellschaft hat unter Beachtung der steuerlichen Vorschriften Bücher zu führen und jährliche Abschlüsse zu erstellen.

§ 9 Verteilung von Gewinn und Verlust
(1) Die Komplementäre erhalten für ihre Tätigkeit – unabhängig davon, ob ein Gewinn erzielt worden ist – eine Vergütung, deren Höhe von der Gesellschafterversammlung festgesetzt und dem Umfang der Tätigkeit entsprechend angepasst wird.
(2) An dem danach verbleibenden Gewinn sind die Gesellschafter zunächst mit einem Anteil in Höhe von vier vom Hundert ihrer Kapitalanteile zu beteiligen. Reicht der verbleibende Gewinn hierzu nicht aus, so bestimmen sich die Anteile nach einem entsprechend niedrigeren Satz.
(3) An dem Teil des Gewinns, welcher die nach den Absätzen 1 und 2 zu berechnenden Gewinnanteile übersteigt, sowie am Verlust eines Geschäftsjahres sind die Gesellschafter entsprechend ihrer Beteiligung am Gesellschaftsvermögen gem. § 4 Abs. 3 beteiligt.
(4) Über die Entnahme der Gewinnanteile beschließt die Gesellschafterversammlung einstimmig.

§ 10 Kündigung der Gesellschaft
(1) Der Komplementär kann die Gesellschaft mit einer Frist von 6 Monaten zum Jahresende mit eingeschriebenem Brief kündigen. Für die Rechtzeitigkeit der Kündigung kommt es nicht auf die Absendung, sondern den Zugang der Kündigung an. Das Recht zur fristlosen Kündigung aus wichtigem Grunde bleibt hiervon unberührt. Der kündigende Gesellschafter scheidet aus der Gesellschaft aus. Die Gesellschaft wird von den übrigen Gesellschaftern fortgesetzt. Verbleibt nach dem Ausscheiden nur ein Gesellschafter, ist dieser berechtigt, das Unternehmen mit allen Aktiva und Passiva fortzuführen. Dieses Recht ist bis zum Ablauf der Kündigungsfrist durch eingeschriebenen Brief auszuüben. Satz 2 gilt entsprechend.
(2) Kündigt der Komplementär, sind die Kommanditisten berechtigt, zum Kündigungsstichtag einen neuen Komplementär aufzunehmen oder zu bestimmen, dass einer von ihnen die Stellung des Komplementärs übernimmt. Ist am Kündigungsstichtag kein Komplementär vorhanden, ist die Gesellschaft aufgelöst.

§ 11 Ausschluss eines Gesellschafters
(1) Ein Gesellschafter, in dessen Person ein wichtiger Grund vorliegt, der die übrigen Gesellschafter zur fristlosen Kündigung aus wichtigem Grunde berechtigen würde, kann aus der Gesellschaft ausgeschlossen werden. Gleiches gilt, wenn über das Vermögen eines Gesellschafters das Insolvenzverfahren eröffnet wird oder ein Gläubiger eines Gesellschafters die Pfändung des Anteils am Gesellschaftsvermögen erwirkt hat.
(2) Der Ausschluss erfolgt durch einstimmigen Beschluss der übrigen Gesellschafter. Mit dem Zugang dieses Beschlusses scheidet der betroffene Gesellschafter aus der Gesellschaft aus; die Gesellschaft wird von den übrigen Gesellschaftern fortgesetzt. § 10 Satz 6 gilt entsprechend.
(3) Wird der Komplementär ausgeschlossen, sind die Kommanditisten berechtigt, einen neuen Komplementär aufzunehmen oder zu bestimmen, dass einer von ihnen die Stellung des Komplementärs übernimmt. Ist zu dem Zeitpunkt, in dem der Ausschluss wirksam wird, kein Komplementär vorhanden, ist die Gesellschaft aufgelöst.

§ 12 Tod eines Gesellschafters
(1) Beim Tod eines Gesellschafters wird die Gesellschaft nicht aufgelöst, sondern ohne dessen Erben von den verbleibenden Gesellschaftern fortgesetzt. Verbleibt nach dem Tode des Gesellschafters nur eine Person, wird das Unternehmen unter Ausschluss der Liquidation mit allen Aktiva und Passiva von dieser fortgeführt. Den Erben des verstorbenen Gesellschafters steht ein Abfindungsguthaben zu.
(2) Stirbt der Komplementär, sind die Kommanditisten berechtigt, einen neuen Komplementär aufzunehmen und mit diesem die Gesellschaft fortzuführen oder zu bestimmen, dass einer von ihnen die Stellung des Komplementärs übernimmt.

§ 13 Schlussbestimmungen

(1) Änderungen und Ergänzungen dieses Vertrages bedürfen der Schriftform. Dies gilt auch für einen Verzicht auf das Schriftformerfordernis.

(2) Sollten einzelne Bestimmungen dieses Vertrages unwirksam oder undurchführbar sein oder werden, wird hierdurch die Wirksamkeit des Vertrages im Übrigen nicht berührt. Insoweit verpflichten sich die Gesellschafter, die jeweilige Bestimmung durch eine wirtschaftlich sinnvolle, dem Sinn und Zweck des Vertrages Rechnung tragende Regelung zu ersetzen.

(3) Als Gerichtsstand wird Bonn vereinbart.

Bonn, 20.12.2004

Sebastian Falo

Unterschrift A

Katharina Niester

Unterschrift B

Beate Keller-Rössler

Unterschrift C

Matthias Suttner

Unterschrift D

Word

Word

1 Merkmale eines PC-gestützten Textverarbeitungsprogramms

In einem Unternehmen fallen viele Aufgaben an, bei denen **Texte** eine große Rolle spielen. So werden zum Beispiel **Briefe** an Kunden und Lieferanten geschrieben, **Arbeitsverträge** mit neuen Mitarbeitern schriftlich dokumentiert, **Werbetexte** zu Produkten und dem Warensortiment erstellt oder **Rundschreiben** an alle Abteilungen mit wichtigen betrieblichen Informationen verfasst. Häufig werden diese Texte für den Leser optisch ansprechend gestaltet oder mit Grafiken oder Bildern ergänzt.

Textverarbeitungsprogramme wie MS Word unterstützen den Anwender in diesen Aufgaben. So ist es sehr einfach, ein Dokument zu gestalten, in dem z. B. Abstände zwischen Textpassagen formatiert, der Textabstand vom Seitenrand verändert, die Ausrichtung einer Seite im Querformat eingestellt oder einzelne Wörter durch Fettschrift hervorgehoben werden können.

2 Anwendungsbeispiele für die Textverarbeitung in der Duisdorfer BüroKonzept KG

In der Duisdorfer BüroKonzept KG werden täglich Texte erstellt und bearbeitet. Die nachfolgend aufgeführten Beispiele fallen zwar unterschiedlich häufig an, sind aber typisch für das Unternehmen. Die Verfahren zur Erstellung der gängigsten Beispiele werden im weiteren Text ausführlich dargestellt und mit Übungsaufgaben trainiert.

Produktbeschreibungen

Die Duisdorfer BüroKonzept KG erstellt zu den produzierten Büromöbeln Prospekte mit Produktbeschreibungen. Diese Dokumente enthalten relevante Informationen zu den einzelnen Artikeln und werden ansprechend gestaltet. Beispiele für Gestaltungselemente sind Abbildungen der Büromöbel oder Tabellen, in denen Möbelvarianten mit Maßen und Preisen aufgeführt sind.

Briefe an Kunden und Lieferanten

Der Schriftverkehr der Duisdorfer BüroKonzept KG mit den Geschäftspartnern wird zum Teil durch Briefe abgewickelt, die auf dem Postweg versandt werden. Diese Briefe müssen nach bestimmten formalen Regeln gestaltet sein. Die Regeln für die Gestaltung eines Briefformulars sind in Deutschland in der DIN 5008 aufgeführt. Die Formulierung des Brieftextes sollte in einer angemessenen und höflichen Schriftsprache erfolgen.

Formulare, die auch online ausgefüllt werden können

Zur Vereinfachung der Erfassung von Informationen nutzt die Duisdorfer BüroKonzept KG häufig Formulare, in denen Positionen angekreuzt werden oder Eingaben an festgelegten Stellen vorgenommen werden. Dies reduziert auch den zeitlichen Aufwand für die Erfassung von Daten. So verwendet das Unternehmen z. B. ein Formular zur Abrechnung der Dienstreisen der Außendienstmitarbeiter.

Serienbriefe

In gezielten Werbeaktionen sollen z. B. alle Kunden im Verkaufsgebiet West über eine Sonderaktion informiert werden. Dabei ist geplant, dass alle Adressaten inhaltlich denselben Brief erhalten, der aber in persönlichen Angaben auf die einzelnen Empfänger abgestimmt ist. Der Brief wirkt auf den Kunden dann so, als ob er speziell für ihn erstellt wurde.

Dokumente für die betriebsinterne Kommunikation

Auch innerhalb des Unternehmens Duisdorfer BüroKonzept KG müssen Informationen auf schriftlichem Wege an die Mitarbeiter geleitet werden. Dies erfolgt z. B. durch interne Rundschreiben. Oft ist es auch erforderlich, dass von Sitzungen und Gesprächen Protokolle erstellt werden, damit man später Entscheidungen nachlesen oder getroffene Vereinbarungen nachweisen kann.

3 Grundlagen der Verwendung von MS Word

3.1 Die Benutzeroberfläche des Textverarbeitungsprogramms MS Word

MS Word hat eine Benutzeroberfläche, die charakteristisch für alle in Microsoft Office enthaltenen Programme ist und viele Gemeinsamkeiten mit der Struktur von MS PowerPoint aufweist.

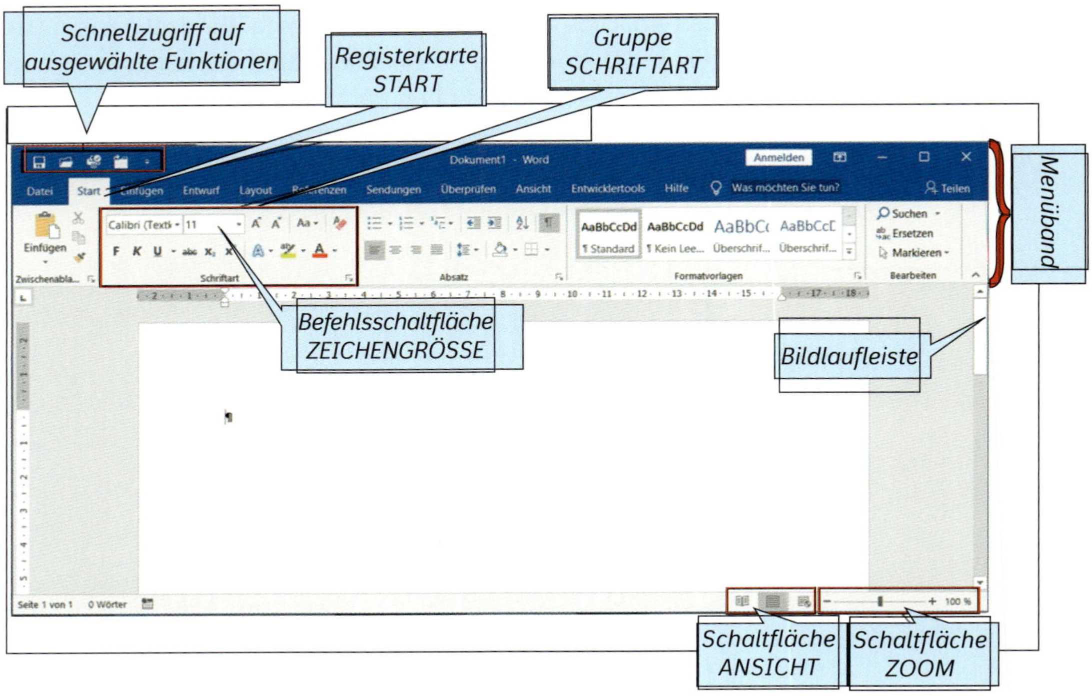

Abbildung 3.1: *Der Bildschirmaufbau des Textverarbeitungssystems MS Word*

3.1.1 Grundlegende Struktur der Benutzeroberfläche von MS Word

So liegt über dem Bereich, in dem die Texte erfasst und bearbeitet werden, das Menüband mit den Registerkarten und den jeweils zugehörigen Bedienelementen und Funktionen, die zu Gruppen zusammengefasst sind. In der Registerkarte START können beispielsweise Formatierungen für einzelne Zeichen in der Gruppe SCHRIFTART (z. B. Schriftgröße, Schriftfarbe, Schriftart) oder Formatierungen für Textabsätze in der Gruppe ABSATZ (z. B. Zeilenabstand, Textausrichtung, Einrückungen) eingestellt werden.

3.1.2 Die Arbeit mit den Bedienelementen in MS Word

Die einzelnen Befehlsschaltflächen können mit der Maus direkt angeklickt[1] werden. So kann z. B. ein markierter Absatz im Blocksatz ausgerichtet werden, indem die entsprechende Befehlsschaltfläche in der Registerkarte START in der Gruppe ABSATZ angeklickt wird.

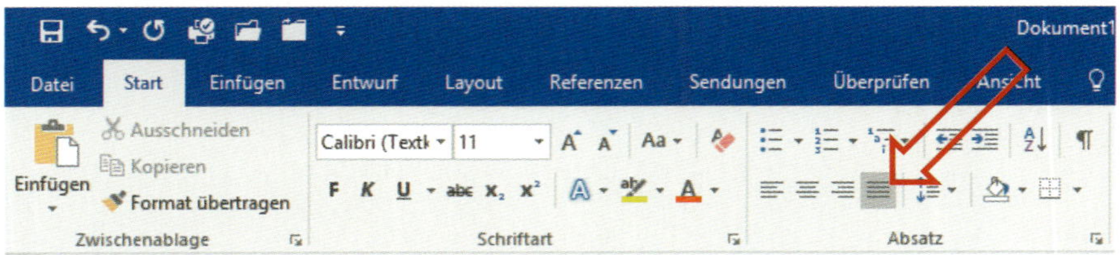

Abbildung 3.2: *Der Aufruf eines Befehls durch Mausklick auf die Befehlsschaltfläche*

[1] *Wenn bei den Arbeitsanleitungen zu MS Word in diesem Buch von **Klicken** oder **Anklicken** gesprochen wird, ist immer der **Klick** mit der linken Maustaste gemeint.*

Alternativ können Befehle auch durch Tastenkombinationen ausgelöst werden. So wird ein markierter Absatz in Blocksatz formatiert, indem die Tastenkombination [Strg] + [B] eingegeben wird. Die jeweiligen Tastenkombinationen werden dem Anwender angezeigt, wenn er mit der Maus (ohne Klick) über die jeweilige Befehlsschaltfläche fährt.

3.1.3 Die Verwendung des Kontextmenüs

Das **Kontextmenü** ist eine sehr hilfreiche Unterstützung des Anwenders bei der Verwendung von Programmen. Aufgerufen wird das Kontextmenü durch einen Klick der **rechten** Maustaste. Welche Inhalte das Kontextmenü anzeigt, hängt davon ab, wo der Klick erfolgt.

Beispiel
*Das Wort **Kontextmenü** im letzten Absatz soll unterstrichen und fett in der Schriftart Calibri dargestellt werden.*

Lösung

1. *Wort **Kontextmenü** markieren (Doppelklick auf dem Wort)*
2. *Maus über das Wort **Kontextmenü** fahren und **rechte** Maustaste klicken*
3. *auf SCHRIFTART klicken*
4. *Auswahl fett und unterstrichen aktivieren (siehe Schriftschnitt)*

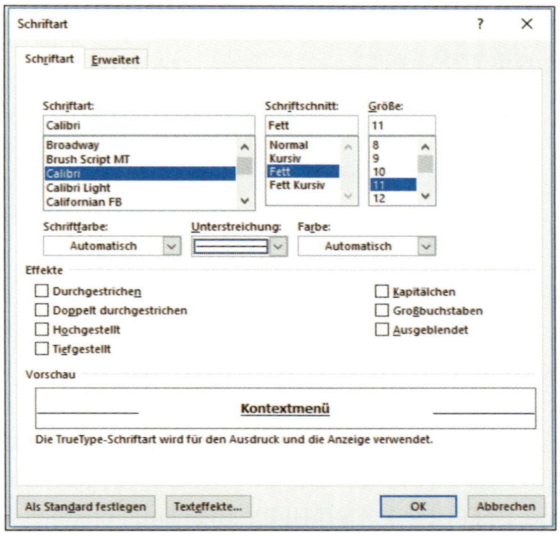

Abbildung 3.3: *Beispiel für ein Kontextmenü*

3.1.4 Die Symbolleiste für den Schnellzugriff anpassen

Die Symbolleiste für den Schnellzugriff befindet sich ganz oben im Bildschirmfenster. In ihr können Befehlsschaltflächen angeordnet werden, die durch Mausklick direkt angesteuert werden. Hierbei ist es nicht erforderlich, erst die entsprechende Registerkarte anzusteuern. Die Symbolleiste für den Schnellzugriff kann damit den individuellen Anwendungsbedürfnissen des Nutzers von MS Word angepasst werden.

Beispiel
Sie möchten den direkten Zugriff auf die Befehlsschaltflächen ÖFFNEN, SPEICHERN, SCHLIESSEN, SCHNELLDRUCK, KOPIEREN und EINFÜGEN haben. Klicken Sie zur Einrichtung der Befehlsschaltflächen in der Symbolleiste für den Schnellzugriff auf den Pfeil in der Symbolleiste. Es öffnet sich das Fenster zur Auswahl der entsprechenden Befehlsschaltflächen.

Wählen Sie nacheinander
- ÖFFNEN
- SPEICHERN
- SCHNELLDRUCK

durch Anklicken aus.

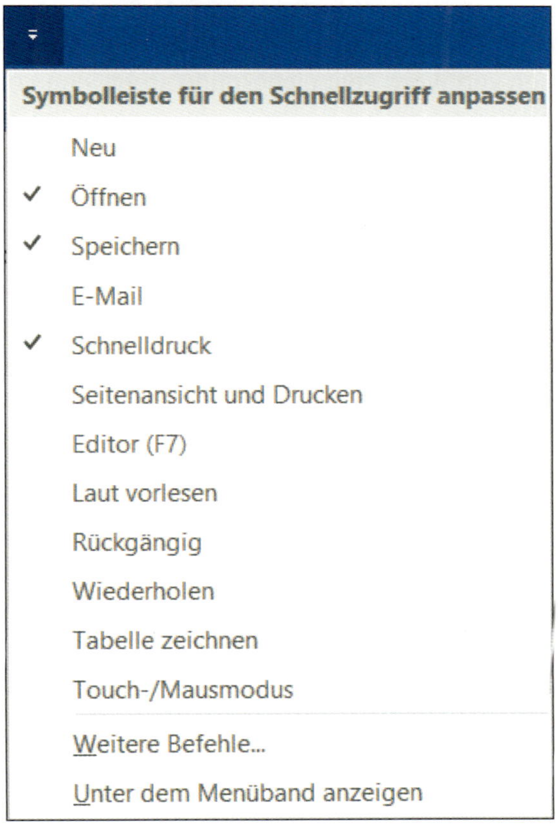

Abbildung 3.4: *Symbolleiste für den Schnellzugriff anpassen*

Die entsprechenden Befehlsschaltflächen erscheinen in der Symbolleiste für den Schnellzugriff. Die weiteren Befehlsschaltflächen finden sich bei WEITERE BEFEHLE... . Nach Klicken auf WEITERE BEFEHLE ... werden weitere Auswahlmöglichkeiten sichtbar. Fügen Sie aus dem linken Fensterbereich – die Auswahlmöglichkeiten sind alphabetisch aufsteigend angeordnet – die weiteren Befehlsschaltflächen für den Schnellzugriff in den rechten Fensterbereich.

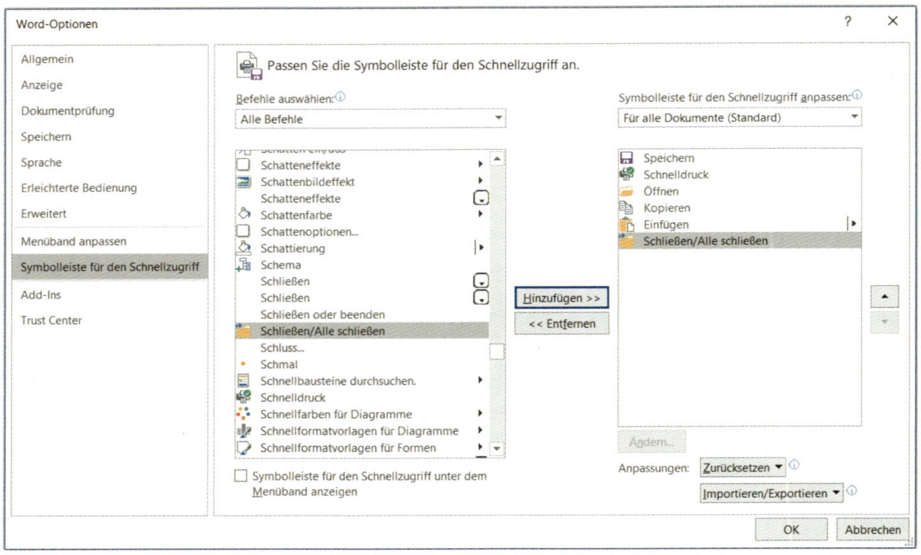

Abbildung 3.5: *Befehle für die Symbolleiste für den Schnellzugriff anpassen*

Dabei werden zunächst nur HÄUFIG VERWENDETE BEFEHLE angezeigt. Hier finden sich die Befehlsschaltflächen KOPIEREN und EINFÜGEN. Weitere Befehlsschaltflächen können durch Auswahl ALLE BEFEHLE bei BEFEHLE AUSWÄHLEN im linken Fensterbereich zur Ansicht gebracht werden. So ist zum Beispiel zur Übernahme der Befehlsschaltfläche SCHLIESSEN in die Symbolleiste für den Schnellzugriff die Auswahl von SCHLIESSEN erforderlich. Das Fenster zum Einrichten der Symbolleiste für den Schnellzugriff kann auch über DATEI – OPTIONEN – SYMBOLLEISTE FÜR DEN SCHNELLZUGRIFF geöffnet werden.

Richten Sie sich die Symbolleiste für den Schnellzugriff nach Ihren Bedürfnissen ein. Ergänzen Sie im Verlauf der Nutzung von MS Word weitere Befehlsschaltflächen. Ihre Auswahl wird beim Schließen von Word gespeichert und steht Ihnen beim nächsten Öffnen wieder zur Verfügung.

3.2 Texte erfassen

Wenn von **Erfassen von Texten** gesprochen wird, ist damit die Übertragung von Sprache in den Computer gemeint. Dies kann durch die Eingabe von Texten über die Tastatur oder durch die Spracherfassung mit anderen Eingabegeräten, wie z. B. Mikrofon oder Scanner, erfolgen, die mit einem Spracherkennungsprogramm gekoppelt sind. Die vorliegende Schulungsunterlage ist so konzipiert, dass alle Texte über die Tastatur erfasst werden.

Ausgangssituation

In der Duisdorfer BüroKonzept KG wurde eine neue Produktlinie entwickelt. Sie umfasst das Büromöbelprogramm ***Naturkontor***, das unter anderem den Aspekt der Nachhaltigkeit berücksichtigt. Dabei spielte zum Beispiel die Verwendung regionaler Rohstoffe, wie schnell nachwachsende Hölzer aus der näheren Umgebung, eine hohe Funktionalität und individuelle Kombination der Möbelelemente eine bedeutende Rolle. Wichtig war auch, dass die Möbel ein ansprechendes Design haben und ergonomische Anforderungen erfüllen.

Die neue Produktlinie soll nun bekannt gemacht werden. Hierzu werden u. a. Produktinformationen gestaltet, die den Stammkunden der Duisdorfer BüroKonzept KG in einer Werbeaktion

zugesendet werden. Die Informationsblätter werden Bilder der neuen Möbel und wichtige Merkmale der Produktlinie in gut strukturierter und attraktiver Darstellung enthalten.
Ihre Aufgabe ist es, das Informationsblatt für die Schreibtische aus der Linie ***Naturkontor*** mit dem Programm MS Word zu erstellen. Alle Inhalte der Produktbeschreibung wurden Ihnen durch den verantwortlichen Mitarbeiter der Produktionsabteilung zur Verfügung gestellt.

Die Produktinformation wird im Kapitel 4 in mehreren Schritten entwickelt. Wir behandeln dabei wichtige Verfahrensweisen bei der Gestaltung von Dokumenten. Sie werden an mehreren Stellen aufgefordert, die Datei zu speichern. Es wird immer der Dateiname **03_naturkontor_schreibtische_0x** verwendet. x ist eine fortlaufende Ziffer, die den jeweiligen Bearbeitungsstand kennzeichnet. Die Bearbeitung in einem Abschnitt baut immer auf die Dateiversion auf, die im vorherigen Abschnitt gespeichert wurde.

Arbeitsauftrag 1

Erfassen Sie zunächst den Text der Produktbeschreibung. Er ist nachfolgend abgedruckt. Ein Absatz wird durch Betätigen der ENTER-Taste eingegeben **und** bewirkt einen Vorschub des Cursors in die neue Zeile.

Je nach Grundeinstellung Ihres Programms kann sich ein anderes Bild der Textgestaltung ergeben. Setzen Sie Absatzmarken nur an den durch <ENTER-Taste> angegebenen Stellen.

Naturkontor<ENTER-Taste>
Unser neues Möbelprogramm für Ihr Büro<ENTER-Taste>
individuell<ENTER-Taste>
ergonomisch<ENTER-Taste>
formschön<ENTER-Taste>
nachhaltig<ENTER-Taste>
funktionell<ENTER-Taste>
Naturkontor<ENTER-Taste>
Verantwortung für Mensch und Natur, das waren unsere Leitmotive bei der Entwicklung des neuen Möbelprogramms für Ihr Büro. Entstanden ist ein Sortiment aus Tischen, Regalen und Schränken, die Ihr Büro zu einem attraktiven Arbeitsplatz machen.<ENTER-Taste>
Was zeichnet das Tischsortiment im Programm Naturkontor aus?<ENTER-Taste>
Design<ENTER-Taste>
Naturkontor steht für klare Linien und die Schönheit des Holzes. Massive Vierkantbeine aus Vollholz und die ausdrucksstarke Maserung des Furniers der Tischplatte wirken natürlich und formschön.<ENTER-Taste>
Ergonomie<ENTER-Taste>
Die Höhe der Tische ist von 68 bis 76 cm verstellbar und lässt sich damit an die Wünsche des Anwenders anpassen. Alle Anforderungen der EU-Richtlinien für Bildschirmarbeitsplätze werden erfüllt.<ENTER-Taste>
Nachhaltigkeit<ENTER-Taste>
Für die Herstellung von Möbeln im Programm Naturkontor wird ausschließlich nachwachsendes Holz aus der Region als Rohstoff verwendet. Damit schonen wir natürliche Ressourcen und vermeiden lange Transportwege. Die Oberflächen sind mit Lacken auf Wasserbasis kratzfest versiegelt.<ENTER-Taste>
Individualität<ENTER-Taste>
Die Elemente im Programm Naturkontor sind individuell und flexibel miteinander zu kombinieren. Wir bieten unterschiedliche Formen und Größen der Tischplatten an. Winkel- und Ansatzplatten lassen zusätzliche Oberflächenvarianten zu.<ENTER-Taste>
Funktionalität<ENTER-Taste>
Naturkontor steht für durchdachte Einsatzfähigkeit im Büro. Flexibel gestaltete Kabelführungen und großzügige Kabelkanäle erlauben ein sicheres und unauffälliges Management von Strom- und Netzkabeln.<ENTER-Taste>

3.3 Texte speichern

Der von Ihnen erfasste Text soll nun gespeichert werden. Wie bei anderen MS-Office-Programmen sind auch bei MS Word die Befehle zum Speichern von Dateien in der Registerkarte DATEI angeordnet.

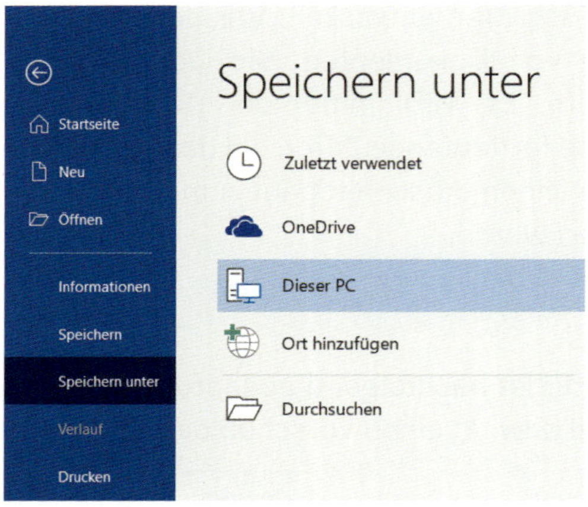

Abbildung 3.7.1: *Angebotene Speicherorte nach Klick auf SPEICHERN im Menüband DATEI*

Soll der neu erstellte Text erstmals gespeichert werden, öffnet sich beim Klick auf die Befehlsschaltfläche SPEICHERN ein Dialogfenster, in dem eine grundsätzliche Auswahl an Speicherorten getroffen werden kann. Je nach Auswahl (z. B. DURCHSUCHEN) werden die jeweils verfügbaren Ordner als Speicherorte angezeigt.

Abbildung 3.6: *Befehlsschaltflächen in der Registerkarte*

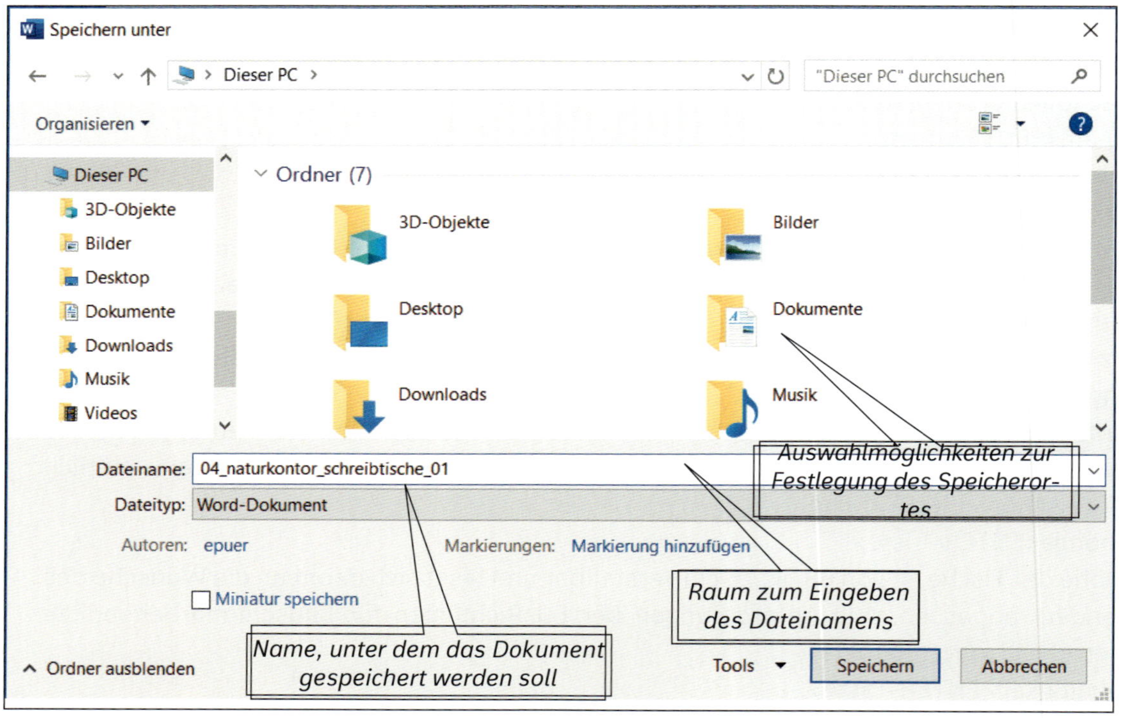

Abbildung 3.7.2: *Anzeige zur Festlegung des Speicherortes*

Hinweis

Soll die Dateinamenerweiterung (in Abbildung 3.7.2 .docx für Word-Dokument) angezeigt werden, muss im Windows Explorer die Option DATEINAMENERWEITERUNGEN im Registerblatt ANSICHT aktiviert werden.

Nach Einstellen der Speicheroptionen und Klick auf die Befehlsschaltfläche SPEICHERN wird der Speichervorgang ausgelöst. Klären Sie zunächst wo Ihre Dateien gespeichert werden sollen. Falls Sie in einem Schul- oder Unternehmensnetz arbeiten, werden Sie ein eigenes Benutzerkonto haben und damit auch einen eigenen Ordner, auf den Sie einen Zugriff mit den entsprechenden Rechten haben. Im Folgenden gehen wir davon aus, dass alle Dateispeicherungen in Ihrem Ordner erfolgen. Falls Dateinamen angegeben werden, sind diese fett geschrieben.

Arbeitsauftrag 2

Speichern Sie das erstellte Dokument zur neuen Möbelreihe ***Naturkontor*** unter dem Dateinamen **03_naturkontor_schreibtische_01**.

Beim nächsten Klick auf die Befehlsschaltfläche DATEI – SPEICHERN erfolgt die Speicherung mit den Optionen, die beim erstmaligen Speichern festgelegt wurden. Sollen für dasselbe Dokument neue Speicheroptionen eingestellt werden, muss der Speichervorgang mit DATEI – SPEICHERN UNTER ausgelöst werden. In diesem Fall öffnet sich wieder das Dialogfenster zum Einstellen der Speicheroptionen.

3.4 Dokumente gestalten

Ausgangssituation
Mit der Gestaltung der Informationsblätter beabsichtigt die Duisdorfer BüroKonzept KG die Aufmerksamkeit des Kunden beim Lesen auf wichtige Merkmale der Büromöbel zu richten. Außerdem sollen die Dokumente attraktiv gestaltet sein. Dies ist nun Ihre Aufgabe.

3.4.1 Zeichen formatieren

Die Optionen zur Formatierung von einzelnen oder mehreren Zeichen sind in der Registerkarte START in der Gruppe SCHRIFTART platziert. Ein Zeichen oder eine Zeichenfolge muss vor dem Formatieren immer erst markiert werden.

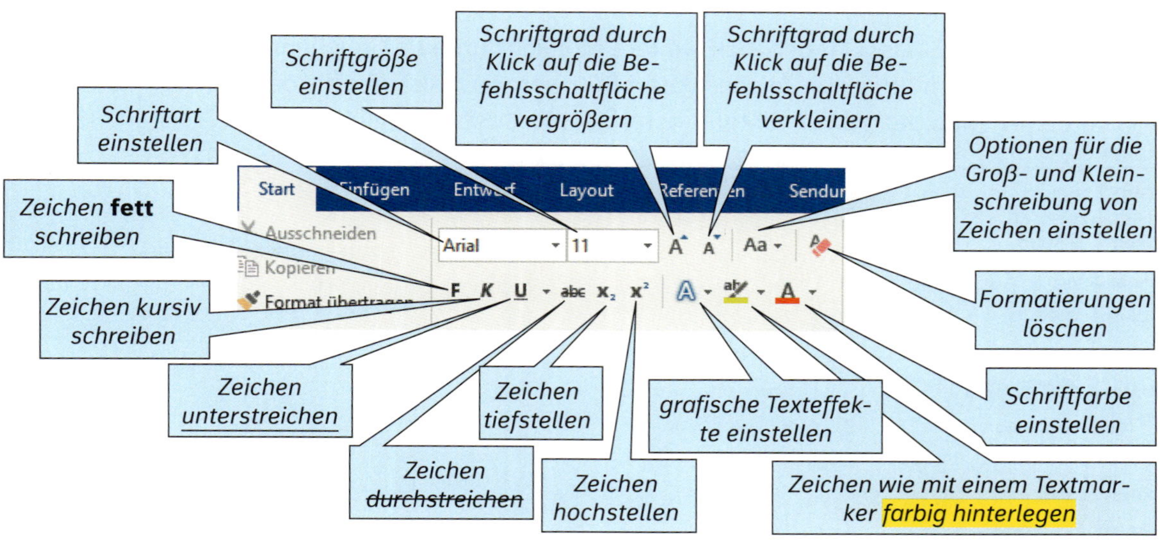

Abbildung 3.8: Möglichkeiten der Zeichenformatierung in MS Word

Mit Klick auf die Pfeile, die neben einigen Optionen zur Einstellung der Zeichenformatierungen dargestellt sind, werden weitere Auswahlmöglichkeiten zu der jeweiligen Option angezeigt.

Beispiel
Das Wort Schreibtisch soll doppelt unterstrichen werden. Erst wird das Wort markiert, dann wird die Auswahlliste zur Unterstreichung mit einem Klick auf den Pfeil neben der Befehlsschaltfläche für die Unterstreichung geöffnet und die entsprechende Auswahl vorgenommen.

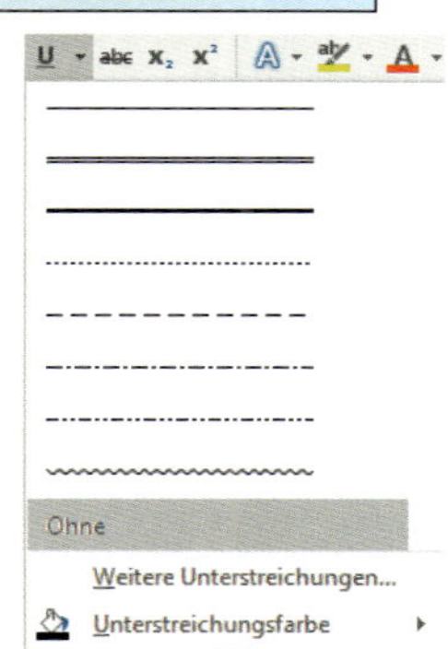

Abbildung 3.9: Zeichen unterstreichen

Das Dialogfenster SCHRIFTART kann durch Klick auf den Pfeil rechts unten in der Gruppe SCHRIFTART angezeigt werden. Hier können alle Möglichkeiten der Zeichenformatierung noch einmal in anderer Form ausgewählt werden.

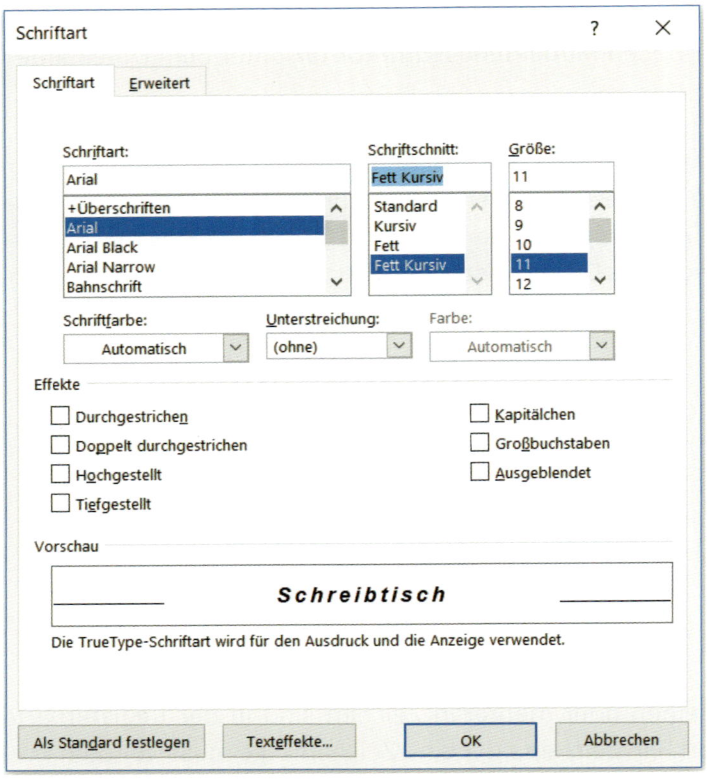

Abbildung 3.10: *Dialogfenster zur Formatierung von Zeichen*

Im Registerblatt ERWEITERT finden sich weitere Möglichkeiten der Zeichenformatierung. Soll z. B. der Abstand zwischen markierten Zeichen vergrößert werden, so ist dies mit der Auswahl ABSTAND – BREIT und der Angabe des gewünschten Abstands (hier 1,5 Pt.) möglich.

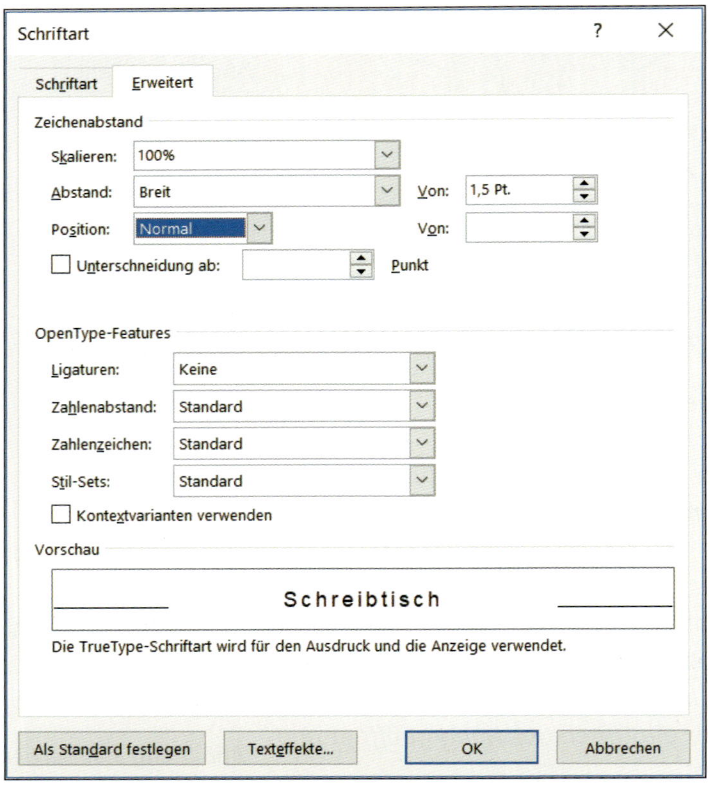

Abbildung 3.11: *Dialogfenster zur erweiterten Formatierung von Zeichen*

Arbeitsauftrag 3

Formatieren Sie den Text Produktbeschreibung ***Naturkontor*** Schreibtische in der unten abgedruckten Weise. Ausgewählte Formatierungen sind in den jeweiligen Sprechblasen angegeben. Öffnen Sie dazu die Datei **03_naturkontor_schreibtische_01**.
Speichern Sie die Datei nach Bearbeitung der Aufgabe unter dem Dateinamen **03_naturkontor_schreibtische_02**.

Naturkontor

Texteffekte z. B. die voreingestellte Auswahl: Farbverlauf – Schwarz, Kontur Weiß, Äußerer Schatten, Schriftgrad 16, Skalieren 150 %

Unser neues Möbelprogramm für Ihr Büro
individuell
ergonomisch
formschön
nachhaltig
funktionell

Texthervorhebungsfarbe grau

Naturkontor

fett, kursiv, unterstrichen, Abstand erweitert, 3 Pt.

Verantwortung für **Mensch** und **Natur**, das waren unsere **Leitmotive** bei der Entwicklung des neuen Möbelprogramms für Ihr Büro. Entstanden ist ein Sortiment aus Tischen, Regalen und Schränken, die Ihr Büro zu einem attraktiven Arbeitsplatz machen.
Was zeichnet das Tischsortiment im Programm Naturkontor aus?
Design
Naturkontor steht für klare Linien und die Schönheit des Holzes. Massive **Vierkantbeine** aus Vollholz und die ausdrucksstarke Maserung des Furniers der Tischplatte wirken natürlich und formschön.
Ergonomie
Die **Höhe** der Tische ist von 68 bis 76 cm **verstellbar** und lässt sich damit an die Wünsche des Anwenders anpassen. Alle Anforderungen der EU-Richtlinien für Bildschirmarbeitsplätze werden erfüllt.
Nachhaltigkeit
Für die Herstellung von Möbeln im Programm Naturkontor wird ausschließlich **nachwachsendes** Holz aus der **Region** als Rohstoff verwendet. Damit schonen wir natürliche Ressourcen und vermeiden lange Transportwege. Die Oberflächen sind mit Lacken auf Wasserbasis kratzfest versiegelt.
Individualität
Die Elemente im Programm Naturkontor sind individuell und flexibel miteinander zu **kombinieren**. Wir bieten unterschiedliche Formen und Größen der Tischplatten an. Winkel- und Ansatzplatten lassen zusätzliche Oberflächenvarianten zu.
Funktionalität
Naturkontor steht für durchdachte Einsatzfähigkeit im Büro. Flexibel gestaltete **Kabelführungen** und großzügige **Kabelkanäle** erlauben ein sicheres und unauffälliges Management von Strom- und Netzkabeln.

3.4.2 Absätze formatieren

Zur Verbesserung der Struktur wurde der Text (siehe Datei **03_naturkontor_schreibtische_02**) bei der Erfassung in Absätze eingeteilt. Wie bereits erwähnt wird ein Absatz in MS Word immer durch Betätigen der ENTER-Taste abgeschlossen. Die Eigenschaften eines Absatzes können in vielfältiger Weise gestaltet werden. Alle Optionen zur Einstellung eines Absatzes sind in der Gruppe ABSATZ in der Registerkarte START angeordnet.

Zur besseren Orientierung bietet MS Word die Möglichkeit, sich die Absatzschaltungen durch Klick auf das Symbol ¶ in der Registerkarte START und der Gruppe ABSATZ anzeigen zu lassen. Die Absatzsymbole sind in der Monitoranzeige sichtbar, werden aber nicht gedruckt. Neben den nicht druckbaren Absatzsymbolen werden weitere nicht druckbare Zeichen (sogenannte Formatierungszeichen) sichtbar. Im vorliegenden Dokument sind das zum jetzigen Stand lediglich die als Punkt dargestellten Leerzeichen.

Die Optionen zur Formatierung eines Absatzes sind in der Registerkarte START und der Gruppe ABSATZ platziert. Der Absatz muss vor dem Formatieren immer erst markiert werden. Falls neben der Befehlsschaltfläche ein Pfeil angebracht ist, können die jeweiligen Optionen durch Klicken aufgerufen werden.

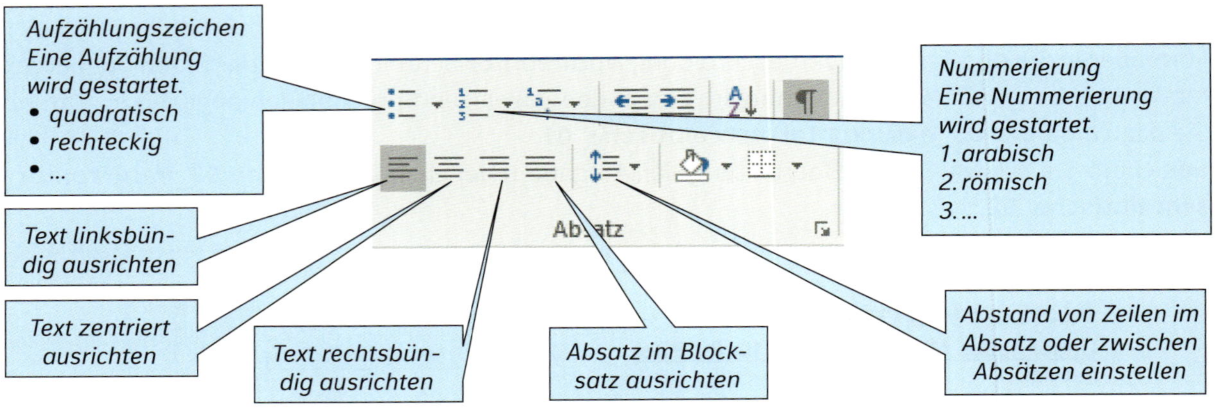

Abbildung 3.12: *Befehlsschaltflächen in der* ***Gruppe ABSATZ*** *zur Formatierung von Absätzen*

Eine besondere Bedeutung bei der Formatierung von Absätzen haben die sogenannten Einzüge. Unter Einzügen versteht man den Abstand des Zeilenanfangs vom linken Rand bzw. den Abstand des Zeilenendes vom rechten Rand.

Beispiel

Unter einer nummerierten Überschrift soll der Text im Absatz unter der Überschrift vom linken Rand mit einem Abstand von 1 cm eingerückt werden.

1. ***Design***
   Naturkontor steht für klare Linien und die Schönheit des Holzes. Massive ***Vierkantbeine*** *aus Vollholz und die ausdrucksstarke Maserung des Furniers der Tischplatte wirken natürlich und formschön.*
2. ***Ergonomie***
   Die ***Höhe*** *der Tische ist von 68 bis 76 cm* ***verstellbar*** *und lässt sich damit an die Wünsche des Anwenders anpassen.*

Im Beispiel wurden die Überschriften zunächst nummeriert und anschließend mit einem Sondereinzug Hängend von 1 cm eingestellt. Damit erscheint der Text der Überschrift immer 1 cm vom linken Rand. Dies ist dann von Bedeutung, wenn die Überschrift über mehrere Zeilen reicht.

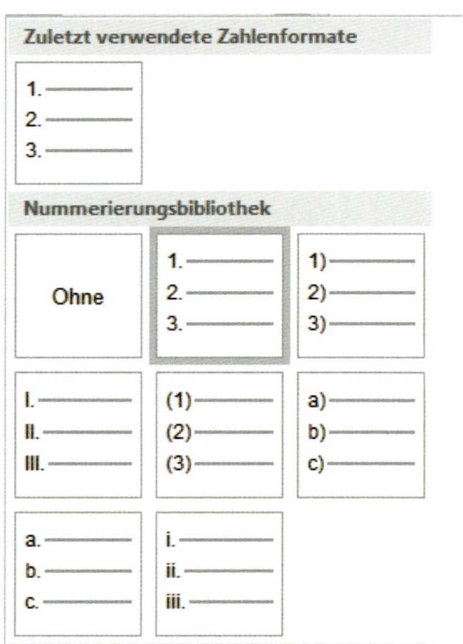

Abbildung 3.13: *Möglichkeiten der Darstellung von Nummerierungen in MS Word*

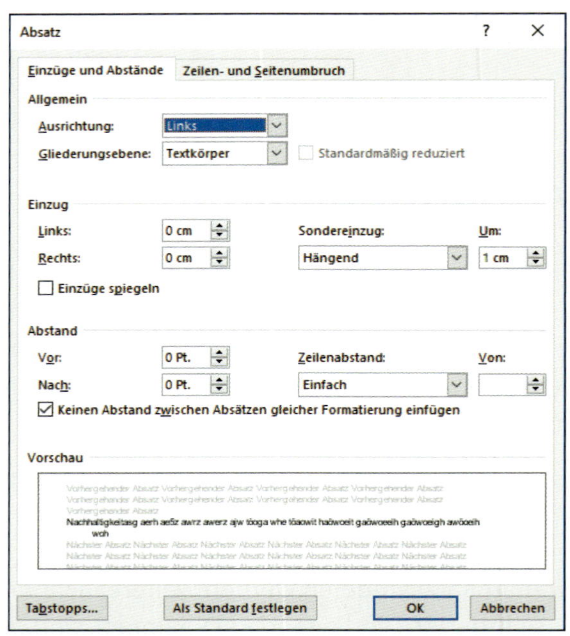

Abbildung 3.14: *Einstellung eines hängenden Sondereinzugs*

Die Texte unterhalb der Überschriften wurden mit einem linken Einzug von 1 cm eingestellt.

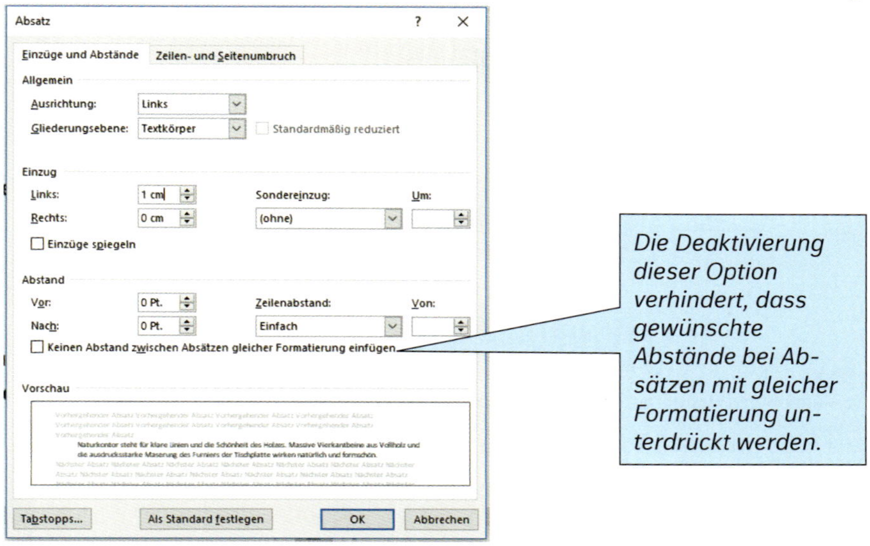

Abbildung 3.15: *Einstellung eines linken Einzugs*

Einzüge können nicht nur in den Dialogfenstern, sondern auch über das sogenannte Lineal eingestellt werden. Das Lineal kann in der Registerkarte ANSICHT in der Gruppe ANZEIGEN durch Anklicken des Kontrollkästchen bei LINEAL oberhalb des geöffneten Dokuments zur Anzeige gebracht werden.

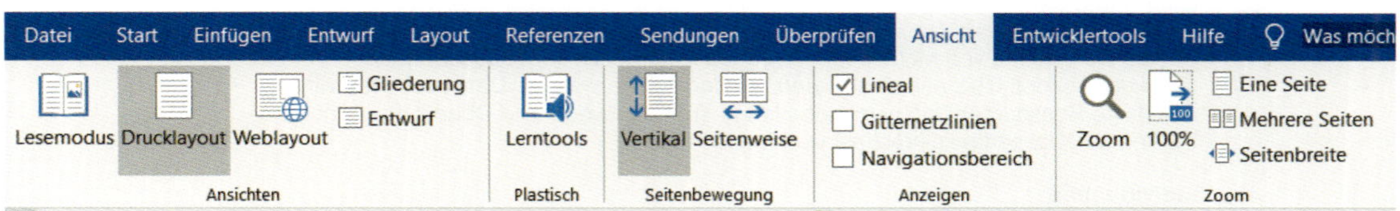

Abbildung 3.16: *Aktivierung der Anzeige des Lineals zur Erleichterung der Absatzformatierung*

Für die Einstellung der linken Einzüge können die markierten Elemente durch Anklicken, Festhalten und Verschieben mit dem Mauszeiger eingestellt werden.

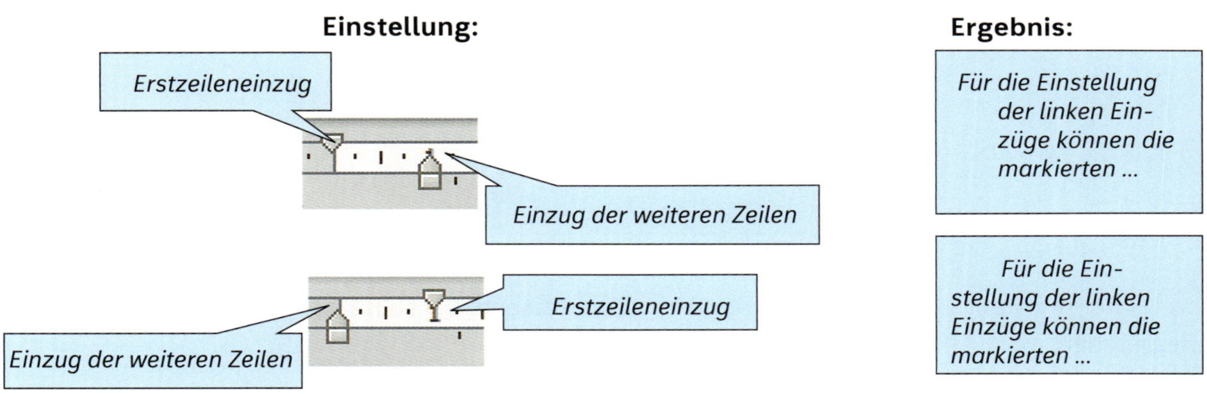

Abbildung 3.17: *Einstellung von Einzügen mithilfe des Lineals*

Arbeitsauftrag 4

Öffnen Sie die Datei **03_naturkontor_schreibtische_02**. Formatieren Sie die Absätze in der Produktbeschreibung, die als Muster nachfolgend abgedruckt ist. Speichern Sie das Dokument unter dem Namen **03_naturkontor_schreibtische_03**.

Web

Naturkontor

<u>Unser neues Möbelprogramm für Ihr Büro</u>

- individuell
- ergonomisch
- formschön
- nachhaltig
- funktionell

Der Zeilenabstand beträgt 1,5 Zeilen.

<u>Naturkontor</u>

Verantwortung für **Mensch** und **Natur**, das waren unsere **Leitmotive** bei der Entwicklung des neuen Möbelprogramms für Ihr Büro. Entstanden ist ein Sortiment aus Tischen, Regalen und Schränken, die Ihr Büro zu einem attraktiven Arbeitsplatz machen.

Der Abstand nach Absatz beträgt 12 Pt.

Was zeichnet das Tischsortiment im Programm Naturkontor aus?

1. **Design**

   Naturkontor steht für klare Linien und die Schönheit des Holzes. Massive **Vierkantbeine** aus Vollholz und die ausdrucksstarke Maserung des Furniers der Tischplatte wirken natürlich und formschön.

2. **Ergonomie**

   Die **Höhe** der Tische ist von 68 bis 76 cm **verstellbar** und lässt sich damit an die Wünsche des Anwenders anpassen. Alle Anforderungen der EU-Richtlinien für Bildschirmarbeitsplätze werden erfüllt.

3. **Nachhaltigkeit**

   Für die Herstellung von Möbeln im Programm Naturkontor wird ausschließlich nachwachsendes Holz aus der **Region** als Rohstoff verwendet. Damit schonen wir natürliche Ressourcen und vermeiden lange Transportwege. Die Oberflächen sind mit Lacken auf Wasserbasis kratzfest versiegelt.

4. **Individualität**

   Die Elemente im Programm Naturkontor sind individuell und flexibel miteinander zu kombinieren. Wir bieten unterschiedliche Formen und Größen der Tischplatten an. Winkel- und Ansatzplatten lassen zusätzliche Oberflächenvarianten zu.

5. **Funktionalität**

   Naturkontor steht für durchdachte Einsatzfähigkeit im Büro. Flexibel gestaltete Kabelführungen und großzügige **Kabelkanäle** erlauben ein sicheres und unauffälliges Management von Strom- und Netzkabeln.

Ihre Datei mit dem Namen **03_naturkontor_schreibtische_03** sollte dem abgedruckten Muster entsprechen.

3.4.3 Tabulatoren bei der Formatierung von Absätzen nutzen

Sollen die Zeilen in einem Absatz als Liste gestaltet werden, bietet sich die Arbeit mit Tabulatoren an. Tabulatoren sind Sprungmarken in einer Zeile, an die der Cursor nach Betätigen der Tabulatortaste (Taste über der Feststelltaste) springt. Zur Erleichterung der Erfassung und Bearbeitung von Tabulatoren empfiehlt es sich, die Anzeige des Lineals (siehe Abb. 3.16) zu aktivieren.

Ausgangssituation

In die Produktbeschreibung für die Schreibtische im Programm ***Naturkontor*** sollen Sie weitere Informationen zu angebotenen Schreibtischgrößen, zu den einzelnen Artikelnummern und zu den Listenpreisen aufnehmen, die nach einem hinführenden Satz unter einer Überschrift die Maße unterschiedlicher Tischgrößen und die jeweiligen Preise enthält:

Im Büromöbelprogramm Naturkontor bieten wir Schreibtische in den folgenden Abmessungen an:

Breite	Tiefe	Artikelnummer	Listenpreis
140 cm	80 cm	885961	399,00 €
160 cm	80 cm	885963	449,00 €
180 cm	90 cm	885965	599,00 €

Arbeitsauftrag 5

Informieren Sie sich über die Vorgehensweise zum Einfügen von Tabulatoren, indem Sie den nachfolgenden Text lesen.

Vorgehensweise:

Tabulatoren können grundsätzlich auf zwei Wegen eingefügt werden:

1. Einfügen von Tabulatoren mit dem Lineal

Ganz links im Lineal befindet sich ein kleines Kästchen, in dem grundsätzlich ein Linkstabulator angezeigt wird. Klickt man nun mit der Maus an eine beliebige Stelle im Lineal, wird dort ein Linkstabulator positioniert. Durch Klick auf das kleine Kästchen können nacheinander weitere Tabulatorarten ausgewählt werden.

- Tabstopp links → linke Textausrichtung
- Tabstopp zentriert → der Text wird zentriert ausgerichtet
- Tabstopp rechts → rechte Textausrichtung (eingegebene Buchstaben verschieben den Text nach links)
- Tabstopp dezimal → die Kommata von Dezimalzahlen bestimmen die Textausrichtung, d.h., die Dezimalkommata stehen immer untereinander
- Leiste-Tabstopp → an angegebener Position wird ein senkrechter Strich zur Verdeutlichung von Spalten gezeichnet

Die ausgewählten Tabstopps werden im Lineal durch die entsprechenden Symbole dargestellt.

Im Beispiel ergibt sich für die **Überschrift** die folgende Anordnung von Tabulatoren (ausschließlich Tabstopps links):

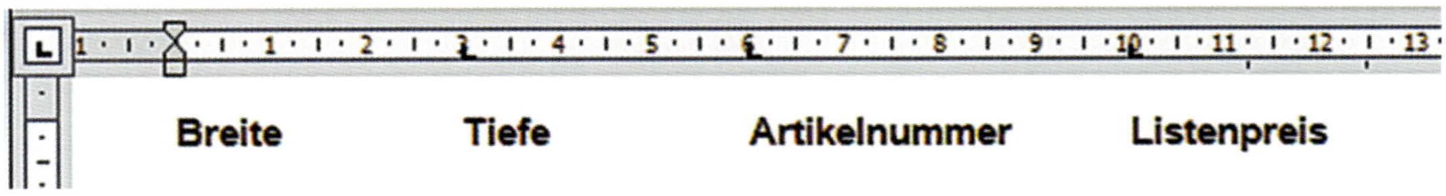

Abbildung 3.18: *Tabstopps für Überschriften mithilfe des Lineals*

Vorhandene Tabstopps können bei Bedarf mit gedrückter linker Maustaste im Lineal nach links oder rechts **verschoben** werden.

Für das **Löschen** von vorhandenen Tabstopps bieten sich zwei Verfahren an:

1. Vorhandene Tabstopps mit gedrückter linker Maustaste nach oben oder unten aus dem Lineal herausziehen.
2. Im Dialogfenster ABSATZ – TABSTOPPS ... den zu löschenden Tabstopp markieren und anschließend nacheinander die Schaltflächen LÖSCHEN und OK anklicken.

Für den **Inhalt der Liste** wurden unterschiedliche Tabstopps gesetzt, die nun in der Linealleiste sichtbar sind. Beachten Sie, dass vor Anzeige der Tabstopps im Lineal die Liste bzw. der entsprechende Absatz erst markiert sein muss.

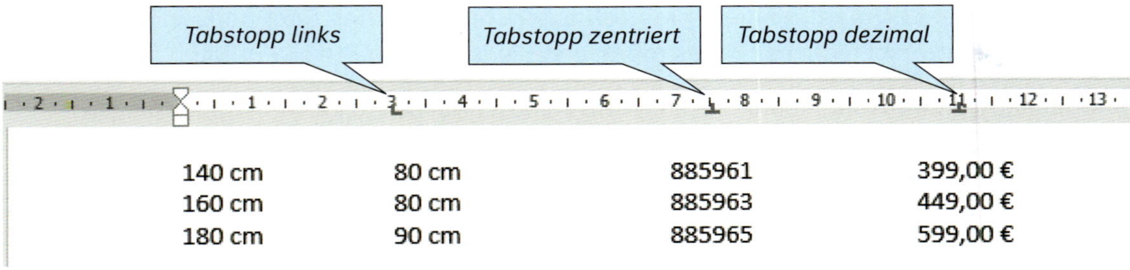

Abbildung 3.19: *Tabstopps für Listeninhalt mithilfe des Lineals*

Nach Einfügen von Leiste-Tabstopps ergibt sich das folgende Bild:

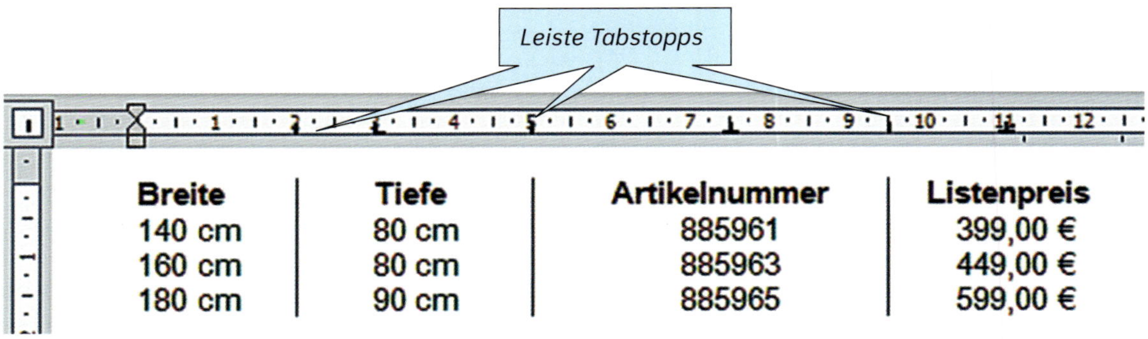

Abbildung 3.20: *Tabstopps für Überschriften mithilfe des Lineals*

2. Hinfügen von Tabstopps mit dem Dialogfenster START – ABSATZ – TABSTOPPS

Das Fenster bietet die Möglichkeit, nach Angabe der Art des Tabstopps die entsprechende Position als Zahl per Tastatur einzugeben. Die Art des Tabulators wird beim Klicken auf die jeweilige Maßangabe in den Kontrollkästchen angegeben. Nach Eingabe der Position des Tabstopps müssen nacheinander die Schaltflächen FESTLEGEN und OK angeklickt werden. Für die Überschrift und den Inhalt der Liste wurden die folgenden Werte eingegeben (ohne Leiste-Tabstopps):

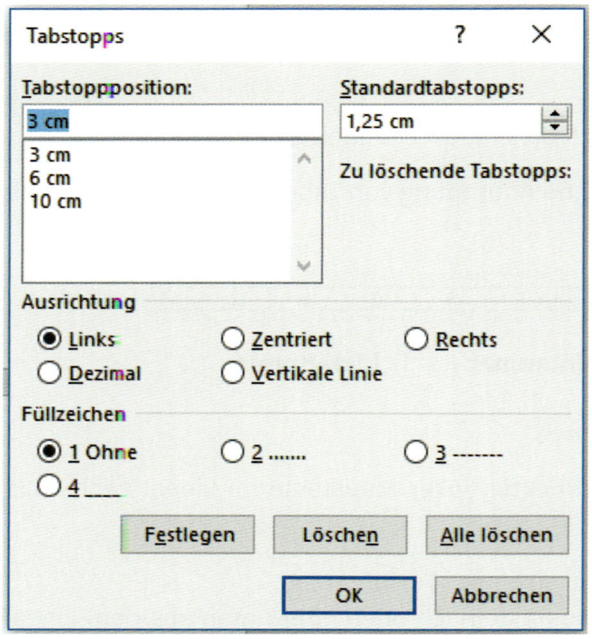

Abbildung 3.21: *Setzen von linken Tabstopppositionen*

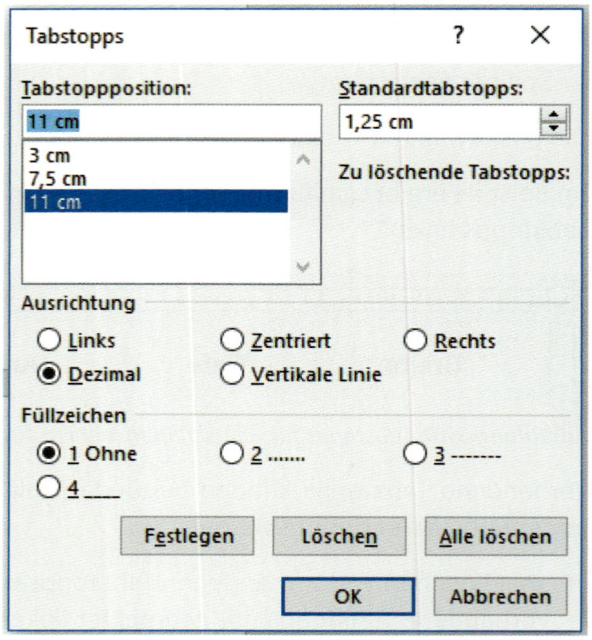

Abbildung 3.22: *Setzen von Tabstopppositionen mit dezimaler Ausrichtung*

Arbeitsauftrag 6

Öffnen Sie die Datei **03_naturkontor_schreibtische_03**. Erfassen Sie den Textbereich mit den weiteren Informationen zu den angebotenen Schreibtischgrößen und zu den einzelnen Artikelnummern und Listenpreisen im Möbelprogramm **Naturkontor** (siehe 3.4.3 Ausgangssituation) nach den bisherigen Produktbeschreibungen. Nutzen Sie für die Gestaltung der Artikelliste mit Überschrift geeignete Tabstopps.
Speichern Sie anschließend das Dokument unter dem Dateinamen **03_naturkontor_schreibtische_04**.

Web

3.4.4 Seiten gestalten

Ausrichtung der Seite

Eine Dokumentenseite kann in MS Word im Hochformat und im Querformat ausgerichtet werden. Die Befehlsschaltfläche zum Ausrichten einer Seite findet sich in der Registerkarte LAYOUT – AUSRICHTUNG.

Wir verändern die Seitenausrichtung für die vorliegende Produktinformation zunächst nicht.

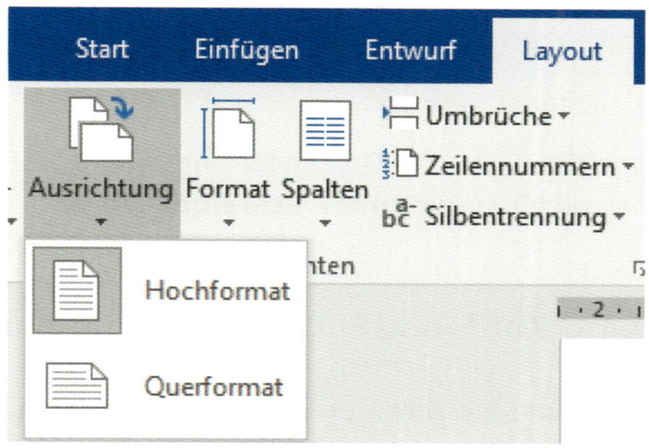

Abbildung 3.23: *Seite ausrichten*

Seitenränder einrichten

Seitenränder bestimmen die Abstände des Textes vom Rand des Papiers, das beschriftet werden soll. Unterschieden werden die Abstände

- von oben
- von unten
- von links
- von rechts

Eingestellt werden die Seitenränder in der Registerkarte LAYOUT – SEITENRÄNDER.

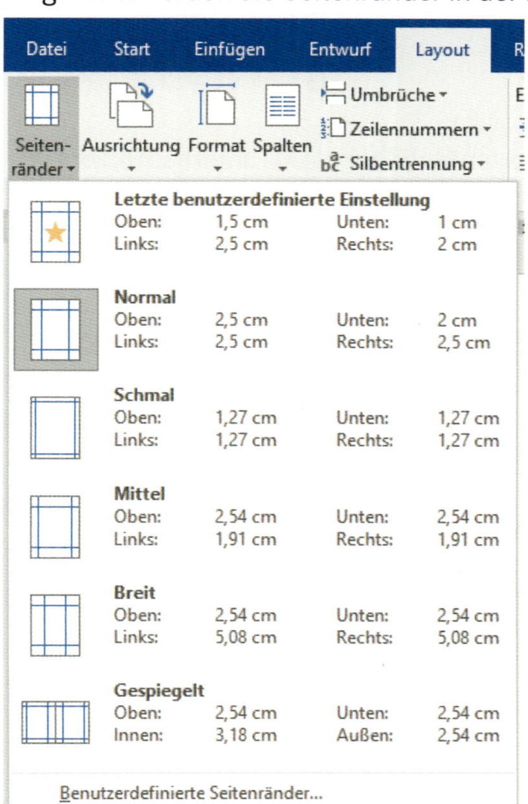

Abbildung 3.24: *Seitenränder einstellen*

In dem sich öffnenden Fenster werden einige Einstellungen für Seitenränder standardmäßig angeboten (z. B. Normal, Schmal, Mittel oder Breit). Individuelle Einstellungen können nach einem Klick auf die Auswahl BENUTZERDEFINIERTE SEITENRÄNDER vorgenommen werden.

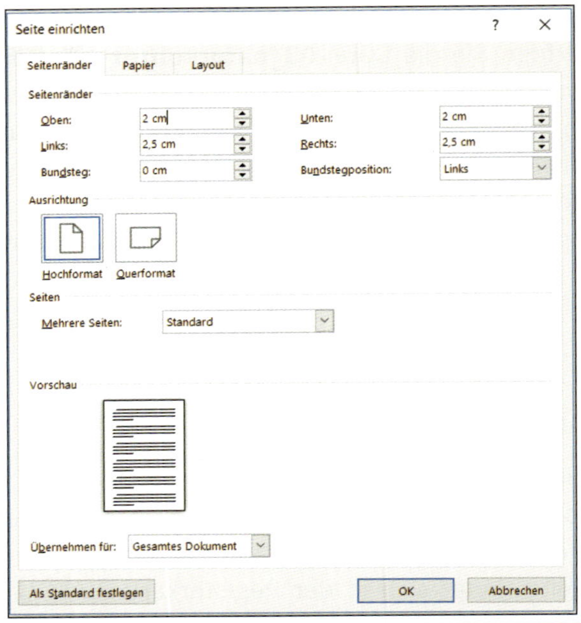

Abbildung 3.25: *Seitenränder nach individuellen Wünschen einstellen*

Arbeitsauftrag 7

In unserem Bespiel soll die Einstellung der Seitenränder mit den Maßen

- von oben 2 cm
- von unten 2 cm
- von links 2,5 cm
- von rechts 2,5 cm

eingegeben werden.

Speichern Sie das Dokument unter dem Dateinamen **03_naturkontor_schreibtische_05**.

3.4.5 Kopf- und Fußzeile einrichten und gestalten

Kopf- und Fußzeilen enthalten Inhalte, die auf jeder Seite – auch bei einem mehrseitigen Dokument – am Bildschirm angezeigt und ausgedruckt werden.

Arbeitsauftrag 8

In die Kopfzeile der Produktbeschreibung sollen Sie den Text

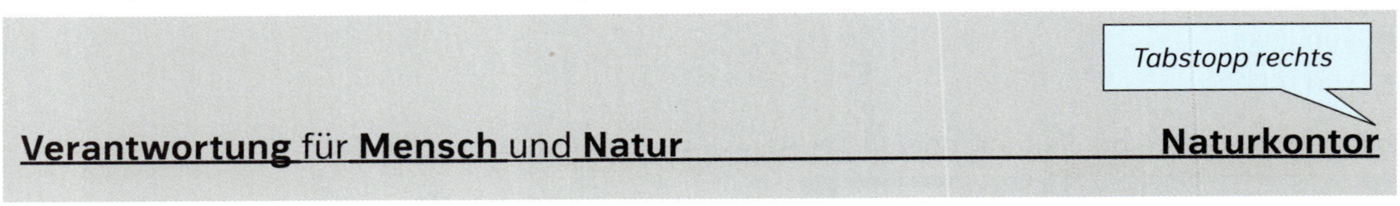

mit Schriftgrad 14 und unterstrichen einfügen.

In der Fußzeile sollen Angaben zur Unternehmung Duisdorfer BüroKonzept KG unterhalb einer Linie mit Schriftgrad 9 angezeigt und ausgedruckt werden:

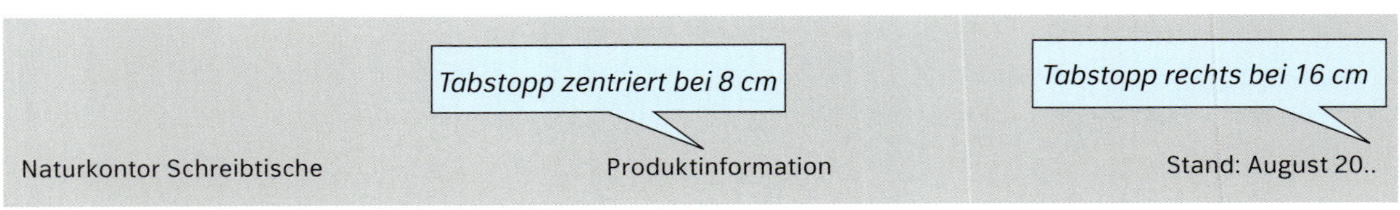

Vorgehensweise:

Web

1. Öffnen Sie zunächst die Datei **03_naturkontor_schreibtische_05**.
2. Die Bearbeitung von Kopf- und Fußzeile wird bei MS Word durch Klicken auf die entsprechende Befehlsschaltfläche in der Registerkarte EINFÜGEN in der Gruppe KOPF- UND FUSSZEILE möglich.

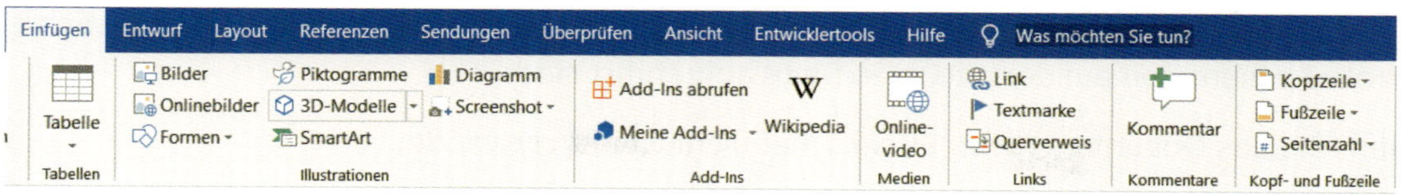

Abbildung 3.26: *Einfügen einer Kopf- oder Fußzeile*

3. Nach dem Klick auf die Befehlsschaltfläche KOPFZEILE öffnet sich ein Dialogfenster, das im oberen Bereich einige vorgestaltete Kopfzeilen anzeigt. Auf unser Dokument passen diese Vorlagen nicht. Deswegen wählen wir die Option KOPFZEILE BEARBEITEN aus. Anschließend wird die Kopfzeile geöffnet und das restliche Dokument erscheint leicht grau, d. h., eine Bearbeitung des Textes ist derzeit ausgeschlossen. Lediglich die Kopfzeile kann jetzt gestaltet werden.

4. Setzen Sie zunächst die erforderlichen Tabulatoren und geben Sie anschließend den vorgegebenen Text ein.

Abbildung 3.27: *Beschriften einer Kopfzeile*

5. Klicken Sie nun auf die Befehlsschaltfläche FUSSZEILE in der Registerkarte EINFÜGEN der Gruppe KOPF- UND FUSSZEILE und wählen auch hier die Option FUSSZEILE BEARBEITEN durch Klicken aus. Setzen Sie wieder zunächst die erforderlichen Tabulatoren und geben Sie dann den vorgesehenen Text mit der entsprechenden Schriftgröße ein. Die Linie oberhalb des Textes kann z. B. durch die Absatzformatierung RAHMENLINIE OBEN in der Registerkarte START, Gruppe ABSATZ, Auswahl RAHMEN veranlasst werden.

Abbildung 3.28: *Beschriften der Fußzeile*

6. Speichern Sie die Datei unter dem Namen **03_naturkontor_schreibtische_06**.

3.4.6 Seitenumbruch einfügen

Manchmal kann es zweckmäßig sein, im Dokument zu einer neuen Seite zu wechseln, obwohl die Seite noch gar nicht vollständig beschrieben ist. Dies ist zum Beispiel der Fall, wenn beim Erfassen von Inhalten in einem Dokument die Überschrift zu einem neuen Absatz noch auf der vorherigen Seite erscheint, der Text zu der Überschrift aber erst auf der neuen Seite beginnt. In diesem Falle sollte auch die Überschrift auf der nächsten Seite erscheinen.

Dies kann erreicht werden, indem **manuell** ein **Seitenumbruch** eingefügt wird. Dazu setzen Sie den Cursor an die Stelle, an der der Seitenumbruch gewünscht wird. Fügen Sie anschließend den Seitenumbruch mit LAYOUT – UMBRÜCHE – SEITE ein.

Arbeitsauftrag 9

Web

Fügen Sie zu Übungszwecken in der Produktbeschreibung (**03_naturkontor_schreibtische_06**) vor dem Text „Im Büromöbelprogramm ...“ einen Seitenvorschub ein. So wird erreicht, dass die

Merkmale des Möbelprogramms alle auf einer Seite, die Angaben zu den unterschiedlichen Schreibtischen aber zusammen auf der nächsten Seite aufgeführt sind.

Speichern Sie das Dokument nicht. Es wird hier nicht weiter verwendet.

3.4.7 Wasserzeichen einfügen

Ein Wasserzeichen ist ein Text, der hinter dem eigentlichen Text des Dokuments angezeigt wird. Hier können z. B. Hinweise auf die Behandlung des Textes, wie VERTRAULICH oder WICHTIG! dargestellt werden.

Ausgangssituation
In unserer Produktinformation soll die Firma der Duisdorfer BüroKonzept KG diagonal als Wasserzeichen erscheinen.

Arbeitsauftrag 10

Web

Öffnen Sie die Datei **03_naturkontor_schreibische_06**. Fügen Sie das Wasserzeichen in der nachfolgend beschriebenen Weise ein.

Vorgehensweise:

1. Klicken Sie auf die Befehlsschaltfläche WASSERZEICHEN in der Registerkarte ENTWURF und wählen Sie die Option BENUTZERDEFINIERTES WASSERZEICHEN durch Klicken aus.
2. Verändern Sie die Einstellungen im Dialogfenster in der abgebildeten Weise.

***Abbildung 3.29:** Einstellungen für ein Textwasserzeichen*

3. Speichern Sie das Dokument unter dem Namen **03_naturkontor_schreibtische_07**. Die Produktinformation hat nun das nachfolgend dargestellte Aussehen:

Verantwortung für Mensch und Natur — Naturkontor

Naturkontor

Unser neues Möbelprogramm für Ihr Büro

- individuell
- ergonomisch
- formschön
- nachhaltig
- funktionell

Naturkontor

Verantwortung für **Mensch** und **Natur**, das waren unsere **Leitmotive** bei der Entwicklung des neuen Möbelprogramms für Ihr Büro. Entstanden ist ein Sortiment aus Tischen, Regalen und Schränken, die Ihr Büro zu einem attraktiven Arbeitsplatz machen.

Was zeichnet das Tischsortiment im Programm Naturkontor aus?

1. **Design**

   Naturkontor steht für klare Linien und die Schönheit des Holzes. Massive **Vierkantbeine** aus Vollholz und die ausdrucksstarke Maserung des Furniers der Tischplatte wirken natürlich und formschön.

2. **Ergonomie**

   Die **Höhe** der Tische ist von 68 bis 76 cm **verstellbar** und lässt sich damit an die Wünsche des Anwenders anpassen. Alle Anforderungen der EU-Richtlinien für Bildschirmarbeitsplätze werden erfüllt.

3. **Nachhaltigkeit**

   Für die Herstellung von Möbeln im Programm Naturkontor wird ausschließlich nachwachsendes Holz aus der **Region** als Rohstoff verwendet. Damit schonen wir natürliche Ressourcen und vermeiden lange Transportwege. Die Oberflächen sind mit Lacken auf Wasserbasis kratzfest versiegelt.

4. **Individualität**

   Die Elemente im Programm Naturkontor sind individuell und flexibel miteinander zu kombinieren. Wir bieten unterschiedliche Formen und Größen der Tischplatten an. Winkel- und Ansatzplatten lassen zusätzliche Oberflächenvarianten zu.

5. **Funktionalität**

   Naturkontor steht für durchdachte Einsatzfähigkeit im Büro. Flexibel gestaltete Kabelführungen und großzügige **Kabelkanäle** erlauben ein sicheres und unauffälliges Management von Strom- und Netzkabeln.

Im Büromöbelprogramm Naturkontor bieten wir Schreibtische in den folgenden Abmessungen an:

Breite	Tiefe	Artikelnummer	Listenpreis
140 cm	80 cm	885961	399,00 €
160 cm	80 cm	885963	449,00 €
180 cm	90 cm	885965	599,00 €

Naturkontor Schreibtische — Produktinformation — Stand: August 20..

Ihre Datei mit dem Namen **03_naturkontor_schreibtische_07** sollte dem abgedruckten Muster entsprechen.

3.5 Die automatische und manuelle Silbentrennung

Zur besseren Ausnutzung des Platzes in der einzelnen Zeile und zur Vermeidung stark unterschiedlicher Zeilenlängen kann in einem Dokument die **automatische Silbentrennung** veranlasst werden. MS Word nutzt dabei die Regeln der deutschen Rechtschreibung. Eingestellt wird die automatische Silbentrennung in der Registerkarte LAYOUT – SEITE EINRICHTEN – SILBENTRENNUNG.

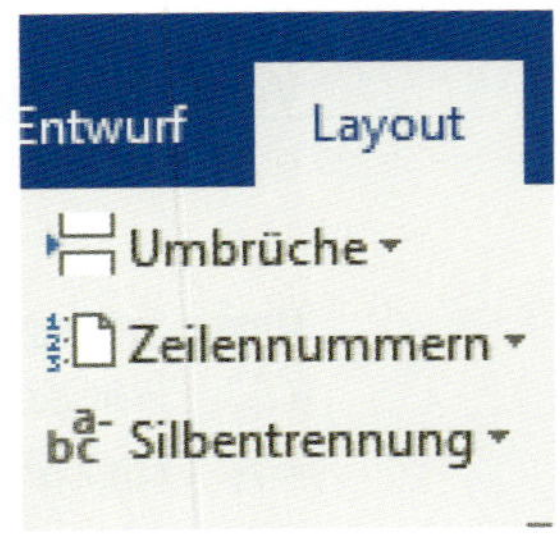

Abbildung 3.30: *Automatische Silbentrennung*

Manchmal führt die automatische Silbentrennung zu unerwünschten Ergebnissen. Dies kann z. B. dann der Fall sein, wenn bei einem Wort nur zwei oder drei Buchstaben nach der Silbentrennung in der nächsten Zeile erscheinen.

Beispiel

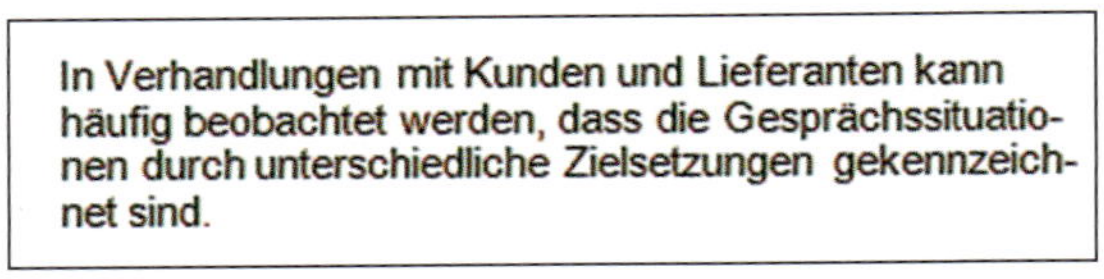
In Verhandlungen mit Kunden und Lieferanten kann häufig beobachtet werden, dass die Gesprächssituatio-
nen durch unterschiedliche Zielsetzungen gekennzeich-
net sind.

Abbildung 3.31: *Unerwünschte Trennung des Wortes „Gesprächssituationen“*

Diese Silbentrennung kann manuell verhindert werden, indem der Vorschlag des Programms durch Klick auf NEIN abgelehnt wird.

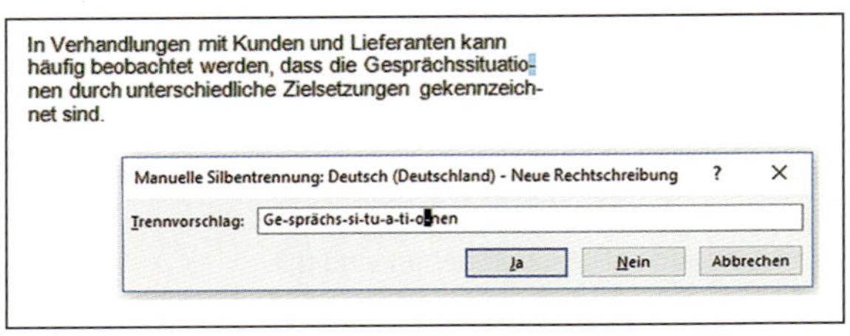

Abbildung 3.32: *Automatische Silbentrennung durch Klick auf NEIN verhindern*

In geeigneten Fällen – so auch in unserem Beispiel – soll das Wort „Gesprächssituationen“ nicht an der automatisch veranlassten Stelle, sondern als „Gesprächssituationen“ getrennt werden. Um dies zu veranlassen, wird der Cursor an die Stelle der Silbentrennung positioniert. Anschließend wird über LAYOUT – SEITE EINRICHTEN – SILBENTRENNUNG – MANUELL das Fenster geöffnet, in dem der Anwender den Cursor an die Stelle setzen kann, an der die Silbentrennung erfolgen soll.

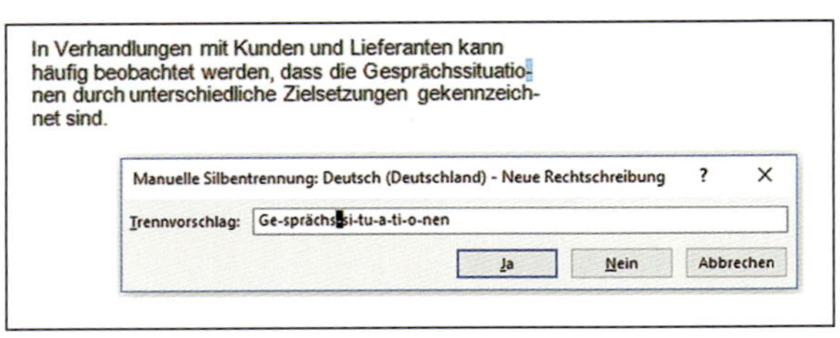

Abbildung 3.33: *Manuelle Silbentrennung*

Das Ergebnis der manuellen Silbentrennung führt zu folgendem Bild:

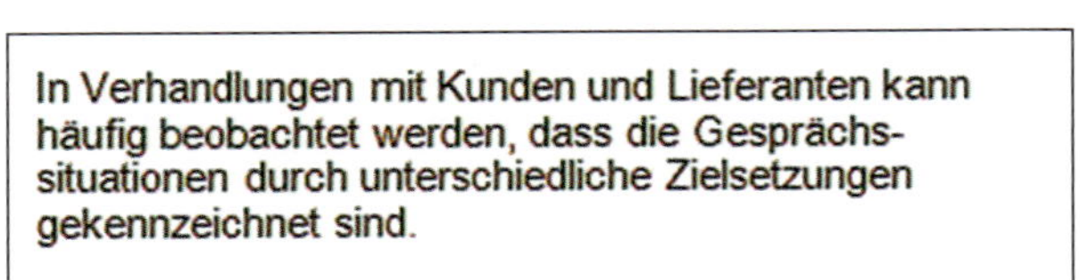
In Verhandlungen mit Kunden und Lieferanten kann häufig beobachtet werden, dass die Gesprächs-
situationen durch unterschiedliche Zielsetzungen
gekennzeichnet sind.

Abbildung 3.34: *Textbild nach manueller Silbentrennung*

Alternativ kann die gewünschte Position der Silbentrennung auch durch Eingabe eines Trennstrichs im Text an der gewünschten Position veranlasst werden.

Arbeitsauftrag 11

Fügen Sie in das Dokument **03_naturkontor_schreibtische_07** die automatische Silbentrennung ein. Beobachten Sie, wie sich das Textbild verändert. Speichern Sie die Datei unter dem Namen **03_naturkontor_schreibtische_08**.

3.6 Dokumente drucken

Ausgangssituation
Der Vertriebsleiter, Herr Klein, bittet Sie, den aktuellen Stand der Produktinformation für ihn auszudrucken. Er möchte das Blatt prüfen und Ihnen eine Rückmeldung geben.

Der Druck eines Dokuments wird in MS Word durch DATEI – DRUCKEN eingeleitet, aber noch nicht ausgeführt.

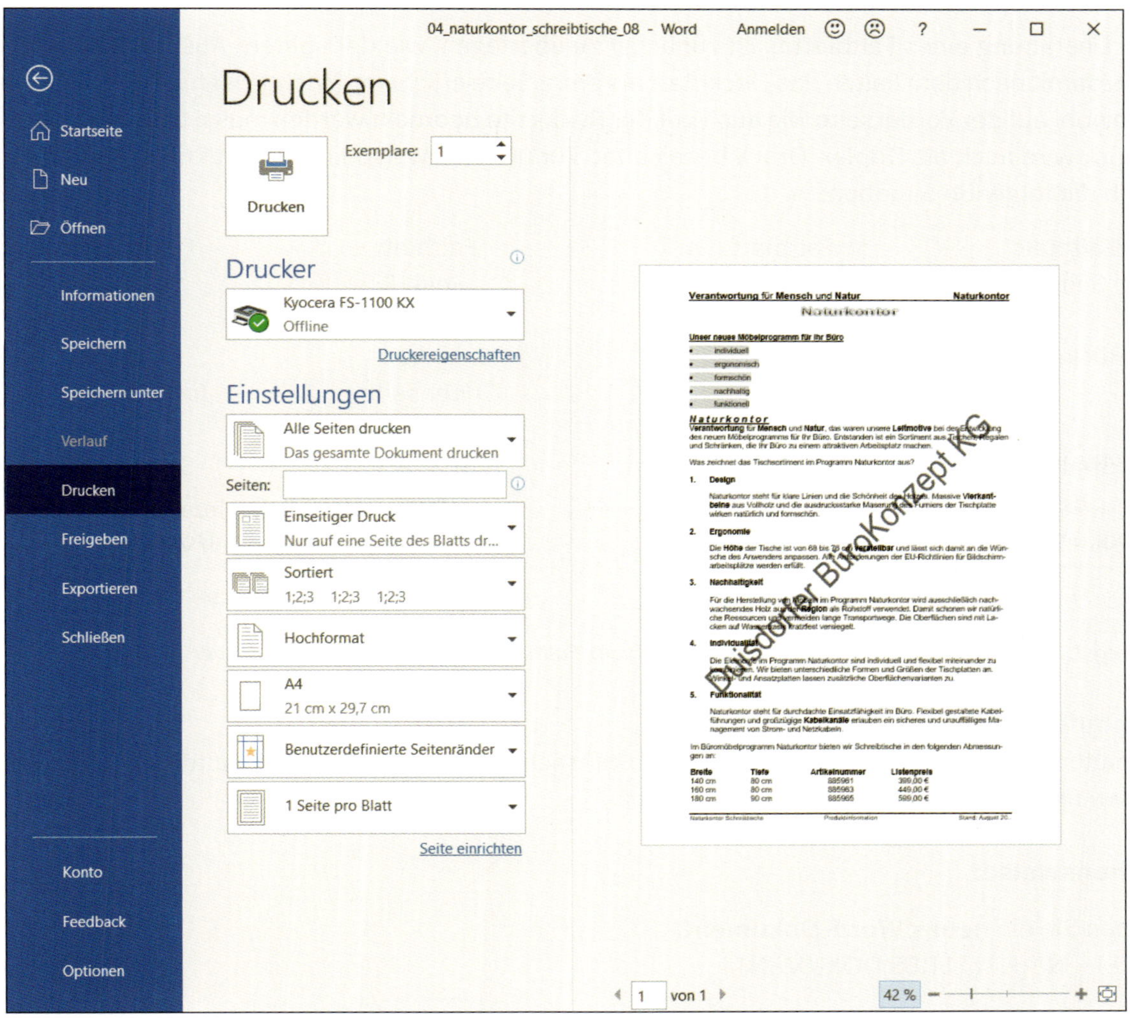

***Abbildung 3.35:** Einstellung der Druckoptionen und Druckvorschau*

Im Dialogfenster, das nun angezeigt wird, können weitere Druckeinstellungen vorgenommen werden. So können z.B. die Anzahl der Ausdrucke bei EXEMPLARE, der gewünschte Drucker (sofern mehrere Drucker an den Rechner angeschlossen sind) bei DRUCKER oder die genaue Angabe ausgewählter Druckseiten bei EINSTELLUNGEN eingestellt werden. Erst der Klick auf die Befehlsschaltfläche DRUCKEN im dargestellten Fenster löst den eigentlichen Druckvorgang aus.

Soll dieses Dialogfenster nicht angezeigt werden, weil alle voreingestellten Optionen richtig sind, kann – sofern die Symbolleiste für den Schnellzugriff entsprechend eingerichtet wurde (siehe Kapitel 3.1.4) – der Druck durch Klick auf die Befehlsschaltfläche SCHNELLDRUCK direkt ausgelöst werden.

Arbeitsauftrag 12

Drucken Sie die Produktinformation in der aktuellen Fassung für Herrn Klein aus.

3.7 Ein Dokument mit mehreren Spalten gestalten und drucken

Ausgangssituation

Der Vertriebsleiter, Herr Klein, ist mit der Produktinformation eigentlich ganz zufrieden, möchte allerdings, dass Sie das Dokument als Faltblatt mit zwei Spalten gestalten. Die erste Seite des Faltblattes soll als Deckblatt mit grundlegenden Informationen zur Produktlinie ***Naturkontor*** erscheinen. Die beiden Innenseiten des Faltblattes sollen die Produktmerkmale und die Preisübersicht enthalten. Auf der letzten Seite sollen Angaben zur Duisdorfer BüroKonzept KG sowie zu Ansprechpartnern bei Beratungsbedarf des Kunden aufgeführt sein.

Bei der Gestaltung eines Faltblattes ist zunächst zu überlegen, wie der spätere Ausdruck zu erfolgen hat, damit nach dem Falten das Deckblatt als erste Seite erscheint. Wichtig ist hierbei, dass das Blatt sowohl auf der Vorderseite wie auch auf der Rückseite bedruckt werden muss. Dieser zweiseitige Druck wird auch als Duplex-Druck bezeichnet. Für unsere zweispaltige Produktinformation ergibt sich die folgende Situation:

Faltblatt Seite 4	Faltblatt Seite 1	Faltblatt Seite 2	Faltblatt Seite 3
Rückseite	Vorderseite	linke Innenseite	rechte Innenseite
Spalte 1 des Dokuments	Spalte 2 des Dokuments	Spalte 3 des Dokuments	Spalte 4 des Dokuments
gedruckte Vorderseite		gedruckte Rückseite	

Abbildung 3.36: *Anordnung der Seiten für ein zweispaltiges Faltblatt im Seitenformat DIN A4 quer*

Arbeitsauftrag 13

Die Inhalte der bisherigen Produktinformation müssen Sie also nun für den Faltdruck ganz neu anordnen und das Seitenlayout neu einrichten.

Vorgehensweise:

1. Öffnen Sie ein **neues Word-Dokument**.
   DATEI – NEU – LEERES DOKUMENT

2. Richten Sie das Dokument im Querformat ein.
   LAYOUT – AUSRICHTUNG – QUERFORMAT
   Wählen Sie als Seitenränder:
   Oben: 2 cm
   Unten: 1,5 cm
   Links: 1,5 cm
   Rechts: 2,5 cm

3. Gestalten Sie das Dokument als zweispaltiges Dokument. LAYOUT – SPALTEN – ZWEI Im Lineal ist gut zu erkennen, dass die Seite in zwei Spalten eingeteilt wurde.

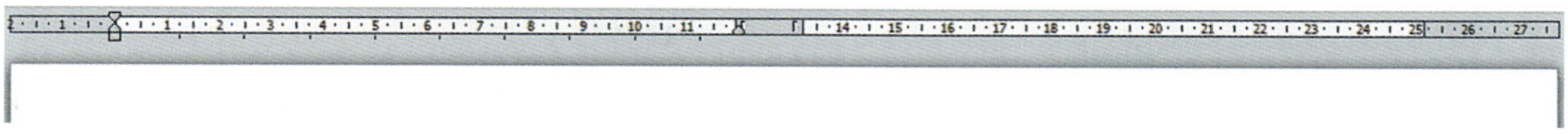

Abbildung 3.37: *Anzeige der Spalten im Lineal*

4. Gestalten Sie die Spalte 1 des Dokuments (Seite 4 des Faltblattes) als **Rückseite** des Faltblattes. Erfassen Sie dazu die folgenden Inhalte in der Schriftart Arial und der Schriftgröße 11:

Detaillierte Informationen zu unserem Büromöbelprogramm
Naturkontor finden Sie auf unserer Homepage
www.duisdorfer-bueko.de

Gerne beraten wir Sie auch persönlich. Ihre Ansprechpartnerin ist

Frau Karin Albers	k.albers@duisdorfer-bueko.de
Tel.:	0228 98765-58
Fax:	0228 98765-80

Teilen Sie Frau Albers bitte mit, ob Sie schriftliche Informationen
oder einen Anruf wünschen.

Nach Terminabsprache besuchen wir
Sie auch gerne in Ihren Räumen vor Ort.

Duisdorfer BüroKonzept KG
Ausstattung und Beratung für das Büro
Rochusstraße 30
53123 Bonn

Abbildung 3.38: *erforderliche Eingaben für die Spalte 1 des Dokuments*

5. Fügen Sie nach der letzten Zeile (mit Absatzmarke abschließen) einen sogenannten Spaltenumbruch ein. Dies geschieht durch Klick auf LAYOUT – UMBRÜCHE – SPALTE. Ein Spaltenumbruch bewirkt, dass der weitere Text in die nächste Spalte geschrieben wird.

6. Kopieren Sie den ersten Teil der Produktinformation in der Datei **03_naturkontor_schreibtische_08** (ab Anfang bis „... attraktiven Arbeitsplatz machen.“) in die Spalte 2 des Dokuments. Markieren Sie dazu den Text bzw. Abschnitt, den Sie kopieren möchten. Klicken Sie nun auf das Symbol KOPIEREN in der Registerkarte START. Setzen Sie den Cursor anschließend an die gewünschte Einfügeposition. Klicken Sie nun auf das Symbol EINFÜGEN in der Registerkarte START. Gestalten Sie den eingefügten Text in der abgedruckten Weise (siehe Abb. 3.39). Fügen Sie am Ende des Textes einen Spaltenumbruch ein.

Web

7. Kopieren Sie den zweiten Teil der Produktinformation (siehe **03_naturkontor_schreibtische_08**) (Beginn: „Was zeichnet ...“ bis „... Strom- und Netzkabeln.“) in Spalte 3 des Dokuments. Fügen Sie am Ende des Textes einen Spaltenumbruch ein.

8. Kopieren Sie zum Abschluss den restlichen Text aus der Datei **03_naturkontor_schreibtische_08** (ab „Im Möbelprogramm ...“ einschließlich der Preisliste) in Spalte 4 des Dokuments.

Detaillierte Informationen zu unserem Büromöbelprogramm Naturkontor finden Sie auf unserer Homepage
www.duisdorfer-bueko.de

Gerne beraten wir Sie auch persönlich. Ihre Ansprechpartnerin ist

Frau Karin Albers k.albers@duisdorfer-bueko.de
Tel.: 0228 98765-58
Fax: 0228 98765-80

Teilen Sie Frau Albers bitte mit, ob Sie schriftliche Informationen oder einen Anruf wünschen.

Nach Terminabsprache besuchen wir Sie auch gerne in Ihren Räumen vor Ort.

Duisdorfer BüroKonzept KG
Ausstattung und Beratung für das Büro
Rochusstraße 30
53123 Bonn

Naturkontor

Unser neues Möbelprogramm für Ihr Büro

- individuell
- ergonomisch
- formschön
- nachhaltig
- funktionell

Naturkontor
Verantwortung für **Mensch** und **Natur**, das waren unsere **Leitmotive** bei der Entwicklung des neuen Möbelprogramms für Ihr Büro. Entstanden ist ein Sortiment aus Tischen, Regalen und Schränken, die Ihr Büro zu einem attraktiven Arbeitsplatz machen.

Was zeichnet das Tischsortiment im Programm Naturkontor aus?

1. **Design**

   Naturkontor steht für klare Linien und die Schönheit des Holzes. Massive **Vierkantbeine** aus Vollholz und die ausdrucksstarke Maserung des Furniers der Tischplatte wirken natürlich und formschön.

2. **Ergonomie**

   Die **Höhe** der Tische ist von 68 bis 76 cm **verstellbar** und lässt sich damit an die Wünsche des Anwenders anpassen. Alle Anforderungen der EU-Richtlinien für Bildschirmarbeitsplätze werden erfüllt.

3. **Nachhaltigkeit**

   Für die Herstellung von Möbeln im Programm Naturkontor wird ausschließlich nachwachsendes Holz aus der **Region** als Rohstoff verwendet. Damit schonen wir natürliche Ressourcen und vermeiden lange Transportwege. Die Oberflächen sind mit Lacken auf Wasserbasis kratzfest versiegelt.

4. **Individualität**

   Die Elemente im Programm Naturkontor sind individuell und flexibel miteinander zu kombinieren. Wir bieten unterschiedliche Formen und Größen der Tischplatten an. Winkel- und Ansatzplatten lassen zusätzliche Oberflächenvarianten zu.

5. **Funktionalität**

   Naturkontor steht für durchdachte Einsatzfähigkeit im Büro. Flexibel gestaltete Kabelführungen und großzügige **Kabelkanäle** erlauben ein sicheres und unauffälliges Management von Strom- und Netzkabeln.

Im Büromöbelprogramm Naturkontor bieten wir Schreibtische in den folgenden Abmessungen an:

Breite	Tiefe	Artikelnummer	Listenpreis
140 cm	80 cm	885961	399,00 €
160 cm	80 cm	885963	449,00 €
180 cm	90 cm	885965	599,00 €

Abbildung 3.39: *Struktur des Faltblattes nach Fertigstellung*

9. Speichern Sie das Dokument vor dem Ausdruck unter dem Dateinamen **03_schreibtische_faltblatt_01** ab.

Web

Für den Ausdruck des Dokuments als Faltblatt müssen die Eigenschaften des jeweiligen Druckers streng beachtet werden. Bei einem Drucker mit Duplex-Eigenschaften kann der Druck in einem Vorgang erfolgen (Vorder- und Rückseite können in einem Vorgang bedruckt werden). Bei einem Drucker ohne Duplex-Eigenschaften muss erst eine Seite und dann mit entsprechend richtig eingelegtem Blatt die zweite Seite gedruckt werden. Hierbei kommt es entscheidend darauf an, in welche Richtung und mit welcher Seite nach oben das bedruckte Blatt für den zweiten Druckvorgang eingelegt werden muss.

Das Dokument mit Spalten kann – wenn gewünscht – durch folgende Möglichkeiten weiter gestaltet werden:

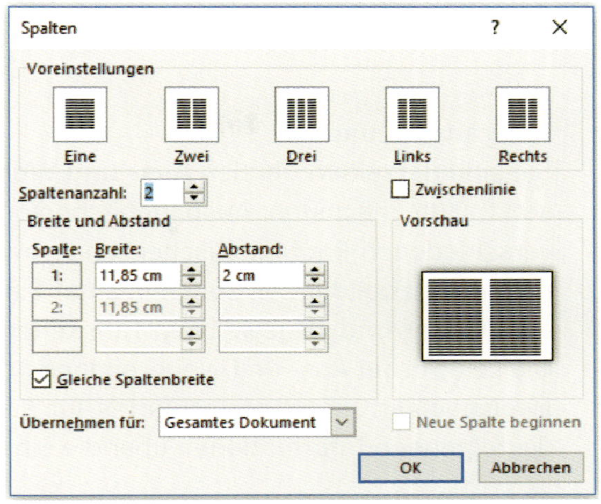

Abbildung 3.40: *Einstellung der Spalteneigenschaften*

- Veränderungen der Absatzeinzüge zur Einstellung der rechten und linken Einzüge (siehe Kapitel 3.4.2)
- Veränderung des Abstands zwischen den Spalten LAYOUT – SPALTEN – MEHR SPALTEN ... (durch Eingaben in das sich öffnende Dialogfenster oder durch Ziehen mit der Maus im Lineal)
- Veränderung der Einstellungen der Tabstopps in der Artikelliste (dies kann erforderlich werden, weil die bisherigen Tabstopps auf eine Seitenbreite des Dokuments im Hochformat eingestellt waren, die Spalte im Faltblatt aber nur die halbe Seite im Querformat einnehmen kann. Die Tabstopps können übrigens bei gehaltener linker Maustaste im Lineal verschoben werden.
- Veränderung der Seitenränder
  LAYOUT – SEITENRÄNDER – BENUTZERDEFINIERTE SEITENRÄNDER
  (dasselbe Dialogfenster öffnet sich auch bei Anklicken des Pfeils rechts unten in der Gruppe LAYOUT – SEITE EINRICHTEN)

3.8 Dokument als PDF-Dokumente speichern

Häufig ist es gewünscht, dass Dokumente per E-Mail als Datei versendet werden, ohne dass der Empfänger das Dokument weiter bearbeiten kann. Das Dokument soll dabei genauso aussehen, wie es der Versender gestaltet hat. Dazu kann das in MS Word erstellte Dokument als PDF-Datei (Portable Document Format) gespeichert werden. Der Empfänger eines PDF-Dokuments benötigt lediglich ein Programm, mit dem die PDF-Datei geöffnet, angezeigt und auf Wunsch auch gedruckt werden kann (PDF-Reader). Viele Dateien, die im Internet zum Download angeboten werden, stehen im PDF-Format zur Verfügung.

Arbeitsauftrag 14

Damit wir unser Faltblatt auch als PDF-Datei versenden können, muss es entsprechend gespeichert werden. Zur Sicherheit sollte das Dokument vorher als Word-Datei gespeichert werden. Nur so kann es vom Ersteller später weiter bearbeitet werden.

Vorgehensweise:

Klicken Sie in der Registerkarte DATEI auf SPEICHERN UNTER, legen Sie den Namen fest, unter dem das Dokument gespeichert werden soll, legen Sie den Speichort fest und wählen Sie anschließend bei DATEITYP die Option PDF aus.

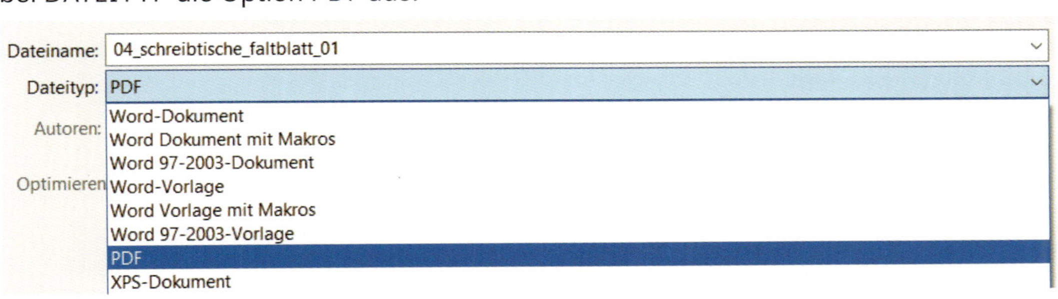

Abbildung 3.41: *Auswahl des Dateityps beim Speichern eines Dokuments in MS Word*

Bei der Arbeit mit MS Word und bei entsprechend installiertem PDF-Reader öffnet sich das Dokument nach dem Speichern automatisch in der PDF-Ansicht.

3.9 Übungsaufgaben zur Erstellung von Dokumenten mit Objekten

Ausgangssituation

Sie sind derzeit im Bereich **Aus- und Weiterbildung** der Duisdorfer BüroKonzept KG eingesetzt. Zum nächsten Ausbildungsbeginn können insgesamt sechs Ausbildungsplätze in verschiedenen kaufmännischen und gewerblich-technischen Berufen besetzt werden. Die neuen Auszubildenden sollen in einer Einführungswoche einen Überblick über ihre Einsatzabteilungen und die jeweiligen Tätigkeiten erhalten.

Die Leiterin der Aus- und Weiterbildung Andrea Winter beauftragt Sie mit der Erstellung eines zweispaltigen Informationsblattes für die kaufmännischen Auszubildenden. Das Blatt soll die folgenden Informationen über die Einsatzabteilungen enthalten:

1. Ausbildungseinsatz
Kaufmännische Verwaltung
Posteingang und Postausgang bearbeiten
Besucher betreuen
Büromaterial beschaffen
Besprechungen vor- und nachbereiten

2. Ausbildungseinsatz
Vertrieb
Kundenanfragen bearbeiten
Kundenaufträge annehmen und bearbeiten
Begleitdokumente und Rechnungen erstellen
Beschwerden und Reklamationen bearbeiten

3. Ausbildungseinsatz
Beschaffung
Bedarfsermittlung durchführen
Bezugsquellen ermitteln
Anfragen erstellen
Angebote vergleichen
Bestellungen vorbereiten
Eingangsrechnungen prüfen

4. Ausbildungseinsatz
Personalwesen
Personaleinsatzplanung unterstützen
Dienstreiseanträge bearbeiten
Reisekostenabrechnungen vorbereiten
Personalstatistiken führen

5. Ausbildungseinsatz
Rechnungswesen
Ein- und Ausgangsrechnungen buchen
Zahlungsvorgänge vorbereiten
Zahlungsvorgänge buchen

6. Ausbildungseinsatz
Öffentlichkeitsarbeit
Bei Maßnahmen der Öffentlichkeitsarbeit mitwirken
Bei der Planung und Durchführung von Veranstaltungen mitwirken

Arbeitsauftrag 15

Erstellen Sie das Informationsblatt. Frau Winter nennt Ihnen die folgenden Vorgaben für die Inhalte und die Gestaltung:

- zweispaltig im Querformat
- interessante und aufmerksamkeitsfördernde Gestaltung der Zeichen und Absätze (z. B. Überschriften, Hervorhebungen, Einrückungen, Nummerierung, Tabulatoren, Formatierung der Zeichen)
- Kopfzeile mit Gesamtüberschrift
- Fußzeile mit Angaben zum Stand (z. B. Erstellungsdatum) des Dokuments
- weitere Informationen (z. B. einleitender Text und Schlusssatz) nach eigener Wahl
- Spaltenumbruch
- automatische Silbentrennung

Speichern Sie die Datei unter dem Dateinamen **03_informationsblatt_ausbildungseinsätze** sowohl als WORD-Dokument als auch im PDF-Format ab.

4 Dokumente mit Objekten erstellen

MS Word bietet viele Möglichkeiten, in Texte weitere Informationselemente (z. B. Zeichnungen, Fotos, statistische Schaubilder) aufzunehmen und die äußere Form der Dokumente attraktiv zu gestalten. Die einzelnen Optionen finden sich in der Registerkarte EINFÜGEN.

4.1 Dokumente mit Tabellen erstellen

Ausgangssituation

Der Vertriebsleiter, Herr Klein, bittet Sie, das Faltblatt zur Produktbeschreibung der Schreibtische im Büromöbelprogramm ***Naturkontor*** zu verändern. Er möchte, dass Sie die Liste zu den angebotenen Schreibtischgrößen mit Artikelnummern und Listenpreisen durch eine **Tabelle** mit dem selben Inhalten ersetzen. Eine Tabelle hat aus seiner Sicht mehr Gestaltungsmöglichkeiten. Die Zellen der Tabelle können z. B. einen Rahmen oder eine Schattierung aufweisen. Er bittet Sie, die Liste als Tabelle zu gestalten.

4.1.1 Eine Tabelle einfügen

Arbeitsauftrag 1

Fügen Sie den Inhalt der Liste als Tabelle in das Faltblatt ein.

Vorgehensweise:

1. Öffnen Sie die Datei **03_schreibtische_faltblatt_01** und speichern Sie sie unter dem Dateinamen **04_schreibtische_faltblatt_01**.

Web

2. Fügen Sie in Spalte 4 (Seite 3) des Dokuments unterhalb der Liste eine leere Tabelle mit 4 Spalten und 4 Zeilen ein.
   EINFÜGEN – TABELLE und anschließend mit gehaltener linker Maustaste eine Tabelle mit 4 Spalten und 4 Zeilen markieren.

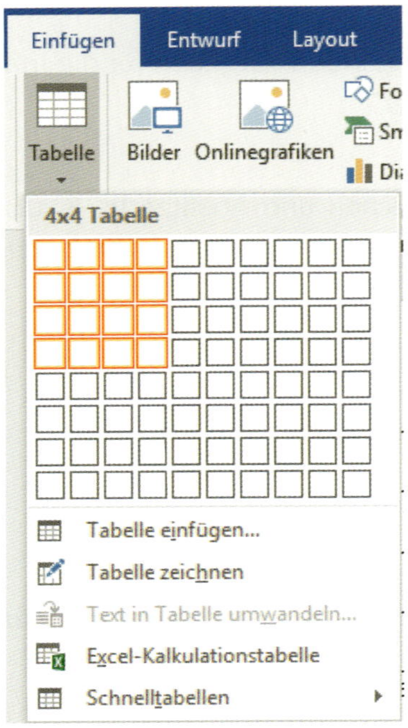

Abbildung 4.1: *Tabelle mit 4 Spalten und 4 Zeilen mit Markierung durch die Maus einfügen*

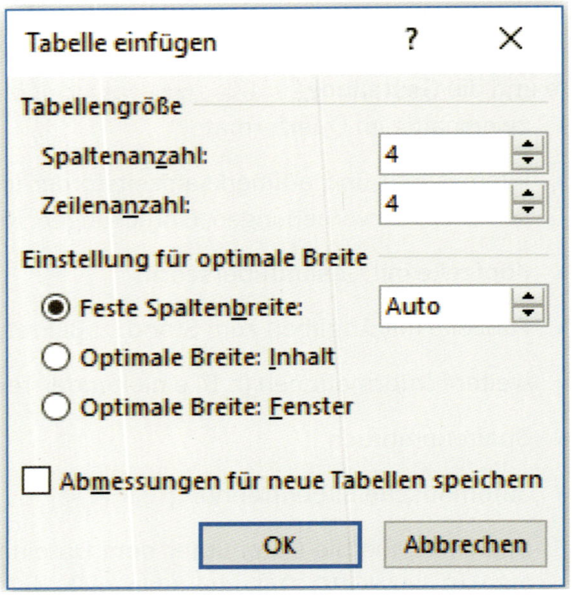

Abbildung 4.2: *Tabelle mit 4 Spalten und 4 Zeilen durch Eingabe der jeweiligen Anzahl durch die Tastatur einfügen*

Alternativ kann auch die Option EINFÜGEN – TABELLE – TABELLE EINFÜGEN gewählt werden. Die Anzahl der Zeilen und Spalten wird dann über Tastatur eingegeben.

3. Wählen Sie nun aus den von MS Word angebotenen Möglichkeiten zur Gestaltung des Tabellenlayouts eine Möglichkeit aus, die Ihnen für das Faltblatt als geeignet erscheint. Markieren Sie dazu zunächst die gesamte Tabelle, indem Sie auf das kleine Kreuz links oben neben der Tabelle klicken.

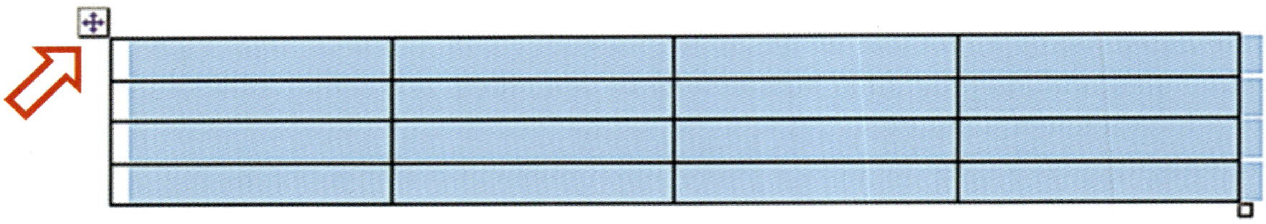

Abbildung 4.3: *gesamte Tabelle markieren*

4. Wählen Sie dann mit der Maus das Tabellenlayout aus. Klicken Sie unter TABELLENTOOLS – ENTWURF – TABELLENFORMATVORLAGEN auf den nach unten zeigenden Pfeil zum Anzeigen der verfügbaren Layouts und bestimmen Sie das gewünschte Layout (siehe Screenshot auf der nächsten Seite).

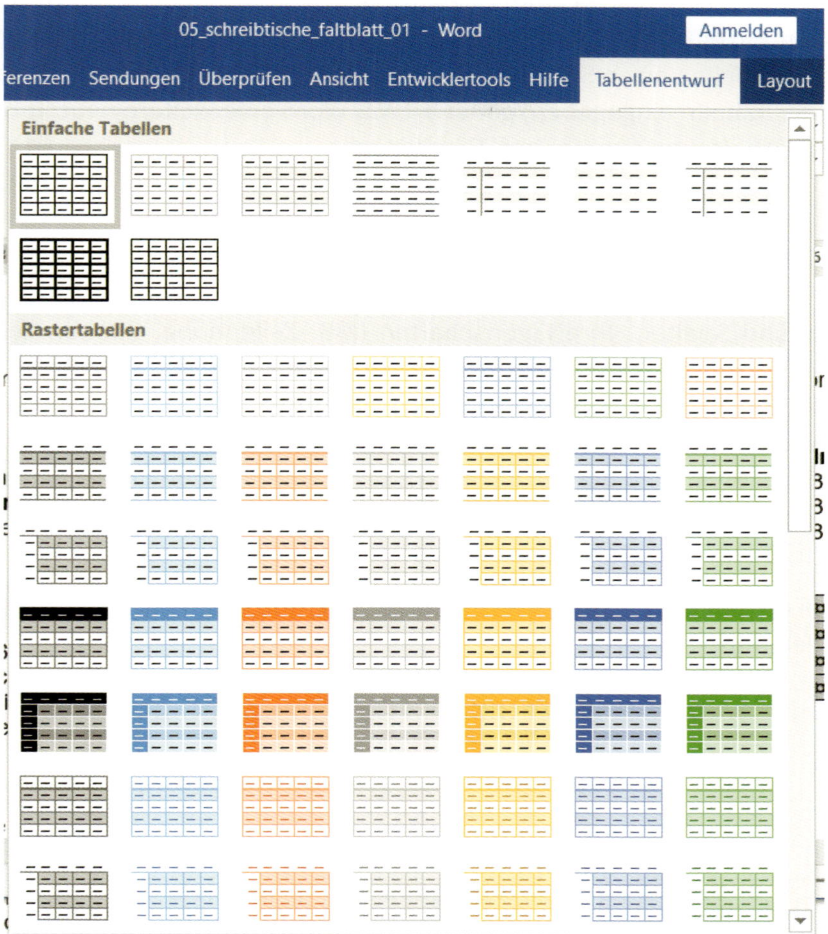

Abbildung 4.4: *von MS Word angebotene Tabellenlayouts*

Stellen Sie sich bei der Auswahl der Layouts die folgenden Fragen:

- Welche Farbe soll für die Schrift und welche für die Schattierung der Zellen genutzt werden?
- Sollen die Zellen lediglich unterstrichen oder vollständig gerahmt sein?
- Welche Farbe soll der Rahmen haben?
- Besteht überhaupt die Möglichkeit des Farbdrucks oder sollen lieber nur Graustufen eingesetzt werden?

Die erste Zeile der Auswahl ist meist als Überschrift (z. B. Zeichenformat fett) formatiert. Weitere Formatierungen der Tabelle können durch den Anwender weiterhin vorgenommen werden.

5. Übertragen Sie nun die Inhalte der Liste in die Tabelle. Hilfreich ist dabei die Möglichkeit, markierte Textteile mit gehaltener linker Maustaste in die Zielzelle zu ziehen.
   Eine weitere Möglichkeit Texte zu verschieben bieten die Funktionen KOPIEREN und EINFÜGEN. Sie können auf drei Wegen genutzt werden:

- Symbole KOPIEREN und EINFÜGEN in der Symbolleiste für den Schnellzugriff nutzen
- Symbole KOPIEREN und EINFÜGEN in der Registerkarte START nutzen
- Die Tastenkombination [Strg] + [C] für KOPIEREN und die Tastenkombination [Strg] + [V] für EINFÜGEN nutzen.

In allen Fällen muss der zu kopierende Text vor dem Kopieren markiert und der Cursor vor dem Einfügen an die Einfügestelle positioniert werden.

6. Evtl. müssen die Formatierungen in der Tabelle angepasst werden, da die Tabstopps der Liste nicht automatisch mit übertragen werden. Tabstopps können in der in Kapitel 3.4.3 beschriebenen

Weise auch in Tabellen gesetzt werden. Zu beachten ist allerdings, dass in Tabellen ein Tabstopp durch die Tastenkombination [Strg] + Tabulatortaste eingegeben wird. Das einfache Betätigen der Tabulatortaste bewirkt in Tabellen einen Sprung in die nächste Tabellenzelle. Wird der Tabulator in der letzten Zelle einer Tabelle eingegeben, generiert MS Word eine weitere neue Tabellenzeile mit denselben Eigenschaften der vorherigen Tabellenzeile.

4.1.2 Tabelleneigenschaften verändern

Tabellen bestehen aus Zeilen und Spalten. Ihre Eigenschaften (z.B. Zeilenhöhe, Spaltenbreite, horizontale und vertikale Zellausrichtung, Textrichtung) können eingestellt werden. Vor der Veränderung von Einstellungen muss der jeweilige Tabellenbereich oder die jeweilige Zelle markiert werden. Hierbei unterstützt MS Word den Anwender. Fährt man z.B. mit der Maus neben die Zeile, die markiert werden soll, erscheint ein Pfeil. Wird nun die linke Maustaste betätigt, wird die Zeile neben dem Pfeil markiert. Sollen weitere Zeilen markiert werden, wird der Mauszeiger bei gehaltener linker Maustaste auf die weiteren Zeilen bewegt.

Das gleiche Verfahren kann bei der Markierung von Spalten genutzt werden, nur dass hier die Maus über die Spalte gefahren werden muss.

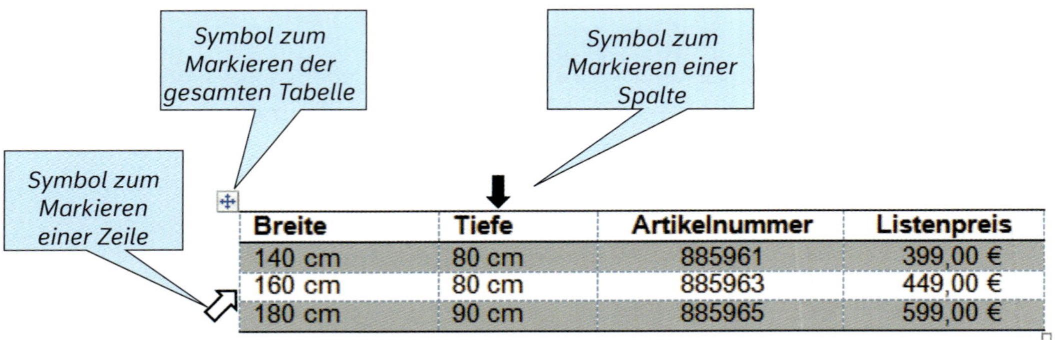

Abbildung 4.5: *Markieren von gesamten Zeilen oder gesamten Spalten*

Durch Klick auf den Pfeil neben der Auswahl ZELLENGRÖSSE im Menüband LAYOUT (innerhalb von TABELLENTOOLS) öffnet sich das Dialogfenster zur Einstellung der jeweiligen Eigenschaften. Dieses Fenster kann auch nach Markieren der gesamten Tabelle bzw. des gewünschten Tabellenbereichs durch Klick auf TABELLENEIGENSCHAFTEN im Kontextmenü (siehe Kapitel 4.1.3) geöffnet werden.

Arbeitsauftrag 2

1. Stellen Sie die Höhe aller Zeilen auf 1 cm ein.
2. Richten Sie alle Zellen der **Überschrift** horizontal und vertikal zentriert aus. Nutzen Sie hierbei auch die Möglichkeiten in der Registerkarte START.
3. Stellen Sie die Breite der ersten, zweiten und letzten Tabellenspalte auf 3 cm und die Breite der dritten Spalte auf 4 cm ein.
4. Wählen Sie für alle Zellen der ersten bis dritten Tabellenspalte der Tabellenzeilen zwei bis vier eine horizontal und vertikal zentrierte Ausrichtung.
5. Richten Sie in der vierten Tabellenspalte in den Zellen mit Beträgen einen Dezimaltabulator auf der Position 11,5 cm ein (siehe Kapitel 3.4.3).

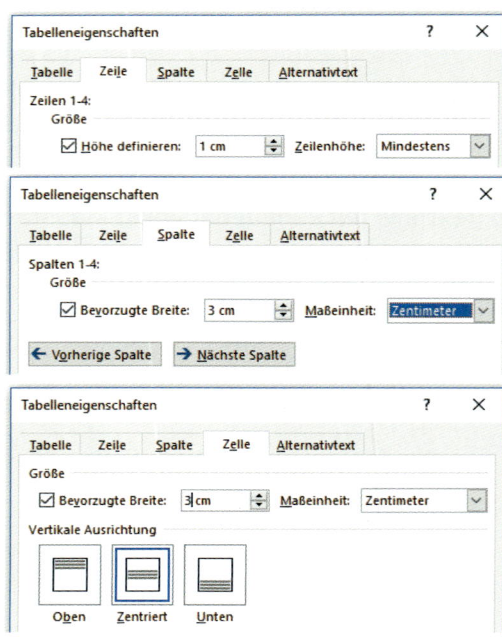

Abbildung 4.6: *Tabelleneigenschaften einstellen*

6. Speichern Sie das Dokument unter dem Dateinamen **04_schreibtische_faltblatt_01**.

Die Tabelle sollte jetzt das nachfolgend abgedruckte Aussehen haben (je nach gewählter Tabellenformatvorlage ähnlich):

Breite	Tiefe	Artikelnummer	Listenpreis
140 cm	80 cm	885961	399,00 €
160 cm	80 cm	885963	449,00 €
180 cm	90 cm	885965	599,00 €

Abbildung 4.7: *gestaltete Tabelle*

4.1.3 Weitere Tabellenaktionen

Arbeitsauftrag 3

Herr Klein bittet Sie, eine Gesamtüberschrift in der Tabelle (siehe **Dokument 04_schreibtische_faltblatt_01**) mit dem Text **Verfügbare Schreibtischgrößen** im Schriftgrad 14 und fett einzurichten.

Vorgehensweise:

1. Fügen Sie vor der ersten Zeile der Tabelle im Dokument mit dem Dateinamen **04_schreibtische_faltblatt_01** eine Zeile ein. Markieren Sie dazu die erste Tabellenzeile und fügen Sie die neue Zeile über Klick auf TABELLENTOOLS – LAYOUT – ZEILEN UND SPALTEN – DARÜBER EINFÜGEN ein. Einfacher gestaltet sich das Einfügen einer Zeile zwischen zwei bestehende Zeilen. Ziehen Sie dazu die Maus am linken Rand der Tabelle genau zwischen die beiden Zeilen. Es erscheint das Symbol ⊕. Die neue Zeile wird durch Klick auf das ⊕ eingefügt. Entsprechend lässt sich auch eine Spalte einfügen.

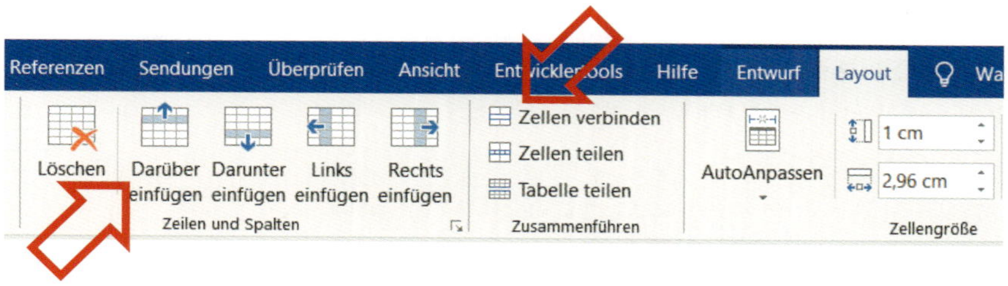

Abbildung 4.8: *Optionen zum Einfügen von Zeilen und Spalten sowie zum Verbinden von Zellen*

Die neue Zeile hat dieselben Eigenschaften wie die vorher markierte und damit vier Spalten. Damit sie für die Gesamtüberschrift genutzt werden kann, müssen alle Zellen der ersten Zeile miteinander verbunden werden. Dies geschieht – nach Markieren der Zeile – über Klick auf die Befehlsschaltfläche ZELLEN VERBINDEN.

2. Fügen Sie den gewünschten Text mit der gewünschten Formatierung als Gesamtüberschrift ein.

3. Speichern Sie das Dokument unter dem Dateinamen **04_schreibtische_faltblatt_02**.

4.2 Dokumente mit Illustrationen erstellen

Texte sind häufig aussagekräftiger, wenn sie mit Bildern oder grafischen Elementen angereichert sind. MS Word unterstützt die Einbindung solcher Grafiken in Textdokumente und bietet selbst eine große Auswahl an Illustrationen an.

4.2.1 Grafiken einbinden und gestalten

Wenn von Grafiken gesprochen wird, sind im Allgemeinen Fotos oder Bilder gemeint. Grafiken können aber auch mit technischen Hilfsmitteln erstellte Zeichnungen sein.

Eine Grafik, die in ein Textdokument eingefügt werden soll, muss als Datei verfügbar sein. Als Dateiformate kommen z. B. BMP (Bitmap), JPG bzw. JPEG (File Interchange Format), PNG (Portable Network Graphics) oder IMG (Image)-Dateien infrage.

Ausgangssituation

Die Duisdorfer BüroKonzept KG möchte die Produktinformationen zu ihrem Büromöbelprogramm ***Naturkontor*** mit Fotos illustrieren. Den Kunden soll damit das Design der Schreibtische anschaulich vermittelt werden. Die Fotos der einzelnen Möbel liegen bereits als Datei vor.

Arbeitsauftrag 4

Der Vertriebsleiter, Herr Klein, bittet Sie, das bisher erstellte Faltblatt weiter zu bearbeiten und das Foto eines Schreibtischs einzufügen.

Vorgehensweise:

Web

1. Öffnen Sie das Dokument **04_schreibtische_faltblatt_02**.
2. Positionieren Sie den Cursor in den freien Raum in Spalte 2.
3. 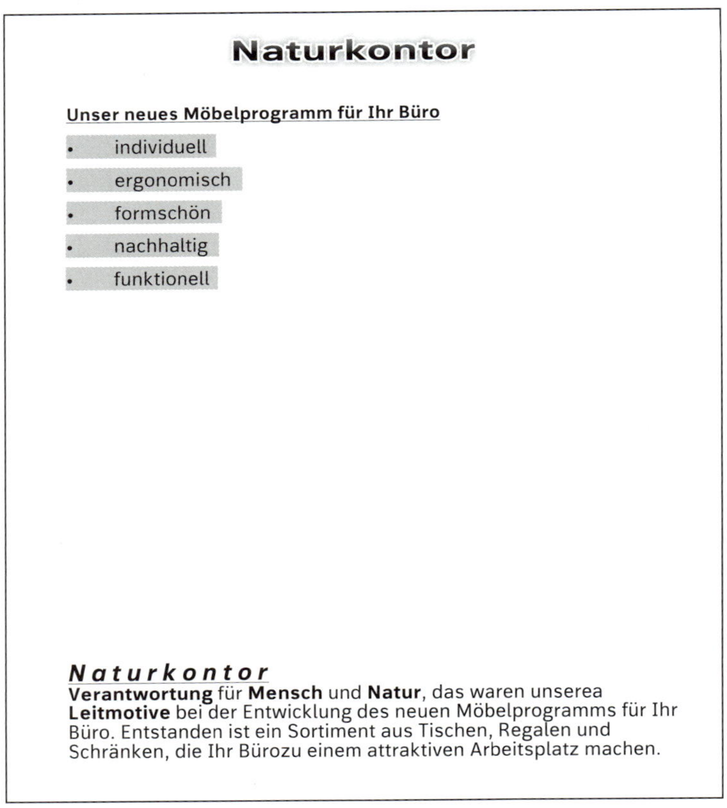

Naturkontor

Unser neues Möbelprogramm für Ihr Büro

- individuell
- ergonomisch
- formschön
- nachhaltig
- funktionell

Naturkontor

Verantwortung für **Mensch** und **Natur**, das waren unserea **Leitmotive** bei der Entwicklung des neuen Möbelprogramms für Ihr Büro. Entstanden ist ein Sortiment aus Tischen, Regalen und Schränken, die Ihr Bürozu einem attraktiven Arbeitsplatz machen.

Abbildung 4.9: *Faltblatt Spalte 2 ohne Grafik*

4. Klicken Sie in der Registerkarte EINFÜGEN auf die Befehlsschaltfläche BILDER.
5. Wählen Sie in dem Dialogfenster, das sich öffnet, die Datei **04_abb_schreibtisch** durch Doppelklick auf den Dateinamen aus oder markieren Sie die Datei und klicken auf die Befehlsschaltfläche EINFÜGEN. Das Foto des Schreibtischs wird an die Stelle des Faltblattes eingefügt, an die Sie vorher den Cursor positioniert haben.

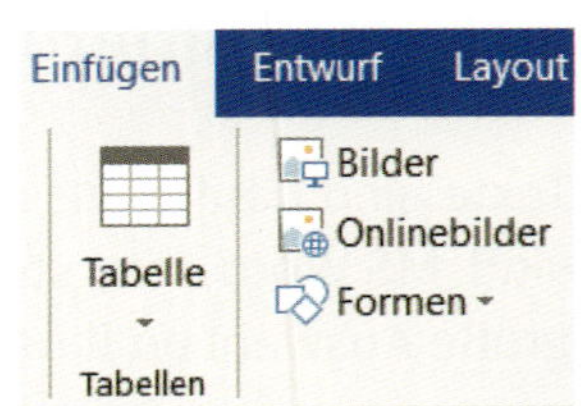

Abbildung 4.10: *Befehlsschaltfläche BILDER zum Einfügen einer Grafik*

Web

6. Bei einem Rechtsklick auf die Grafik öffnet sich das Kontextmenü zur Grafik.

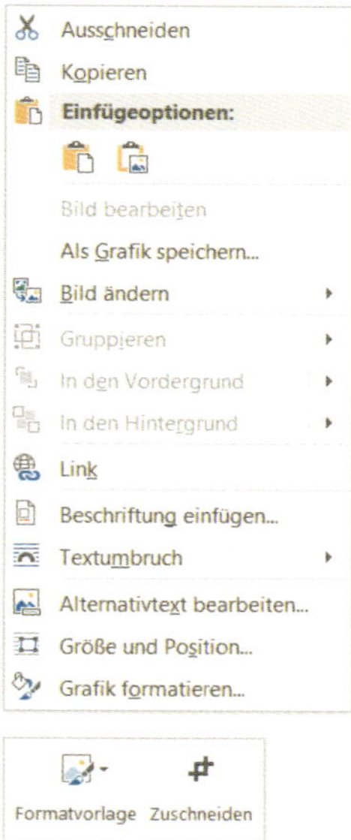

Abbildung 4.11:
Kontextmenü zur Grafik

7. Klicken Sie zunächst auf GRÖSSE und POSITION und wählen Sie in dem sich öffnenden Dialogfenster das Registerblatt TEXTUMBRUCH.

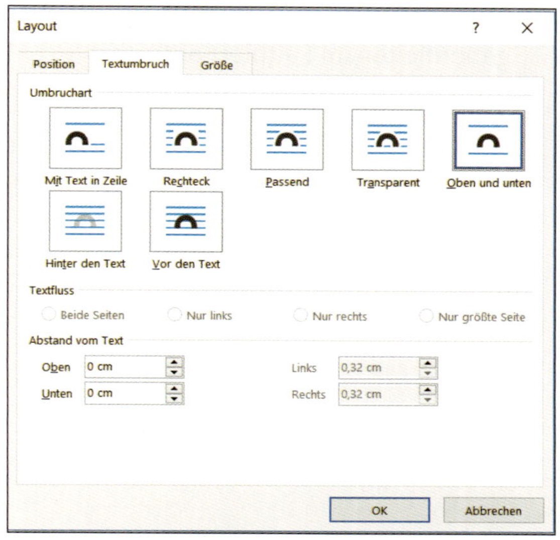

***Abbildung 4.12:** Textumbruch der Grafik verändern*

8. Hier kann eingestellt werden, wie das dargestellte Verhältnis von Text zur Grafik sein soll. So finden sich z. B. bei Zeitungsartikeln häufig Grafiken, die vom Text umgeben sind. Hier käme die Auswahl MIT TEXT IN ZEILE, RECHTECK oder PASSEND infrage. Der Abstand der Grafik vom Text kann manuell eingegeben werden.

   Für unser Faltblatt wählen wir die Option OBEN UND UNTEN aus. Sie bewirkt, dass nur Text oberhalb und unterhalb der Grafik stehen kann. Der Raum rechts und links neben der Grafik bleibt frei. Diese Einstellung weist zudem den Vorteil auf, dass das Bild mit der Maus verschoben werden kann. Fahren Sie dazu mit der Maus auf den Rand der Grafik. Der Cursor erhält die Form eines Kreuzes. Wird nun die linke Maustaste gedrückt, kann das Bild auf dem Hintergrund beliebig positioniert werden.

9. Klicken Sie nun auf das Registerblatt GRÖSSE. Hier können Höhe und Breite der Grafik eingestellt werden. Es empfiehlt sich, nur das absolute Verhältnis von Höhe und Breite zu verändern, da das Bild sonst ungewünschte Verzerrungen erhalten kann (z. B. unrealistisch breite Gesichter).

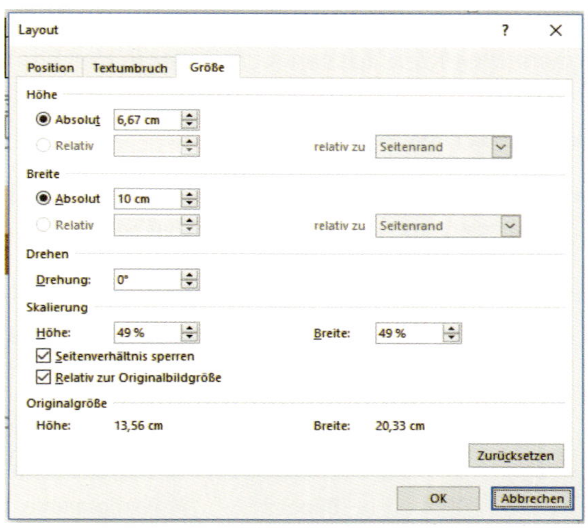

***Abbildung 4.13:** Größe der Grafik verändern*

Die Größe der Grafik kann aber auch (nach Schließen des Dialogfensters) durch Ziehen der Eckpunkte mit der Maus verändert werden.

Passen Sie die Größe der Grafik den Gegebenheiten im Faltblatt an.

10. Löschen Sie die überflüssigen Zeilenschaltungen. Die Spalte 2 des Faltblattes sollte nun das dargestellte Aussehen aufweisen.
11. Speichern Sie das Faltblatt unter dem Dateinamen **04_schreibtische_faltblatt_03**.

Abbildung 4.14: *Faltblatt Spalte 2 mit Grafik*

4.2.2 Onlinebilder einbinden und gestalten

Eine weitere Möglichkeit, Textdokumente mit Illustrationen anzureichern, bieten die sogenannten Onlinebilder. Dieses sind Grafiken, die im Rahmen von Grafik- oder anderen Programmen in Sammlungen zur Auswahl und Nutzung angeboten werden. Auch MS Word kann auf Onlinebilder zugreifen.[1]

Beispiel

Soll z. B. auf einer Einladung zu einer Geburtstagsparty das stilisierte Bild einer Torte mit Kerzen dargestellt werden, lassen sich in der in der Sammlung der Onlinebilder Lösungen finden.

Vorgehensweise:

- Öffnen Sie ein neues Word-Dokument auf Basis der Vorlage Leeres Dokument. DATEI – NEU – LEERES DOKUMENT.
- Klicken Sie in der Registerkarte EINFÜGEN auf die Befehlsschaltfläche ONLINEBILDER. Es öffnet sich ein Fenster, in das ein Suchbegriff eingegeben werden kann. Wir suchen nach einer Torte mit Kerzen.

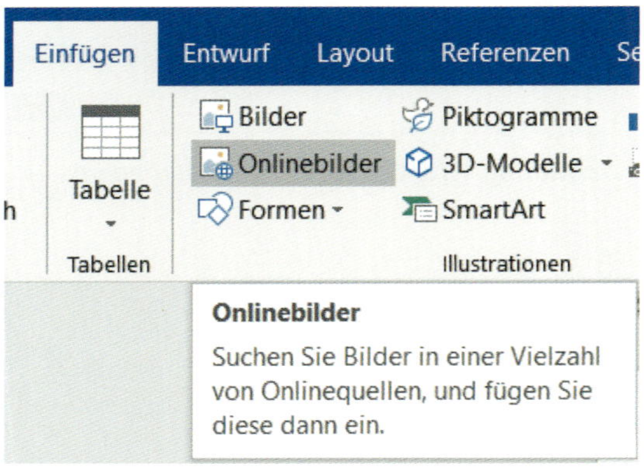

Abbildung 4.15: *Onlinebilder einfügen*

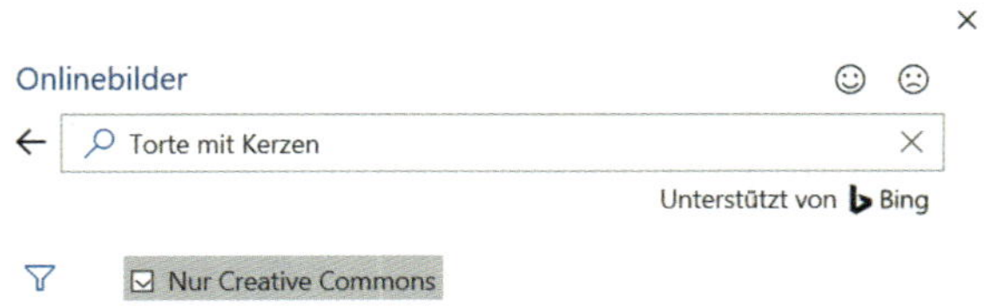

Abbildung 4.16: *In der Onlinegrafik-Sammlung nach einer Grafik mit der Darstellung einer Torte mit Kerzen suchen*

[1] *Zum Nutzen der Onlinebilder-Sammlung ist es erforderlich, dass Ihr Rechner mit dem Internet verbunden ist.*

- Nach Betätigen der ENTER-Taste wird die Suche gestartet. Als Ergebnis werden diverse Darstellungen verschiedener Torten mit Kerzen angeboten.
- Das Bild, das am besten zur Einladung passt, kann nun mit einem Klick auf die Grafik ausgewählt und durch Klick auf die Befehlsschaltfläche EINFÜGEN in das Dokument eingefügt werden. Die Verfahrensweise zur Positionierung der Grafik bzw. zur Einstellung der Größe wurde bereits in Kapitel 4.2.1 dargestellt.

Abbildung 4.17: *Auswahl der Abbildungen von Torten mit Kerzen in der Onlinebilder-Sammlung von Microsoft*

4.2.3 Formen einbinden und gestalten

MS Word bietet eine große Sammlung an Formen an, die in vielfältiger Weise zur Illustration von Textdokumenten genutzt werden können. Die Formen in der Kategorie FLUSSDIAGRAMM sind standardisiert und werden weltweit zur Darstellung betrieblicher Abläufe und Prozesse verwendet.

Die Vorgehensweise bei der Einbindung und Gestaltung von Formen soll exemplarisch am Beispiel Blockpfeil mit Pfeilrichtung nach rechts dargestellt werden.

- Öffnen Sie ein neues Word-Dokument auf Basis der Vorlage Leeres Dokument.
  DATEI – NEU – LEERES DOKUMENT
- Klicken Sie in der Registerkarte EINFÜGEN auf die Befehlsschaltfläche FORMEN. Es öffnet sich ein Fenster zur Auswahl der gewünschten Grafik.

Abbildung 4.18: *Formen einfügen*

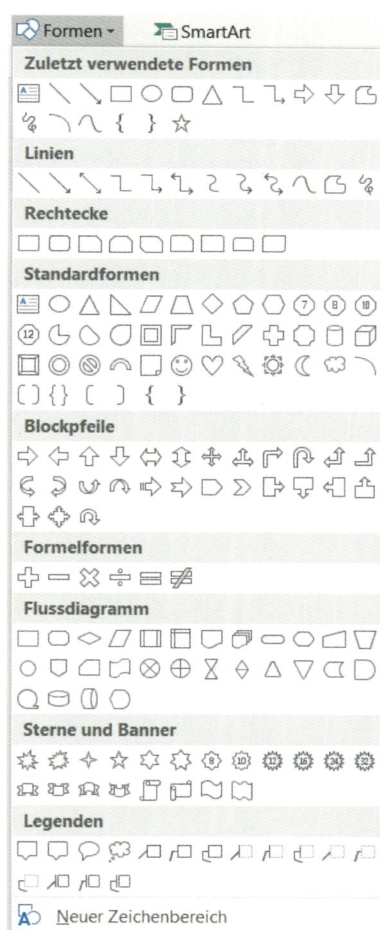

Abbildung 4.19: *Formen auswählen*

- Klicken Sie in der Kategorie BLOCKPFEILE auf den PFEIL NACH RECHTS. Dies ist der erste Pfeil in der ersten Zeile der dargestellten Blockpfeile. Wenn Sie mit der Maus über eine der dargestellten Formen fahren, erscheint nach kurzer Zeit ein Text mit der Kennzeichnung der entsprechenden Form.

- Nach dem Klick auf das Symbol verändert sich der Cursor zu einem Kreuz. Positionieren Sie das Kreuz an die Stelle im Dokument, an der der Pfeil gezeichnet werden soll, und ziehen Sie bei gehaltener linker Maustaste den Pfeil in der gewünschten Größe auf.

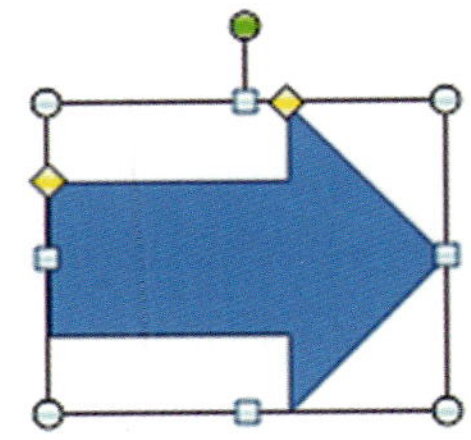

Abbildung 4.20: *Blockpfeil mit Richtung nach rechts*

- Der Pfeil kann nun gestaltet werden.
  - Seine Größe kann entsprechend den Beschreibungen in Kapitel 4.2.1 verändert werden. Alternativ besteht die Möglichkeit, die Größe des Pfeils durch Ziehen der Punkte in der Rahmenmarkierung bei gehaltener linker Maustaste zu verändern.

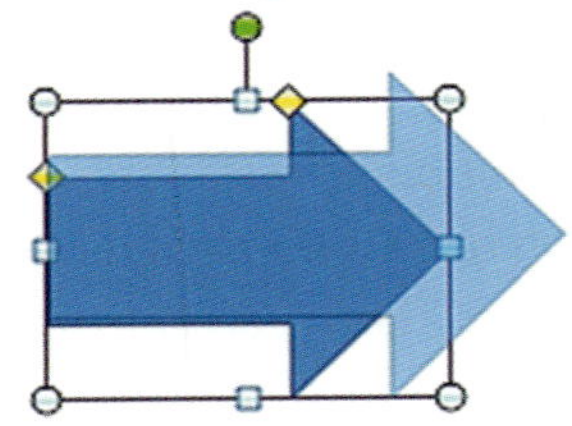

Abbildung 4.21: *Größe der Form verändern*

  - Der Pfeil kann aber auch gedreht werden. Dazu muss die Maus auf den kleinen grünen Kreis oberhalb der markierten Form geführt werden. Der Pfeil kann jetzt bei gehaltener linker Maustaste beliebig nach rechts oder links gedreht werden.

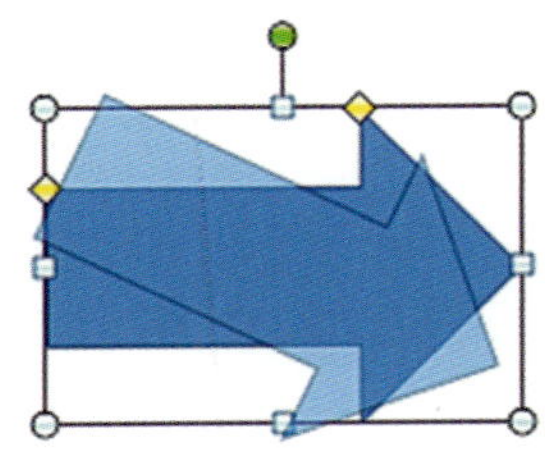

Abbildung 4.22: *Blockpfeil drehen*

  - Die Form der Pfeilspitze kann verändert werden. Dazu wird die kleine gelbe Raute über dem Pfeil mit der Maus gefasst und in die gewünschte Richtung gezogen.

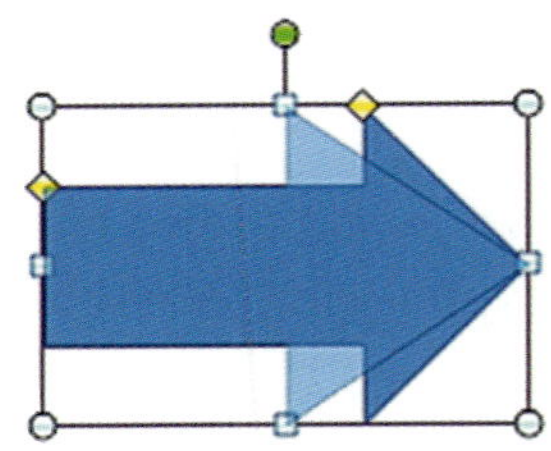

Abbildung 4.23: *Pfeilspitze verändern*

  - Die Breite des Pfeils kann verändert werden. Dazu wird die kleine gelbe Raute links vom Pfeil mit der Maus gefasst und in die gewünschte Richtung gezogen.

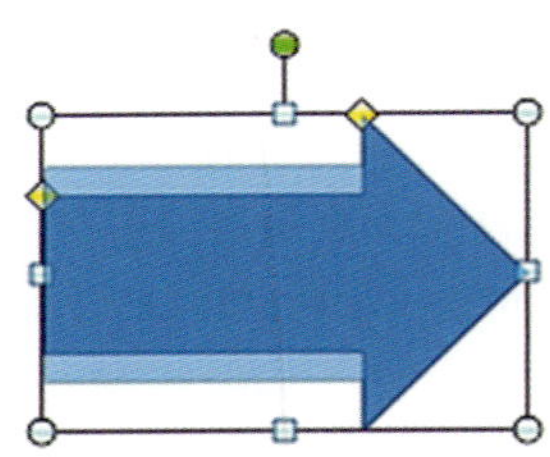

Abbildung 4.24: *Breite des Blockpfeils verändern*

  - Weitere Eigenschaften des Pfeils können verändert werden. Öffnen Sie dazu das Kontextmenü und wählen Sie die Option FORM FORMATIEREN aus.

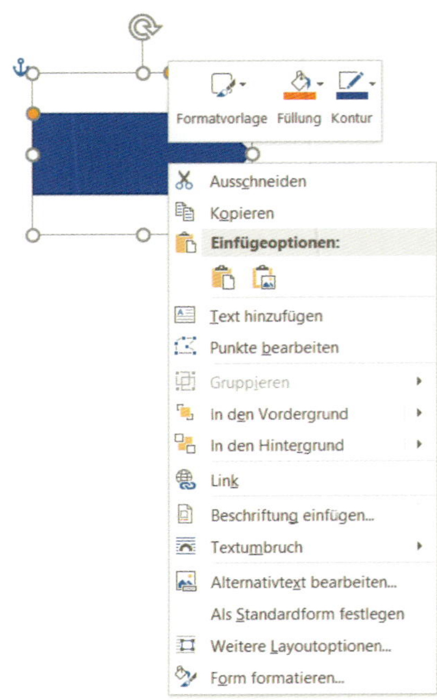

Abbildung 4.25: *Kontextmenü zur markierten Form*

Es öffnet sich ein Fenster zur Formatierung des Blockpfeils.

Arbeitsauftrag 5

Erarbeiten Sie sich eigenständig, welche Formatierungen in den einzelnen Punkten möglich sind. Klicken Sie dazu im Fenster FORM FORMATIEREN auf die einzelnen Begriffe und probieren Sie die angegebenen Möglichkeiten aus. Beobachten Sie jeweils, welche Auswirkungen Ihre Einstellungen auf das Aussehen des Pfeils haben.

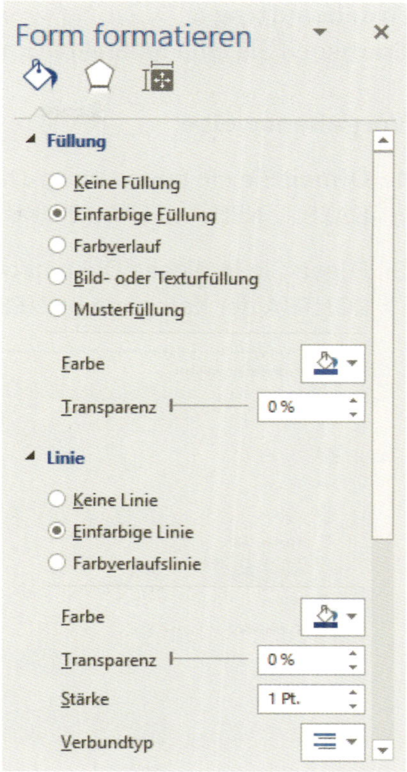

Abbildung 4.26: *Blockpfeil formatieren*

Viele Formen können auch durch die Eingabe von Text beschriftet werden. So könnte auch in unserem Beispiel die Aussagekraft des Blockpfeils erhöht werden. Soll durch den Pfeil z. B. der Transport eines bestellten Schreibtischs zum Kunden durch eine Spedition dargestellt werden, könnte der Pfeil mit dem Wort SPEDITION beschriftet werden.

Arbeitsauftrag 6

Beschriften Sie den Blockpfeil mit beliebigem Text und testen Sie Möglichkeiten der Zeichenformatierung für diesen Text aus.

Nach dem Markieren der Form durch Klick auf den Rand und Klick auf die Registerkarte FORMAT werden weitere Gestaltungsmöglichkeiten für den Text angeboten.

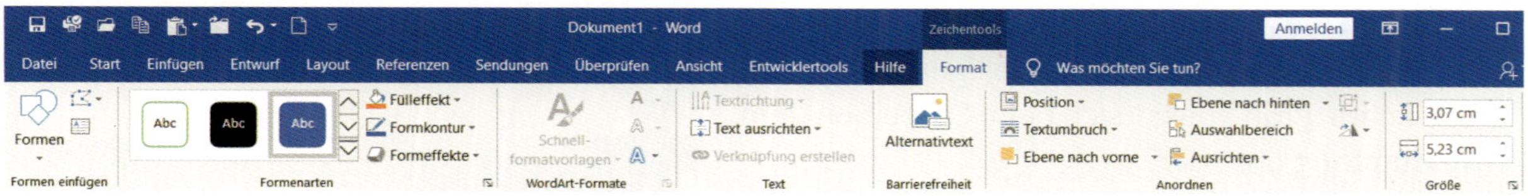

Abbildung 4.27: *Ausschnitt aus der Registerkarte FORMAT*

Arbeitsauftrag 7

Testen Sie die Auswirkungen der angebotenen Gestaltungsmöglichkeiten auf den Text im Textfeld. Wählen Sie z. B. unterschiedliche Textausrichtungen und WordArt-Formate sowie verschiedene Fülleffekte und Formeffekte. Fügen Sie weitere Formen, die Sie übereinander legen, in das Dokument ein. Wählen Sie dann für Formen, die teilweise verdeckt sind, die Eigenschaft EBENE NACH VORNE und beobachten Sie, wie sich das Aussehen im Gesamtbild verändert.

4.2.4 SmartArt-Grafiken einbinden und gestalten

Zur grafischen Veranschaulichung von Informationen stellt Microsoft in einer speziellen Sammlung SmartArt-Grafiken zur Verfügung. Diese können dann – je nach Veranschaulichungsinhalt – als Grafik in ein Textdokument eingebunden, mit Informationen ergänzt und in ihrem Aussehen gestaltet werden.

Beispiel

In einem Textdokument sollen die Vor- und Nachteile der Einrichtung eines Betriebssportprogramms in der Duisdorfer BüroKonzept KG dargestellt werden. Die SmartArt-Bibliothek bietet hierzu in der Kategorie BEZIEHUNG eine Grafik an, in der die Vorteile (+) und die Nachteile (–) des Betriebssportprogramms übersichtlich abgebildet werden können.

Arbeitsauftrag 8

Erarbeiten Sie eine SmartArt-Grafik zur Darstellung der Vor- und Nachteile des Betriebssports.

Vorgehensweise:

1. Öffnen Sie ein neues Word-Dokument auf Basis der Vorlage Leeres Dokument.
   DATEI – NEU – LEERES DOKUMENT
2. Fügen Sie in dieses Dokument aus der SmartArt-Sammlung von MS Word die Grafik PRO UND KONTRA der Kategorie BEZIEHUNG ein.

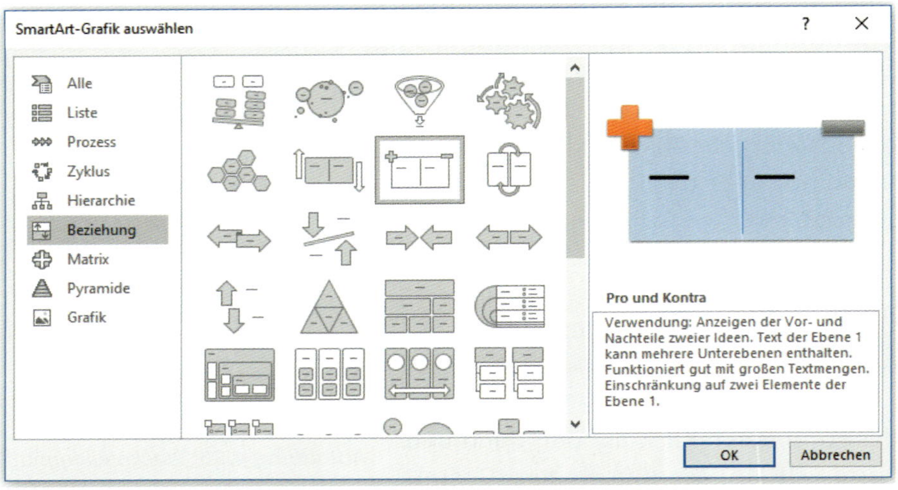

Abbildung 4.28: *SmartArt-Grafik Pro und Kontra auswählen*

3. Erfassen Sie anschließend unter + die jeweiligen Vorteile und unter – die jeweiligen Nachteile. Die Schriftgröße passt sich beim Schreiben dem Textumfang an.
4. Gestalten Sie anschließend die SmartArt-Grafik. Rufen Sie zur Veränderung der Eigenschaften der Grafik das Kontextmenü auf. Sie kennen die Möglichkeiten bereits aus den Hinweisen in Kapitel 4.2.3.

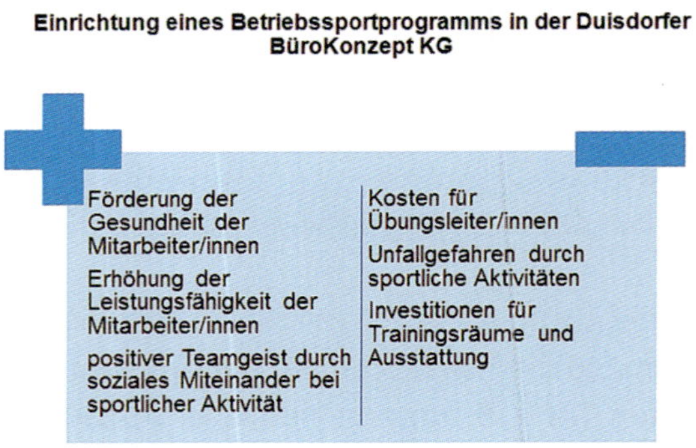

Abbildung 4.29: *Beispielhafte Darstellung möglicher Vor- und Nachteile eines Betriebssportprogramms*

4.3 Dokumente mit weiteren Objekten erstellen

4.3.1 Textfelder einbinden und gestalten

Textfelder sind rechteckige Formen, deren Aussagekraft weniger in der äußeren Gestaltung, sondern vor allem im Inhalt liegt, der durch den erfassten Text ausgedrückt wird. Da Textfelder die Eigenschaften einer Grafik haben, kann ihre Position beliebig gewählt werden. Viele Eigenschaften eines Textfeldes, wie Textrichtung oder Zeichenformate, können daher auch im Rahmen der ZEICHENTOOLS eingestellt werden.

Beispiel

Die Duisdorfer BüroKonzept KG lädt ihre Kunden zu einer Hausmesse in ihre Verkaufsräume ein. Zur Orientierung wird der Einladung ein Lageplan des Betriebsgeländes beigefügt. Die einzelnen Gebäude sind mit Zahlen gekennzeichnet. Die Bedeutung der Zahlen soll in einem Textfeld neben dem Lageplan beschrieben werden.

Arbeitsauftrag 9

Fügen Sie ein Textfeld mit Erläuterungen zum Lageplan ein.

Vorgehensweise:

1. Öffnen Sie die Datei **04_lageplan**.
2. Fügen Sie rechts neben dem Lageplan ein Textfeld ein. Klicken Sie dazu in der Registerkarte EINFÜGEN in der Gruppe TEXT auf die Befehlsschaltfläche TEXTFELD. Es öffnet sich ein Fenster, in dem im oberen Teil verschiedene vorgestaltete Textfelder zur Auswahl angeboten werden. In unserem Beispiel soll keine Vorlage, sondern ein Textfeld eingefügt werden, das frei gestaltet werden kann. Klicken Sie also auf TEXTFELD ERSTELLEN.
3. Wie beim Einfügen einer Form (siehe Kapitel 4.2.3) nimmt der Cursor die Form eines Kreuzes an. Ziehen Sie mit gehaltener linker Maustaste ein Textfeld in der gewünschten Form und Größe auf.
4. Erfassen Sie in diesem Feld nun den nachfolgend aufgeführten Text:
5. Markieren Sie das Textfeld, indem Sie mit der Maus auf den Rand klicken. In der Registerkarte FORMAT werden Gestaltungsmöglichkeiten für den Text angeboten. Sie kennen die angebotenen Möglichkeiten bereits aus vorangegangenen Kapiteln.
6. Speichern Sie den Lageplan unter demselben Dateinamen.

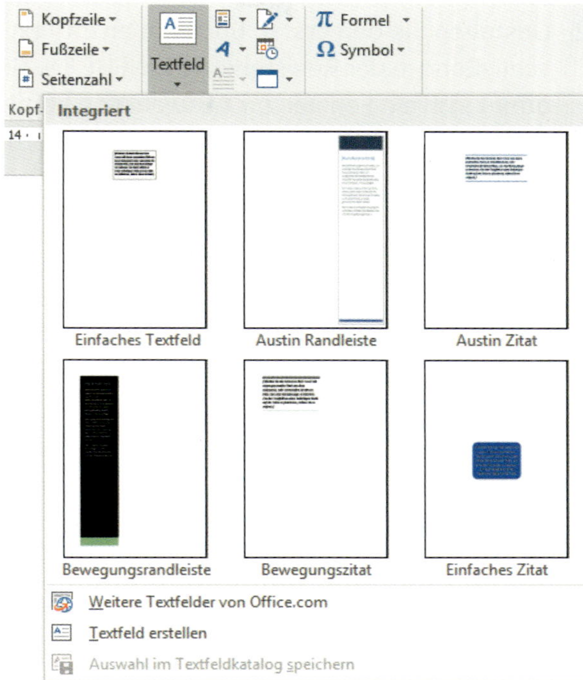

Abbildung 4.30: *Textfeld erstellen*

1	Verwaltungsgebäude
2	Lager
3	Produktionshalle
4	Ausstellungsräume
5	Parkplatz Nord
6	Parkplatz Süd
7	Betriebskantine

Abbildung 4.31: *Beschriftetes Textfeld*

4.3.2 Initiale einbinden und gestalten

Initiale sind im Rahmen der Textverarbeitung besonders gestaltete Buchstaben zur Einleitung eines Textes.

Beispiel:

Im nachfolgend abgedruckten Text soll das F als erster Buchstabe als Initial gestaltet werden.

> *Für die Herstellung von Möbeln im Programm Naturkontor wird ausschließlich nachwachsendes Holz aus der* ***Region*** *als Rohstoff verwendet. Damit schonen wir natürliche Ressourcen und vermeiden lange Transportwege. Die Oberflächen sind mit Lacken auf Wasserbasis kratzfest versiegelt.*

Arbeitsauftrag 10

1. Erstellen Sie ein neues leeres Dokument und erfassen Sie in diesem Dokument den abgedruckten Text.

2. Gestalten Sie den ersten Buchstaben im Text als Initial. Markieren Sie dazu das F. Klicken Sie anschließend in der Registerkarte EINFÜGEN, Gruppe TEXT auf die Befehlsschaltfläche INITIALE. Es öffnet sich ein Fenster zur Auswahl von Voreinstellungen. Klicken Sie auf IM TEXT oder auf INITIALOPTIONEN, um weitere Einstellungen vornehmen zu können.

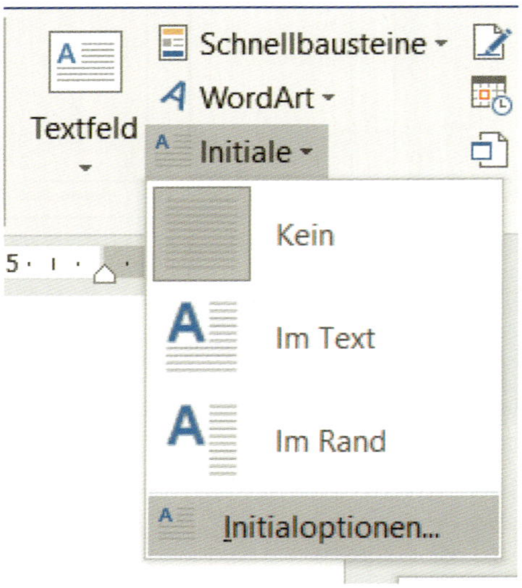

Abbildung 4.32: *Initial mit Initialoptionen einfügen*

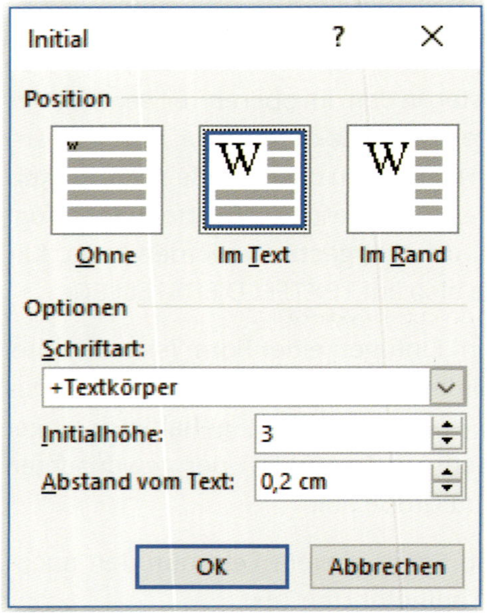

Abbildung 4.33: *Einstellung der Initialoptionen für unser Beispiel*

3. Stellen Sie für unser Beispiel die Initialoptionen wie oben abgebildet ein.

4. Nach dem Klick auf OK ergibt sich das folgende Erscheinungsbild des Textes mit Initial.

F ür die Herstellung von Möbeln im Programm Naturkontor wird ausschließlich nachwachsendes Holz aus der **Region** als Rohstoff verwendet. Damit schonen wir natürliche Ressourcen und vermeiden lange Transportwege. Die Oberflächen sind mit Lacken auf Wasserbasis kratzfest versiegelt.

Abbildung 4.34: *Einstellung der Initialoptionen für unser Beispiel*

4.4 Übungsaufgaben zur Erstellung von Dokumenten mit Objekten

Ausgangssituation

Sie sind derzeit im Bereich Aus- und Weiterbildung der Duisdorfer BüroKonzept KG eingesetzt. Zum nächsten Ausbildungsbeginn können insgesamt sechs Ausbildungsplätze in verschiedenen kaufmännischen und gewerblich-technischen Berufen besetzt werden. Schon jetzt beginnt das Bewerbermarketing. Um die Interessenten besser informieren zu können, beauftragt die Leiterin der Aus- und Weiterbildung Andrea Winter Sie mit der Erstellung eines Informationsflyers, der auf Anfrage per Post verschickt und an Schulen und Berufsorientierungseinrichtungen verteilt werden soll.

Arbeitsauftrag 11

Erstellen Sie einen Informationsflyer für den Ausbildungsberuf Kaufmann für Büromanagement/Kauffrau für Büromanagement. Frau Winter nennt Ihnen die folgenden Vorgaben für die Inhalte und die Gestaltung des Flyers:

- dreispaltig und faltbar, damit der Flyer in einem Briefumschlag DIN lang (110 x 220 mm) versendet werden kann
- interessante und aufmerksamkeitsfördernde Gestaltung (z. B. Überschriften, Hervorhebungen, Einrückungen, Grafiken und Objekte)
- Deckspalte mit Berufsbezeichnung, Logo der Duisdorfer BüroKonzept KG, Foto mit Auszubildenden in einer typischen Ausbildungssituation (zum Beispiel Datei **04_foto_flyer**)

Web

Weitere Informationen auf je einer Seite des Flyers:

- Merkmale der Duisdorfer BüroKonzept KG
- Beispiel für einen dreijährigen Ausbildungsablauf (mindestens sechs Ausbildungseinsätze zur Vermittlung der Anforderungen der Ausbildungsordnung)[1]
- Informationen zur Berufsschule (z. B. Lernfelder)
- Informationen zum Bewerbungs- und Auswahlverfahren (z. B. erforderliche Unterlagen, Erwartungen an die Bewerber)
- Kontaktdaten der Duisdorfer BüroKonzept KG

Modellunternehmen

Wählen Sie die folgenden Einstellungen:
Seitenränder:

– oben	2,5 cm
– links	0,5 cm
– unten	2,5 cm
– rechts	0,5 cm

Spalten

– Breite aller Spalten	8,9 cm
– Abstand zwischen den Spalten	1,0 cm

Speichern Sie die Datei unter dem Dateinamen **04_faltblatt_ausbildung_kaufleute_für_büromanagement** sowohl als WORD-Dokument als auch als im PDF-Format ab.

5 Externer Schriftverkehr mit Geschäftsbriefen

5.1 Einen Briefvordruck verwenden

Die Duisdorfer BüroKonzept KG wickelt einen Teil des Schriftverkehrs mit ihren Kunden und Lieferanten durch Briefe ab. Diese Geschäftsbriefe werden am Rechner geschrieben, ausgedruckt, unterschrieben und per Post an den jeweiligen Empfänger gesandt. Dazu wird ein einheitlicher Briefvordruck verwendet. Bei der Entwicklung dieses Vordrucks wurden die Regeln der DIN 5008 beachtet, in der auch Schreib- und Gestaltungsregeln für die Textverarbeitung festgelegt sind.

Die Duisdorfer BüroKonzept KG hat sich bei der Gestaltung des Briefvordrucks für einen Brief mit einem gestalteten Informationsblock entschieden.[2] Sie finden diesen Vordruck für Geschäftsbriefe der Duisdorfer Büro-Konzept KG als Download im Webcode-Bereich zu diesem Buch (**Briefvorlage Duisdorfer BüroKonzept**).

Web

[1] Nutzen Sie ggf. Informationen aus der Ausbildungsordnung des jeweiligen Berufs und die Informationen aus der Übungsaufgabe in Kapitel 3.9.
[2] Die DIN 5008 (Schreib- und Gestaltungsregeln für die Text- und Informationsverarbeitung) enthält für die Anordnung der Kommunikationsangaben die beiden Varianten „Standardinformationsblock“ und „gestalteter Informationsblock“. Die hier verwendete Briefvorlage nutzt ein tiefgestelltes Anschriftfeld (Form B) und einen gestalteten Informationsblock.

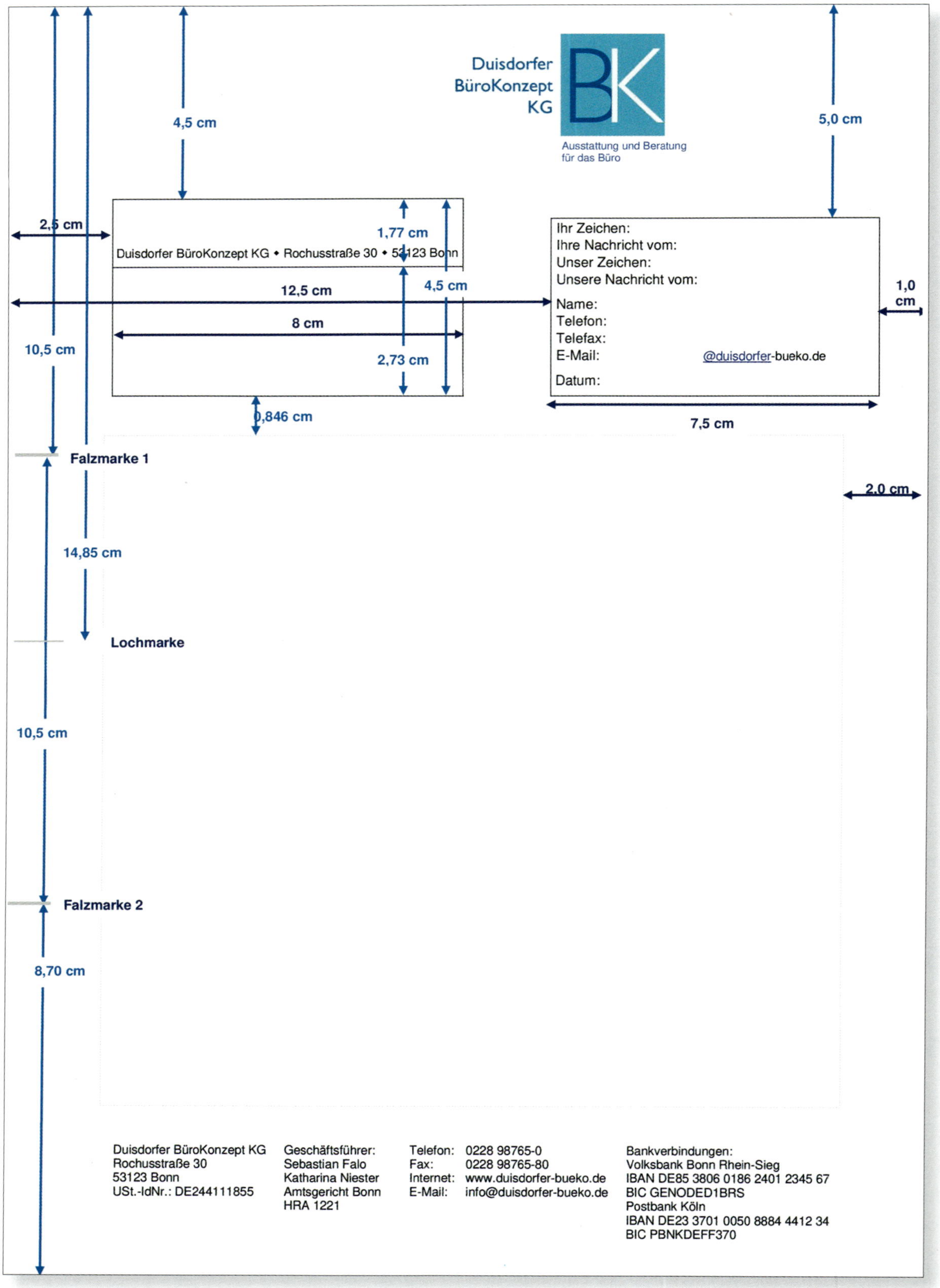
Duisdorfer
BüroKonzept
KG
Ausstattung und Beratung
für das Büro
4,5 cm
5,0 cm
2,5 cm
1,77 cm
Duisdorfer BüroKonzept KG • Rochusstraße 30 • 53123 Bonn
12,5 cm
4,5 cm
8 cm
2,73 cm
10,5 cm
0,846 cm
Ihr Zeichen:
Ihre Nachricht vom:
Unser Zeichen:
Unsere Nachricht vom:
Name:
Telefon:
Telefax:
E-Mail:
@duisdorfer-bueko.de
Datum:
1,0 cm
7,5 cm
Falzmarke 1
2,0 cm
14,85 cm
Lochmarke
10,5 cm
Falzmarke 2
8,70 cm
Duisdorfer BüroKonzept KG
Rochusstraße 30
53123 Bonn
USt.-IdNr.: DE244111855
Geschäftsführer:
Sebastian Falo
Katharina Niester
Amtsgericht Bonn
HRA 1221
Telefon: 0228 98765-0
Fax: 0228 98765-80
Internet: www.duisdorfer-bueko.de
E-Mail: info@duisdorfer-bueko.de
Bankverbindungen:
Volksbank Bonn Rhein-Sieg
IBAN DE85 3806 0186 2401 2345 67
BIC GENODED1BRS
Postbank Köln
IBAN DE23 3701 0050 8884 4412 34
BIC PBNKDEFF370

5.2 Schreib- und Gestaltungsregeln für die Text- und Informationsverarbeitung beachten

Mit einem Geschäftsbrief möchte der Versender nicht nur Informationen übermitteln, sondern auch einen kompetenten Eindruck beim Empfänger hinterlassen. Dazu gehört nicht nur, dass der Brief gut formuliert ist und keine Rechtschreibfehler aufweist. Es müssen auch die Schreib- und Gestaltungsregeln der DIN 5008 beachtet werden. Die nachfolgend aufgeführten Regeln gelten vor allem für Schriftstücke mit unternehmensexternen Empfängern. Empfohlen wird ihre Anwendung auch für interne Texte.[1]

Auszugsweise Darstellung wichtiger Schreib- und Gestaltungsregeln für die Text- und Informationsverarbeitung[1]		
Sachverhalt	Regel und Erläuterung	Beispiele
Wörter		
Worttrennungen	Wörter werden am Zeilenende (meist automatisch durch die Textverarbeitungssoftware) mit einem **Trennstrich** getrennt. Ein manuell gesetzter Trennstrich sollte als **bedingter Trennstrich** ([Strg] + [–][2]) eingegeben werden. Eine Worttrennung wird dann nur ausgelöst, wenn der bedingte Trennstrich am Ende der Zeile steht. [3]	Haushalts- auflösung
Zusammen-setzungen	Wortzusammensetzungen sowie Zusammensetzungen mit einzelnen Buchstaben, Ziffern oder Abkürzungen werden mit einem **Bindestrich** (Kurzstrich) geschrieben und können bei Bedarf getrennt werden. Gehören Wortteile eng zusammen, oft als Zusammensetzungen von einzelnen Buchstaben, Ziffern sowie Abkürzungen sollen **nicht getrennt** werden. Sie werden mit einem **geschützten Bindestrich** ([Strg] + [Umschalttaste] + [–]) verbunden.	deutsch-britischer Schüleraustausch Goethe-Institut E-Mail A4-Format 18-jährig der 18-Jährige 11-stellig 4-Zimmer-Wohnung Paul-Gerhard-Kirche Eberhard-Hoesch-Straße Dr.-Seybold-Straße
Wortergänzungen	Werden mehrere Wörter zum Ersparen von Wortteilen zusammengefasst, wird für den ersparten Wortteil ein **Ergänzungsstrich** (Bindestrich als Kurzstrich) verwendet. Der Ergänzungsstrich vor einem Wortteil muss zur Vermeidung einer unerwünschten Worttrennung als **geschützter Bindestrich** ([Strg] + [Umschalttaste] + [–]) eingegeben werden.	Kopf- und Fußzeile Zeichen- und Absatzformatierung Schreib- und Gestaltungsregeln Postein- und -ausgang Papiergroß- und -einzelhandel Schüler/-innen und Lehrer/ -innen[4]

[1] Vgl. DIN 5008:2020-03. Schreib- und Gestaltungsregeln für die Text- und Informationsverarbeitung, Beuth Verlag, Berlin 2020.

[2] Bei der Eingabe von Zeichen durch eine Tastenkombination wird die erste und ggf. eine weitere festgehalten. Nach Eingabe des letzten Zeichens bzw. der erforderlichen Zeichenkette werden die Tasten wieder losgelassen. Das gewünschte Zeichen erscheint – bei Aktivierung der entsprechenden Anzeigeoption – auf dem Bildschirm. Auf dem Bildschirm kann die Anzeige der bedingten Trennzeichen und weiteren geschützten Zeichen nach demselben Verfahren wie die Anzeige der Absatzmarken (siehe Kapitel 3.4.2) veranlasst werden.

[3] Der als „einfacher" Trennstrich eingegebene Bindestrich wird auch als „harter" Trennstrich bezeichnet. Er bleibt auch sichtbar, wenn sich die ursprünglich gewählte Trennung am Zeilenende durch weitere Textänderungen verschiebt.

[4] Die Schreibweise Schüler/innen und Lehrer/innen ist nach deutschen Rechtschreibregeln ebenfalls zulässig, siehe www.duden.de/sprachwissen/sprachratgeber/Geschlechtergerechter-Sprachgebrauch-Doppelnennung-und-Schrägstrich [01.04.2020].

Auszugsweise Darstellung wichtiger Schreib- und Gestaltungsregeln für die Text- und Informationsverarbeitung[1]		
Sachverhalt	Regel und Erläuterung	Beispiele
Auslassungs-punkte	Für ausgelassene Textteile werden **drei Punkte** mit vor- und nachgestellter Leerstelle gesetzt. Bei wörtlichen Zitaten stehen die Auslassungspunkte für Auslassungen des Autors/der Autorin in eckigen Klammern. Der Punkt am Satzende ist in die Auslassung eingeschlossen.	Ein Auszubildender muss nach Berufsbildungsgesetz „die [...] aufgetragenen Aufgaben sorgfältig“ ausführen. Die Reise ging nach Frankreich, Spanien, Portugal ... Der Rückflug erfolgte ab Nizza.
Abkürzungen	Abkürzungen, die beim Lesen in **vollem Wortlaut gesprochen** werden, erhalten zum Abschluss einen Punkt mit nachfolgendem Leerzeichen. Zwischen Abkürzungen, die aus mehreren abgekürzten Wörtern bestehen, werden **geschützte Leerzeichen** ([Strg] + [Umschalttaste] + [Leertaste], bei Aktivierung der entsprechender Anzeigeoption auf dem Bildschirm sichtbar als °) gesetzt.	i. A.[5] (im Auftrag) z. B. (zum Beispiel) d. J. (des Jahres)
	Zwischen Kombinationen von Zahlen und Abkürzungen für Einheiten werden **geschützte Leerzeichen** gesetzt.	3 % (Prozent) 25 km (Kilometer)
	Zwischen Abkürzungen für Namen und zwischen Titeln und Namen werden geschützte Leerzeichen gesetzt.	W. A. Mozart Prof. Dr. Monika Franzen
	Abkürzungen, die **buchstäblich gelesen** werden, **oder amtliche** Abkürzungen schließen ohne Punkt, aber mit einem Leerzeichen am Ende der gesamten Abkürzung ab.	HGB AG cm EUR km/h (Kilometer pro Stunde)
Währungsbe-zeichnungen	**Währungsbezeichnungen** stehen vor oder hinter dem Betrag (mit einem **geschützten Leerzeichen**). Der Tausenderpunkt kann zur Strukturierung der Beträge verwendet werden. In fortlaufenden Texten sollten die Währungsbezeichnungen nach dem Betrag stehen.	58,50 EUR EUR 58,50 58,50 € € 58,50 1.250,65 NOK NOK 1.250,65 10 ct
Schriftzeichen für Wörter		
Zeichen für Paragraf	§ steht für **Paragraf, wenn anschließend eine Zahl folgt**. §§ steht für **mehrere Paragrafen, wenn anschließend mehrere Zahlen folgen**. Zwischen Paragrafenzeichen und der Paragrafenangabe muss zur Vermeidung einer Trennung ein **geschütztes Leerzeichen** gesetzt werden.	Nach § 13 Berufsbildungsgesetz ... Die §§ 104 – 108 BGB ... Die Pflichten des Ausbilders sind in §§ 14 bis 19 des Berufsbildungsgesetzes geregelt.

[5] *Das Zeichen wird hier bei ausgewählten Beispielen zur Verdeutlichung der Eingabe des Leerzeichens als geschütztes Leerzeichen ausgewiesen.*

Auszugsweise Darstellung wichtiger Schreib- und Gestaltungsregeln für die Text- und Informationsverarbeitung[1]		
Sachverhalt	Regel und Erläuterung	Beispiele
Zeichen für „und“	Das Zeichen **&** wird für **und** mit vor- und nachgestellter Leerstelle u. a. bei Firmennamen verwendet (Trennung bei Zeilenumbruch durch **geschützte Leerzeichen** vermeiden).	Franz Meier & Sohn KG *auch möglich*: Bildung & Schule
Zeichen für „gegen“	Das Wort **gegen** bei Spielpaarungen kann durch einen sogenannten **Langstrich** ([Strg] + [– im Nummernblock]) mit vorgestelltem geschützten Leerzeichen ersetzt werden.	1. FC Köln – Werder Bremen *aber:* Overhagen ./. Overhagen (bei Rechtsstreitigkeiten)
Zeichen für „bis“	Das Wort **bis** kann durch einen **Langstrich** ([Strg] + [– im Nummernblock]) mit jeweils vor- und nachgestelltem Leerzeichen ersetzt werden.	12:15 – 14:45 Uhr *aber*: von 12:15 bis 14:45 Uhr 13.01.2024 – 20.01.2024
Zeichen in Streckenangaben	Bei Streckenangaben wird der **Langstrich** ([Strg] + [– im Nummernblock]) mit vor- und nachgestelltem Leerzeichen verwendet. Da vor einem Streckenstrich keine Zeilenumbrüche erfolgen dürfen, sollte hier ein geschütztes Leerzeichen gesetzt werden.	Düren – Aachen – Maastricht
Schrägstrich	Vor und nach einem **Schrägstrich** werden keine Leerzeichen gesetzt. Der Schrägstrich kann als Wortzeichen für „je“ bzw. „pro“ verwendet werden.	30 km/h (Kilometer pro Stunde) 8,28 Geburten/1000 Einwohner *im Fließtext:* 8,28 Geburten/1 000 Einwohner
	Bei Zusammensetzungen von Wortgruppen können vor (zu empfehlen ist hier ein geschütztes Leerzeichen) und nach dem Schrägstrich Leerzeichen gesetzt werden.	Der nächste Antragszeitraum wird Ende 2023 / Anfang 2024 beginnen.
Rechenzeichen	Vor und nach einem **Rechenzeichen** sowie **Vergleichszeichen** wird je eine Leerstelle geschrieben. Additionszeichen: + Subtraktionszeichen: – Multiplikationszeichen: * bzw. × Divisionszeichen: / bzw. ÷ Gleichheitszeichen: = Vergleichsoperatoren: kleiner < größer > gleich = kleiner oder gleich <= bzw. ≤ größer oder gleich >= bzw. ≥ ungleich <> bzw. ≠	7 + 8 = 15 3,2 m * 21,50 EUR = 68,80 EUR 3 < 5 Bestellmenge > 10 Geburtsjahr >= 1995
Vorzeichen	Das Minuszeichen wird als Vorzeichen ohne folgendes Leerzeichen geschrieben.	-8° C (° steht hier für „Grad“; geschütztes Leerzeichen zwischen den Abkürzungen)
Prozentzeichen	**%** wird als **Prozentzeichen** mit vorgestelltem (geschützten) Leerzeichen gesetzt.	3 % 2,5 % Zinsen *aber*: 25-prozentig

Auszugsweise Darstellung wichtiger Schreib- und Gestaltungsregeln für die Text- und Informationsverarbeitung[1]		
Sachverhalt	Regel und Erläuterung	Beispiele
Promillezeichen	‰ wird als **Promillezeichen** (je Tausend) mit vorgestelltem (geschützten) Leerzeichen verwendet.[6]	0,5 ‰ Blutalkohol *oder*: 0,5 ‰ (mit Kleinbuchstaben o)
Bruchstrich	Ein **Bruch** wird als **Schrägstrich** dargestellt.	3/4 Stunde ¾ Stunde 2 1/2 % Zinsen
Verhältniszeichen	Das Verhältniszeichen wird als Trennzeichen für „zu" mit Doppelpunkt geschrieben. Vor und nach dem Verhältniszeichen stehen geschützte Leerzeichen.	Maßstab 1 : 10 000
Datum und Uhrzeit		
Numerisches Datum	Das **numerische Datum** wird in der Reihenfolge Jahr-Monat-Tag mit Bindestrich (Kurzstrich) gegliedert oder bei Briefen mit inländischen Empfängern auch in der Reihenfolge Tag.Monat.Jahr mit Punkt gegliedert geschrieben werden. Tag und Monat werden zweistellig, das Jahr vierstellig geschrieben. Eine gemischte Verwendung in einem Schriftstück sollte vermieden werden.	2024-09-02 02.09.2024
Alphanumerisches Datum	Das **Datum** kann **alphanumerisch** in einer Kombination von Zahlen (für Tag und Jahr) und Buchstaben (für den Monat) in der Reihenfolge Tag Monat Jahr geschrieben werden. Die Leerzeichen werden als geschützte Leerzeichen eingegeben. Das Jahr wird vierstellig, einstellige Tagesangaben ohne führende 0 geschrieben.	2. September 2024 13. Oktober 2024
Uhrzeit	Die Uhrzeit wird jeweils zweistellig für Stunde und Minute bzw. Stunde, Minute und Sekunde gegliedert mit Doppelpunkt geschrieben.	09:15 Uhr 13:48:15 Uhr 08:00 Uhr (*möglich auch*: 8 Uhr)
Weitere Zahlen		
Zahlen	Zahlen mit **mehr als vier Stellen** werden in Fließtexten durch je ein geschütztes Leerzeichen in dreistellige Gruppen gegliedert.	69 000 Haushalte *aber*: 2500 Haushalte
Postleitzahl	Die deutsche **Postleitzahl** wird fünfstellig ohne Gliederung geschrieben.	52341 Düren
IBAN	Die **IBAN** wird 22-stellig von links nach rechts in Vierergruppen gegliedert.	IBAN DE85 3806 0186 2401 2345 67
Postfachnummer	**Postfachnummern** werden zweistellig von rechts gegliedert.	1 23 45 88 99

[6] Die Eingabe des ‰ - Zeichens erfolgt durch [Alt] + 0137.

Auszugsweise Darstellung wichtiger Schreib- und Gestaltungsregeln für die Text- und Informationsverarbeitung[1]		
Sachverhalt	Regel und Erläuterung	Beispiele
Telefon- und Faxnummer	Telefon- und Faxnummern werden funktionsbezogen durch je ein Leerzeichen gegliedert. Die **Durchwahl** wird nach einem **Bindestrich** (Kurzstrich) geschrieben.	0228 556784 0228 98765-11 0228 98765-0 **mit Landesvorwahl im Telefonverkehr mit dem Ausland:** +49 2421 98765-0 (0049 ist die Landesvorwahl für Deutschland)
Gliederung und Kennzeichnung von Texten		
Absätze	**Absätze** werden vom folgenden Text jeweils durch einen in der Textverarbeitungssoftware eingestellten Absatzabstand getrennt. Der Abstand kann auch als **Leerzeile** eingegeben werden. Ein Absatz, der durch einen Seiten- oder Spaltenwechsel getrennt wird, sollte am Ende der Seite oder Spalte mindestens drei Zeilen und auf der neuen Seite oder Spalte mindestens zwei Zeilen enthalten.	Die Zahlungs- und Lieferkonditionen entnehmen Sie bitte unserem Angebot. Wir freuen uns auf Ihren Auftrag und sichern Ihnen ordnungsgemäße Ausführung zu.
Aufzählungen	**Beginn** und **Ende** von Aufzählungen werden durch **eine Leerzeile** vom übrigen Text voneinander getrennt. Umfassen die einzelnen Aufzählungsglieder selbst mehrere Zeilen, dürfen sie auch durch Leerzeilen voneinander getrennt werden. Nach einem **Aufzählungszeichen** steht mindestens **ein Leerzeichen**. **Mehrstufige Aufzählungen** sollten je Aufzählungsebene eine eigene Fluchtlinie enthalten.	Wir gewähren Ihnen Rabatt in Abhängigkeit der Bestellmenge: • ab 10 Stück 2 % • ab 25 Stück 3 % • darüber 5 % Die Lieferung erfolgt frei Haus.
Abschnitte	**Abschnittsüberschriften** werden jeweils durch einen im Textverarbeitungsprogramm eingestellten Absatzabstand bzw. **eine Leerzeile** vom übrigen Text getrennt. Die Abschnittsnummer und die Texte der Abschnitte beginnen jeweils an derselben Fluchtlinie. Nach **Abschnittsnummern** steht kein Punkt. Es werden mindestens **zwei Leerzeichen** nach den Abschnittsnummern gesetzt. Umfasst die Abschnittsüberschrift mehrere Zeilen, so beginnen die Zeilen jeweils an derselben Fluchtlinie.	1 Rabatte Rabatt ist ein Nachlass vom Listenpreis ... 1.1 Skonto Skonto ist ein Nachlass für vorzeitige Zahlung ...
Sonstiges		
Geschütztes Leerzeichen bei Namensteilen	Zwischen Namensteile werden geschützte Leerzeichen gesetzt.	Bad Füssing Frankfurt am Main
Gedankenstrich	Vor einem Gedankenstrich wird ein geschütztes Leerzeichen gesetzt.	Die Wolken verzogen sich – alle schauten zum Mond.

Auszugsweise Darstellung wichtiger Schreib- und Gestaltungsregeln für die Text- und Informationsverarbeitung[1]		
Sachverhalt	Regel und Erläuterung	Beispiele
Hausnummern	Hausnummern werden von der vorstehenden Straßenbezeichnung mit einem Leerzeichen getrennt. Hausnummern mit Buchstabenkennzeichnung werden mit einer Leerstelle getrennt. Zusammengesetzte Hausnummern werden mit „bis“-Zeichen (Langstrich) oder dem Schrägstrich geschrieben.	Rurstraße 3 a Lettestraße 47 – 49 Viandener Straße 17/19 Römerstraße 1 – 3
Hervorhebungen	Hervorhebungen können z. B. durch Einrücken, Zentrieren, Anführungszeichen, Wechsel der Schriftart, Wechsel der Schriftgröße, Fettschrift, Kursivschrift, Großbuchstaben und Farben vorgenommen werden. Verschiedene Hervorhebungsarten dürfen kombiniert werden. Hervorhebungen durch Zeichenformatierung beginnen mit dem ersten und enden mit dem letzten Zeichen des hervorzuhebenden Textes. Dabei ist zu beachten, dass Satzzeichen innerhalb einer Hervorhebung in die Formatierung eingezogen werden, Satzzeichen am Ende einer Hervorhebung allerdings nur dann, wenn sie inhaltlich zum hervorzuhebenden Text gehören. Auf Hervorhebungen durch Unterstreichungen sollte verzichtet werden	Die Anmeldefrist gilt nur noch bis zum **2. Februar 2024, 13 Uhr.**

5.3 Geschäftsbriefe schreiben

Ausgangssituation
Die Duisdorfer BüroKonzept KG möchte ihr Sortiment an Schreibtischleuchten um LED-Tischleuchten ergänzen. Recherchen im Internet haben ergeben, dass die Scheffler OHG, Wiedener Straße 17 in 86167 Augsburg entsprechende Leuchten herstellt.

Arbeitsauftrag 1

Frau Elling, die Leiterin des Bereichs Beschaffung Handelswaren bittet Sie, in ihrem Auftrag eine Anfrage an die Scheffler OHG per Brief zu formulieren. Die Leuchten sollen einen beweglichen Leuchtenkopf und einen festen Standfuß haben. Der Energieverbrauch soll mindestens der Effizienzklasse B entsprechen. Falls verfügbar, soll die Leuchte mit und ohne Dimmer angeboten werden. Frau Elling bittet Sie auch, die Konditionen für Mengenrabatt sowie die Lieferungs- und Zahlungsbedingungen anzufragen. Bei dem Schreiben handelt es sich um einen Erstkontakt. Ein Ansprechpartner ist Ihnen nicht bekannt.

Web

Vorgehensweise:

1. Öffnen Sie die Datei **Briefvorlage Duisdorfer BüroKonzept**.
2. Speichern Sie das Dokument unter dem Dateinamen **05_anfrage_led_leuchten_01**.
3. Füllen Sie zunächst das Anschriftfeld aus. Beachten Sie dabei die folgenden Regeln:
   a) Regeln zu Position und Inhalt des Anschriftfelds

   Das Anschriftfeld des Briefes ist exakt so positioniert, dass es bei Verwendung eines Briefumschlags im Format DIN-lang (1/3 DIN A4, Blatt im Format DIN A4 zweimal waagerecht gefaltet) im Sichtfenster des Umschlags zu lesen ist. Auch die Anschrift des Absenders und die Rücksendeangabe (z. B. Nicht nachsenden) sind, für den Fall, dass der Brief nicht zugestellt werden kann, im Sichtfenster lesbar.

Abbildung 5.1: *Briefumschlag DIN-lang mit Sichtfenster*

Die Abstände des Anschriftfelds vom Seitenrand des in der Duisdorfer BüroKonzept KG verwendeten Briefvordrucks sind 2,5 cm vom linken Rand und 4,5 cm vom oberen Rand. Die Breite des Adressfelds beträgt 8,5 cm. Alle Maße entsprechen der DIN 5008.

Die Empfängeranschrift ist in die Anschriftzone zu schreiben und beginnt in Zeile 1 der Anschriftzone. Die Schriftgröße entspricht der Schriftgröße des Brieftextes.

Die Zusatz- und Vermerkzone (Zeile 5 – 1 über der Anschriftzone) enthält jeweils in der obersten Zeile die einzeilige Rücksendeangabe. Die folgenden vier Zeilen können für besondere Sendungsvermerke, wie Einschreiben Einwurf oder Einschreiben eigenhändig, verwendet werden. Die Zusatz- und Vermerkzone ist im Schriftgrad 8 zu schreiben. Die Unternehmen müssen bei der Erstellung von Briefvorlagen darauf achten, dass sich das Feld für die Zusatz- und Vermerkzone automatisch von unten nach oben beschriftet. Die Briefvorlage der Duisdorfer Bürokonzept KG ist entsprechend gestaltet.

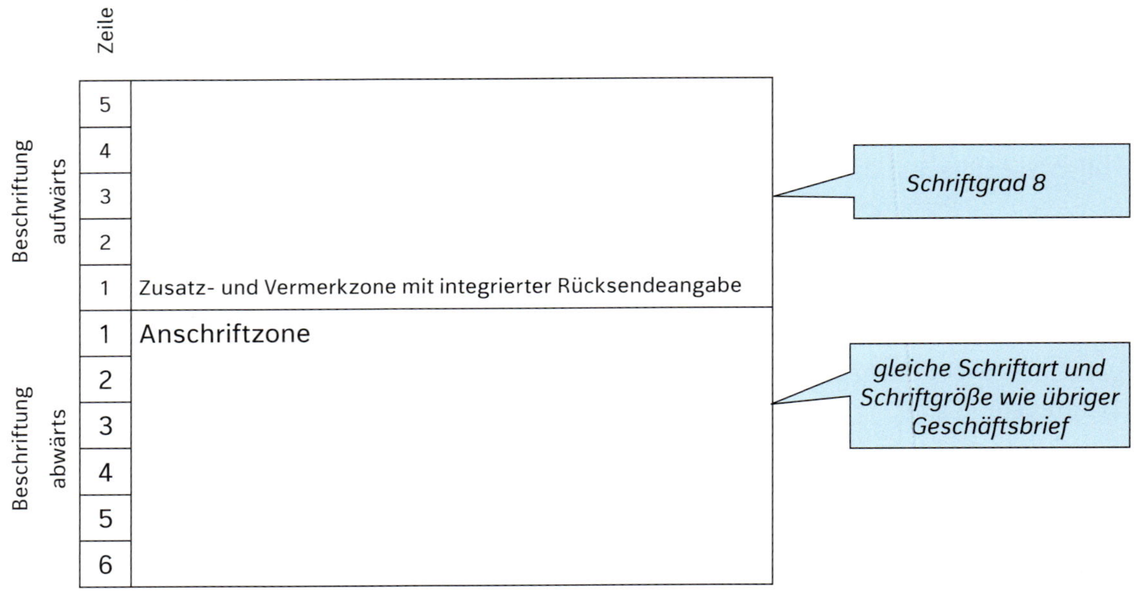

Abbildung 5.2: *Struktur des Anschriftfelds*

b) Regeln zur Schreibweise der Empfängeranschrift (siehe Zeilen 1–6 in den Beispielen für Anschriften)
- Die Anschrift beginnt mit der Anrede (z. B. Herrn, Frau).
- Berufs- und Amtsbezeichnungen folgen der Anrede in derselben Zeile (z. B. Herrn Rechtsanwalt).
- In der zweiten Zeile stehen Vor- und Nachname.
- Trägt der Empfänger einen akademischen Titel, so steht dieser vor dem Namen (z. B. Dr. Peter Schmitz, Dipl.-Ing. Sabine Hoffmann).
- Bachelor- und Mastertitel stehen hinter dem Namen (Othmar Felten B. A., Laura Sommer M. A.).
- In der nächsten Zeile folgen die Straße und Hausnummer oder Postfach.
- In der nächsten Zeile folgen Postleitzahl und Ort.
- Weitere Regeln sind in den Hinweisen zu den Anschriftbeispielen aufgeführt.

Beispiele für Anschriften	**Hinweise zur Schreibweise**
5 4 3 2 Duisdorfer BüroKonzept KG ◆ Rochusstraße 30 ◆ 53123 Bonn 1 Einschreiben Einwurf 1 Herrn Steuerberater 2 Dr. Udo Strauß 3 Lettestraße 17 4 25272 Bremen 5 6	Der Text **Einschreiben Einwurf** ist ein Versendevermerk. **Steuerberater** ist eine Berufsbezeichnung, **Dr.** (Doktor) ein akademischer Titel (steht vor dem Namen).
5 4 3 2 Duisdorfer BüroKonzept KG ◆ Rochusstraße 30 ◆ 53123 Bonn 1 Persönlich 1 Frau 2 Vivien Necke 3 Duisdorfer BüroKonzept KG 4 Rochusstraße 30 5 53123 Bonn 6	Frau Necke ist Mitarbeiterin der Duisdorfer BüroKonzept KG. Da ihr Name vor der Firma steht, ist davon auszugehen, dass der Brief persönlich an sie gerichtet ist. Dies wird hier auch durch den Zusatzvermerk **Persönlich** betont.

Beispiele für Anschriften	Hinweise zur Schreibweise
5 4 3 2 Duisdorfer BüroKonzept KG ◆ Rochusstraße 30 ◆ 53123 Bonn 1 Einschreiben Rückschein 1 Frau 2 Karina Müller M. A. 3 Am Spichelsfeld 98 4 53757 Sankt Augustin 5 6	Der Text **Einschreiben Rückschein** ist ein Versendevermerk. Frau Karina Müller trägt den akademischen Grad M. A. (Master of Arts). Dieser Titel wird dem Namen nachgestellt.
5 4 3 2 1 Duisdorfer BüroKonzept KG ◆ Rochusstraße 30 ◆ 53123 Bonn 1 Intermöbel GmbH 2 Frau Susanne Siebert 3 Postfach 2 46 51 22 4 57074 Siegen 5 6	Hier steht der Name der Empfängerin nach dem Namen des Unternehmens, bei dem sie arbeitet bzw. unter dessen Anschrift sie erreichbar ist. Diese Sendung darf ohne Weiteres von der Poststelle der Intermöbel GmbH geöffnet werden.
5 4 3 2 Duisdorfer BüroKonzept KG ◆ Rochusstraße 30 ◆ 53123 Bonn 1 Einschreiben 1 Rhenag GmbH 2 Bürogroßhandel 3 Annostraße 56 4 68239 Mannheim 5 6	Der Text **Einschreiben** ist ein Versendevermerk. Der Text **Bürogroßhandel** wird als Firmenzusatz bezeichnet.

4. Ergänzen Sie nun die fehlenden Daten im Informationsblock. Verwenden Sie für alle Angaben die gleiche Schriftart und den gleichen Schriftgrad wie im übrigen Geschäftsbrief. Nutzen Sie die folgenden Hinweise:
   a) **Ihr Zeichen:**
   Falls es bereits einen früheren Briefkontakt gab, wird hier das Zeichen des Bearbeiters bzw. Absenders des betroffenen Briefes eingetragen. Da es sich bei der Anfrage an die Scheffler OHG um einen Erstkontakt handelt, wird hier keine Information eingetragen.
   b) **Ihre Nachricht vom:**
   Hier wird das Datum der letzten Nachricht des Absenders in der betroffenen Angelegenheit eingetragen. Da es sich bei der Anfrage an die Scheffler OHG um einen Erstkontakt handelt, wird hier ebenfalls keine Information eingetragen.
   c) **Unser Zeichen:**
   Um schnell einen Bezug zum Bearbeiter oder Gegenstand des Briefes herstellen zu können, werden in den Unternehmen personenbezogene, organisationsbezogene oder fallbezogene Kürzel definiert. In der Duisdorfer BüroKonzept KG gilt die Vereinbarung, dass jeder Mitarbeiter ein Kurzzeichen hat, das sich aus dem ersten Buchstaben des Vornamens und den ersten beiden Buchstaben des Nachnamens ergibt. Tragen Sie hier das Zeichen ein, das nach dieser Vereinbarung für Ihren Namen gilt (z. B. FSo).
   d) **Unsere Nachricht vom:**
   Hier wird das Datum unserer letzten Nachricht in der betroffenen Angelegenheit eingetragen. Es kann die numerische oder die alphanumerische Schreibweise verwendet werden (siehe Kapitel 5.1.1). Da es sich bei der Anfrage an die Scheffler OHG um einen Erstkontakt handelt, bleibt diese Position leer.

e) **Name:**
Damit der Empfänger des Briefes in der Antwort eine persönliche Anrede verwenden kann bzw. bei anderen Kontakten z. B. per Telefon, den Namen des Ansprechpartners kennt, wird hier der Name des Briefbearbeiters eingetragen. Zur eindeutigen Geschlechtsbestimmung kann der Name durch Herr oder Frau ergänzt werden. Tragen Sie hier Ihren Vor- und Nachnamen ggf. mit Herr oder Frau ein (z. B. Frau Fabienne Sonntag).

f) **Telefon:**
Hier wird die Telefonnummer eingetragen, unter der der Verfasser des Briefes als Ansprechpartner in der betroffenen Angelegenheit direkt erreichbar ist. Verwenden Sie im Beispiel die Durchwahl 68.

g) **Telefax:**
Hier wird die Nummer des Telefaxgerätes eingetragen, an die der Empfänger des Briefes eine Nachricht an den Verfasser des Briefes senden kann. Verwenden Sie im Beispiel die Durchwahl 80.

h) **E-Mail:**
Hier ist die E-Mail-Adresse des Verfassers des Briefes einzutragen. Der Briefempfänger kann diese Angabe verwenden, wenn er eine E-Mail direkt an den Absender richten möchte. In der Duisdorfer BüroKonzept KG werden die E-Mail-Adressen aller Mitarbeiter nach demselben Prinzip gebildet: erster_Buchstabe_des_Vornamens.Nachname@duisdorfer-bueko.de
Verwenden Sie diese Konvention für Ihre Beispieladresse und geben Sie sie als E-Mail an (z. B. f.sonntag@duisdorfer-bueko.de).

i) **Datum:**
Hier wird das Datum (z. B. 09.09.20..) eingetragen, an dem der Brief verfasst bzw. versendet wurde. Es kann die numerische oder die alphanumerische Schreibweise verwendet werden (siehe Kapitel 5.2). Es empfiehlt sich die einheitliche Verwendung der Schreibweise des Datums in einem Schriftstück.

Der Briefkopf sollte nun das folgende Aussehen haben:

Duisdorfer BüroKonzept KG
Ausstattung und Beratung für das Büro

Duisdorfer BüroKonzept KG • Rochusstraße 30 • 53123 Bonn
Scheffler OHG
Wiedener Straße 17
86167 Augsburg

Ihr Zeichen:
Ihre Nachricht vom:
Unser Zeichen: FSo
Unsere Nachricht vom:

Name: Fabienne Sonntag
Telefon: 0228 98765-68
Telefax: 0228 98765-80
E-Mail: f.sonntag@duisdorfer-bueko.de

Datum: 08.09.20..

Abbildung 5.3: *Briefkopf der Anfrage an die Scheffler OHG*

5. Nun muss der eigentliche Briefinhalt formuliert werden. Auch für diesen Teil des Geschäftsbriefs ist eine einheitliche Struktur vorgesehen.

   a) **Betreff**
   Im Betreff gibt der Verfasser den Sachverhalt des Briefes in Kurzform an. Der Betreff ist zwei Leerzeilen nach dem Informationsblock zu schreiben. In unserem Beispielbrief könnte der Betreff lauten:
   Anfrage LED-Leuchten
   Nach dem Betreff stehen immer zwei Leerzeilen. Der Betreff wird stets fett formatiert.

b) **Anrede**
Sofern eine bestimmte Person als Empfänger bzw. Bearbeiter des Briefes bekannt ist, wird sie in der Anrede persönlich angesprochen (z. B. Sehr geehrte Frau Meiers,). Ist dies – wie in unserem Beispielbrief – nicht der Fall, erfolgt eine allgemeine Anrede (z. B. Sehr geehrte Damen und Herren,). Die Anrede wird mit einem Komma abgeschlossen.
Nach der Anrede steht immer eine Leerzeile.

c) **Briefinhalt**
Im Briefinhalt geht der Verfasser konkret auf den Sachverhalt des betroffenen Vorgangs ein. Zu Beginn erfolgt ein einleitender Satz, das Ende bildet ein abschließender Satz. Die Formulierungen sind so zu wählen, dass sich der Empfänger persönlich angesprochen fühlt und die Inhalte vollständig, verständlich und prägnant dargestellt sind.
Auf eine Absatzschaltung folgt immer eine Leerzeile. Hervorhebungen, Aufzählungen und Einrückungen sind zulässig, sollten aber angemessen sein.
Im Interesse einer besseren Lesbarkeit wird in Dokumenten der Textverarbeitung i. d. R. immer die automatische Silbentrennung mit LAYOUT – SEITE EINRICHTEN – SILBENTRENNUNG – AUTOMATISCH eingestellt.

d) **Briefabschluss**
Den Abschluss des Briefes bilden Gruß, Angabe der Firma, Unterschrift des Briefbearbeiters (ggf. mit Angabe der Vollmacht) und die Wiederholung des Namens des Unterzeichners des Briefes. Die einzelnen Elemente werden jeweils durch eine Leerzeile getrennt. Für die Unterschrift werden i. d. R. mindestens drei Leerzeilen reserviert. Falls der Brief von zwei Personen unterschrieben werden soll, stehen die Namen der beiden Personen auf einer Höhe nebeneinander. Bei unterschiedlichem Rang steht der Name der ranghöheren Person an erster Stelle.

e) **Anlagenvermerk**
Damit beim Öffnen des Briefes eine Vollständigkeitskontrolle vorgenommen werden kann, wird im Anlagenvermerk angegeben, welche Dokumente (mit Mengenangabe) dem Brief beigefügt sind. Dies kann z. B. die Angabe **1 Produktinformation**, **1 Lebenslauf** oder **1 Lagelan** sein. Eingeleitet wird der Anlagenvermerk mit dem Text **Anlage** oder **Anlagen**, der fett formatiert (nicht unterstrichen) werden kann. Nach einer Absatzschaltung folgt dann – ohne Leerzeile – die Nennung der Anlagen (nicht fett formatiert). Unserer Beispielanfrage werden keine Anlagen beigefügt.

Arbeitsauftrag 2
Vervollständigen Sie die Anfrage an die Scheffler OHG. Speichern Sie den Brief abschließend und vergleichen Sie Ihren Brief mit dem abgedruckten Lösungsvorschlag der Sachbearbeiterin Fabienne Sonntag. Speichern Sie die Anfrage unter dem Dateinamen **05_anfrage_led_leuchten_02**.

Lösung

Duisdorfer
BüroKonzept
KG

Ausstattung und Beratung
für das Büro

Duisdorfer BüroKonzept KG • Rochusstraße 30 • 53123 Bonn

Scheffler OHG
Wiedener Straße 17
86167 Augsburg

Ihr Zeichen:
Ihre Nachricht vom:
Unser Zeichen: FSo
Unsere Nachricht vom:

Name: Fabienne Sonntag
Telefon: 0228 98765-68
Telefax: 0228 98765-80
E-Mail: f.sonntag@duisdorfer-bueko.de

Datum: 08.09.20..

Anfrage LED-Leuchten

Sehr geehrte Damen und Herren,

seit unserer Gründung im Jahr 2005 produzieren und vertreiben wir Ausstattungsgegenstände im Bürobereich und beraten andere Unternehmen in Fragen der Büroorganisation. Unsere Kunden haben ihren Sitz überwiegend in Deutschland und sind teilweise als Wiederverkäufer tätig.

Aktuell möchten wir unser Sortiment um LED-Bürotischleuchten erweitern und sind bei der Recherche nach Anbietern auf Ihr Unternehmen aufmerksam geworden.

Wir bitten Sie um ein Angebot von LED-Leuchten mit beweglichem Leuchtenkopf und festem Standfuß. Der Energieverbrauch der Leuchten soll mindestens der Effizienzklasse B entsprechen. Wir möchten sowohl Leuchten mit der Möglichkeit der Steuerung der Helligkeit durch Dimmer als auch ohne Dimmer in das Sortiment aufnehmen.

Informieren Sie uns bitte auch über Ihre Konditionen für Mengenrabatt sowie Ihre Lieferungs- und Zahlungsbedingungen.

Wir freuen uns auf Ihr Angebot.

Mit freundlichen Grüßen

Duisdorfer BüroKonzept KG

i. A. F. Sonntag

Fabienne Sonntag

Duisdorfer BüroKonzept KG
Rochusstraße 30
53123 Bonn
USt.-IdNr.: DE 244111855

Geschäftsführer:
Sebastian Falo
Katharina Niester
Amtsgericht Bonn
HRA 1221

Telefon: 0228 98765-0
Fax: 0228 98765-80
Internet: www.duisdorfer-bueko.de
E-Mail: info@duisdorfer-bueko.de

Bankverbindungen:
Volksbank Bonn Rhein-Sieg
IBAN DE85 3806 0186 2401 2345 67
BIC GENODED1BRS
Postbank Köln
IBAN DE23 3701 0050 8884 4412 34
BIC PBNKDEFF370

5.4 Übungsaufgaben zum externen Schriftverkehr mit Geschäftsbriefen

Ausgangssituation
Sie sind weiterhin im Bereich Aus- und Weiterbildung der Duisdorfer BüroKonzept KG eingesetzt. Mittlerweile sind eine Menge Bewerbungen für die zu besetzenden Ausbildungsplätze eingegangen. Frau Andrea Winter, die Leiterin der Aus- und Weiterbildung, bittet Sie, einige Schreiben an die Ausbildungsplatzinteressenten zu verfassen. Frau Winter ist die verantwortliche Mitarbeiterin für die Bewerberauswahl in der Berufsausbildung und hat das Zeichen AWi. Ihre Telefondurchwahl ist 65. Ihre E-Mail-Adresse lautet a.winter@duisdorfer-bueko.de.

Arbeitsauftrag 3
Formulieren Sie unter Nutzung der **Briefvorlage Duisdorfer BüroKonzept** mit Datum vom 20.09.20.. das Antwortschreiben an die Bewerberin Anja Verspohl, Luxemburger Straße 17 in 53902 Bad Münstereifel. In dem Schreiben soll der Eingang der Bewerbungsunterlagen bestätigt und mitgeteilt werden, dass die weiteren Schritte der Bewerberauswahl noch einige Zeit benötigen. Die Duisdorfer BüroKonzept KG bittet die Bewerberin daher noch um ein wenig Geduld. Frau Verspohl hatte sich für eine Ausbildung als Kauffrau für Büromanagement mit Ausbildungsbeginn 01.08. des nächsten Jahres beworben. Ihr Bewerbungsschreiben ist vom 14.09.20..
Speichern Sie das Schreiben unter dem Dateinamen **05_brief_bewerbungseingang**.

Web

Arbeitsauftrag 4
Formulieren Sie unter Nutzung der **Briefvorlage Duisdorfer BüroKonzept** mit Datum vom 20.09.20.. das Antwortschreiben an den Bewerber Ibrahim Demir, Alte Bonner Landstraße 128 in 53757 Sankt Augustin. In dem Schreiben soll der Eingang der Bewerbungsunterlagen bestätigt und mitgeteilt werden, dass zur weiteren Bearbeitung der Bewerbung die Zusendung einer Kopie des letzten Schulzeugnisses erforderlich ist. Herr Demir hatte sich für eine Ausbildung als Kaufmann im Groß- und Außenhandel mit Ausbildungsbeginn 01.08. des nächsten Jahres beworben. Sein Bewerbungsschreiben ist vom 09.09.20..
Speichern Sie das Schreiben unter dem Dateinamen **05_brief_zeugnis_nachreichen**.

Web

6 Dokumente mit Schnellbausteinen erstellen

In der Duisdorfer BüroKonzept KG gehen viele schriftliche Anfragen ein, in denen Kunden oder interessierte Unternehmen ein Angebot bezogen auf einen Artikel im Sortiment wünschen. Auf die Anfragen wird im Allgemeinen mit einem Geschäftsbrief geantwortet. Die Briefe unterscheiden sich vor allem in der Anschrift des Kunden und den Preisinformationen zu dem gewünschten Artikel. Viele Informationen hingegen sind identisch, wie z. B. ein Satz zu Beginn oder zum Ende des Briefes sowie eine Information zum Eigentumsvorbehalt. Andere Passagen des Briefes sind zwar nicht gleich, kommen aber in vielen Angeboten in ähnlicher Formulierung vor. So wird in allen Antworten auf eine Anfrage die Lieferzeit genannt, die aber in Abhängigkeit vom gewünschten Artikel unterschiedlich sein kann.

Um den Arbeitsaufwand beim Schreiben der Angebote zu optimieren, sollen in der Duisdorfer BüroKonzept KG zukünftig **Textbausteine** genutzt werden, die in MS Word als **Schnellbausteine** bezeichnet werden.

Ausgangssituation

Der Leiter der Organisationseinheit Vertrieb in der Duisdorfer BüroKonzept KG, Herr Klein, übergibt Ihnen eine ausgedruckte Tabelle, in der die in Angeboten häufig verwendeten Textteile aufgeführt sind. Er bittet Sie, die technischen Voraussetzungen zu schaffen, mit denen die Mitarbeiterinnen und Mitarbeiter seines Bereichs die Formulierungen in Form von Text- bzw. Schnellbausteinen in die Angebote einfügen können. Herr Klein legt Wert darauf, dass individuelle Angaben in den Bausteinen ergänzt werden können. Die Stellen, in denen die variablen Eintragungen vorgesehen sind, hat er mit geschweiften Klammern { } gekennzeichnet. Herr Klein weiß, dass die Textteile mit einem **Kurznamen** benannt werden müssen. Er hat daher schon Namen aufgeführt, aus denen auch der Verwendungszweck hervorgeht. So steht ANG als Abkürzung für Angebot. ANR steht für Anrede und kann auch in anderen Arten von Geschäftsbriefen verwendet werden.

Liste häufig verwendeter Textteile in Angeboten			
Hinweis	**Text mit erforderlichen Leerzeilen**	**Inhalt { }**	**Kurzname**
Betreff	**Angebot über { }**	angebotene(n) Artikel nennen	ANG01
Anrede	Sehr geehrte { },	Anrede personalisieren	ANR01
Eröffnungssatz mit Preiskonditionen	wir danken Ihnen sehr für Ihr Interesse an unserem Unternehmen und unserem Sortiment. Gerne unterbreiten wir Ihnen ein Angebot über { }.	angebotene Artikel ggf. mit Mengenangabe, Rabattkonditionen und Lieferbedingungen nennen	ANG02
Lieferzeit	Die Lieferzeit beträgt { } Tage.	Lieferzeit in Tagen nennen	ANG03
Zahlungsbedingungen	Wir gewähren Ihnen bei Zahlung innerhalb von { } Tagen ab Rechnungsdatum { }% Skonto. Ansonsten ist der Rechnungsbetrag innerhalb von { } Tagen ab Rechnungsdatum ohne Abzug fällig und zahlbar.	Skontofrist und Skontosatz eintragen	ANG04
Schlusssatz	Gerne nehmen wir Ihren Auftrag entgegen und sichern Ihnen eine zuverlässige Lieferung der bestellten Artikel zu.		ANG05
Briefabschluss	Mit freundlichen Grüßen Duisdorfer BüroKonzept KG { } { }	 Vollmacht eintragen Name des Unterzeichners	BAS01

6.1 Schnellbausteine erstellen

Vor der Verwendung eines **Schnellbausteins** in MS Word muss der entsprechende Text zunächst erfasst, benannt und in die **Sammlung der Schnellbausteine** aufgenommen werden. Die Positionen für die variablen Inhalte werden als sogenannte **Sprungmarken** eingefügt. Der Sachbearbeiter fügt bei der Formulierung des konkreten Geschäftsbriefs den gewünschten individuellen Text ein.

Arbeitsauftrag 1
Erstellen Sie die Schnellbausteine für das Angebot.

Vorgehensweise:

1. Öffnen Sie ein neues Word-Dokument auf Basis der Vorlage Leeres Dokument.
   DATEI – NEU – LEERES DOKUMENT
2. Erfassen Sie in diesem Dokument die Texte in der zweiten Spalte der Tabelle, die Herr Klein Ihnen übergeben hat, mit den ggf. erforderlichen Zeilenschaltungen für die Leerzeilen und Formaten.
3. Fügen Sie an den Stellen, an denen später individueller Text eingegeben werden soll, jeweils eine Sprungmarke ein. Eine Sprungmarke wird durch die Tastenkombination [Strg] + [F9][1] erzeugt. Die Sprungmarken können auf dem Bildschirm durch die Tastenkombination [Alt] + [F9] sichtbar bzw. unsichtbar gemacht werden. Eine Sprungmarke kann mit einer Beschriftung erläutert werden. Beispiel: {\Betrefftext}. Diese Beschriftung wird später bei der Eingabe des individuellen Textes überschrieben. Das Zeichen \ (Backslash) wird durch [AltGr] + [?] erzeugt.
4. Markieren Sie den jeweiligen Textteil einschließlich der erforderlichen Leerzeilen.

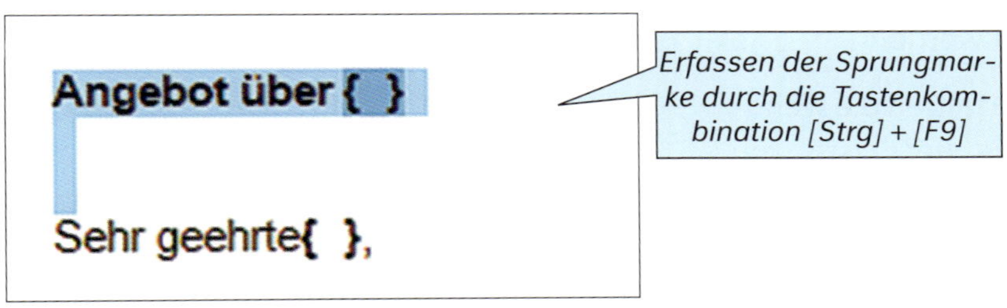

Abbildung 6.1: *Text markieren für die Übernahme in den Katalog der Schnellbausteine*

5. Nehmen Sie den markierten Text (einschließlich der Sprungmarke) in den Katalog der Schnellbausteine auf. Klicken Sie dazu in der Registerkarte EINFÜGEN in der Gruppe TEXT auf die Befehlsschaltfläche SCHNELLBAUSTEINE und anschließend auf AUSWAHL IM SCHNELLBAUSTEINKATALOG SPEICHERN.

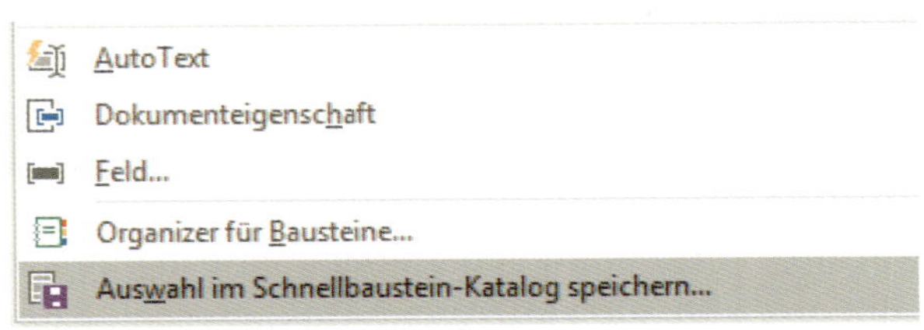

Abbildung 6.2: *Kontextmenü SCHNELLBAUSTEINE*

6. Es öffnet sich ein Dialogfenster, in das der Name des Schnellbausteins ANG01 eingetragen werden muss.

[1] *Möglicherweise muss bei der verwendeten Tastatur, vor allem bei mobilen Rechnern, die Bedienbarkeit der Funktionstasten erst aktiviert oder durch eine spezifische Tastenkombination (z. B. [Fn] + [F9]) ausgelöst werden.*

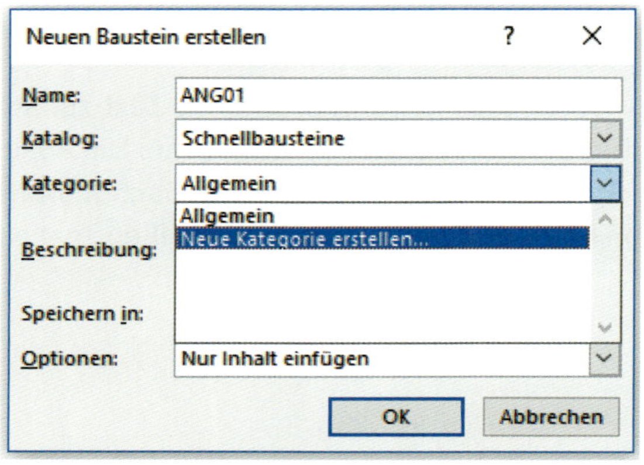

Abbildung 6.3: *Dialogfenster Neuen Baustein erstellen*

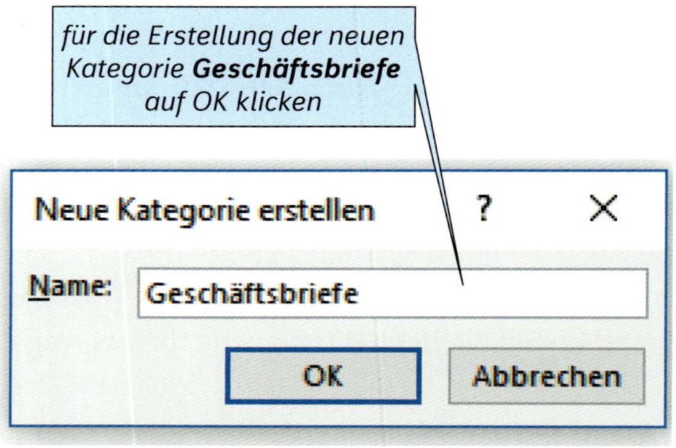

Abbildung 6.4: *Neue Kategorie erstellen*

7. Damit die Organisation der Schnellbausteine für die Geschäftsbriefe der Duisdorfer BüroKonzept KG erleichtert wird, soll auch eine neue Kategorie mit dem Namen **Geschäftsbriefe** eingerichtet werden (siehe auch Abb. 6.3 und 6.4).

8. Nach der Eingabe der Beschreibung des neuen Schnellbausteins **Angebot Betreff** hat das Dialogfenster das nachfolgend dargestellte Aussehen.

9. Mit Klick auf OK wird der neue Schnellbaustein in den Katalog der Bausteine aufgenommen. Die Bausteine in diesem Katalog können nun von jedem WORD-Dokument aus genutzt und eingefügt werden.

10. Fügen Sie nach diesem Verfahren die weiteren Schnellbausteine aus der Liste von Herrn Klein in den Katalog der Schnellbausteine in der Kategorie Geschäftsbriefe ein. Denken Sie daran, vorher die Positionen für die später individuell zu ergänzenden Textelemente durch die geschweiften Klammern mit einer eingeschlossenen Leerstelle in den Textteilen zu erfassen. Tragen Sie unter Beschreibung einen aus Ihrer Sicht geeigneten Text ein.

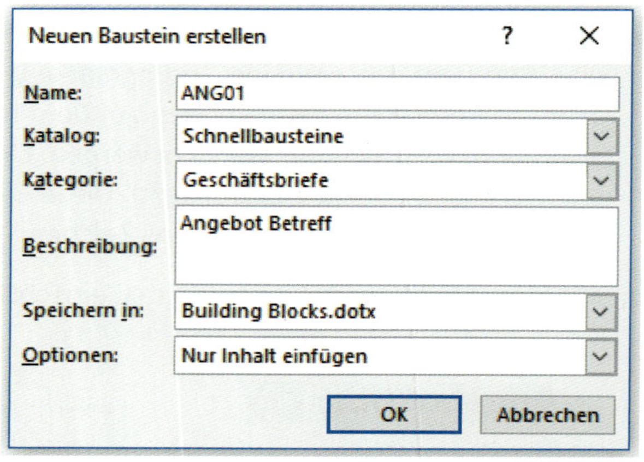

Abbildung 6.5: *Einen neuen Schnellbaustein erstellen*

6.2 Schnellbausteine in Dokumente einfügen

Nachdem die neuen Schnellbausteine in den Katalog der Schnellbausteine aufgenommen wurden, können sie in allen MS-Word-Dokumenten eingefügt werden.

Ausgangssituation

Der Einkäufer Peter Gerner (PG) des Kunden Birkmann OHG, Im Ruhrfeld 35, 22866 Norderstedt, hat am 12.05.20.. eine Anfrage an die Duisdorfer BüroKonzept KG über 10 Schreibtische des Programms ***Naturkontor*** mit den Maßen 140 x 80 cm gerichtet. Der Listenverkaufspreis beträgt 399,00 €. Aufgrund der Zahl der angefragten Schreibtische kann ein Mengenrabatt von 10 % gewährt werden. Dem Kunden wird ein Skonto von 3 % bei Zahlung innerhalb von 10 Tagen gewährt. Das Zahlungsziel ist 45 Tage. Die Lieferzeit der Schreibtische beträgt 7 Tage.

Arbeitsauftrag 2

Herr Erwin Hummels, Leiter des Vertriebsbereichs Nord in der Duisdorfer BüroKonzept KG, bittet Sie am 13.09.20.., in seinem Namen das Angebot zu schreiben. Nutzen Sie dabei die gespeicherten Schnellbausteine.

Vorgehensweise:

Web

1. Erstellen Sie ein neues Word-Dokument auf Basis der Vorlage **Briefvorlage Duisdorfer Büro-Konzept**.
2. Füllen Sie den Briefkopf aus. Verwenden Sie im Informationsblock selbstgewählte Daten.
3. Fügen Sie den Betreff als Schnellbaustein mit dem Namen ANG01 ein. Setzen Sie dazu den Cursor an die Position, an welcher der Betreff erscheinen soll.

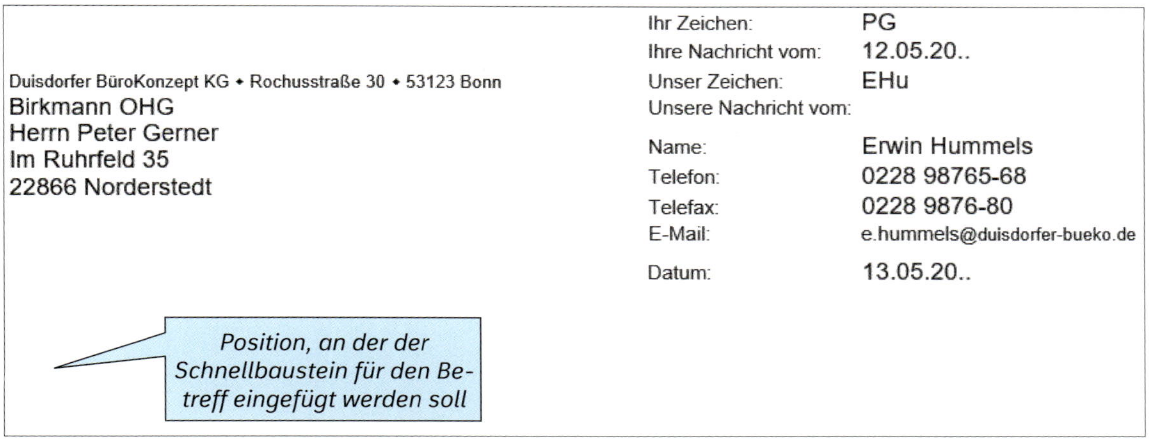

Abbildung 6.6: *Schnellbausteine einfügen*

Klicken Sie dazu in der Registerkarte EINFÜGEN auf die Befehlsschaltfläche SCHNELLBAUSTEINE Wählen. Sie den Schnellbaustein ANG01 in der angezeigten Liste der Bausteine in der Kategorie **Geschäftsbriefe** aus.

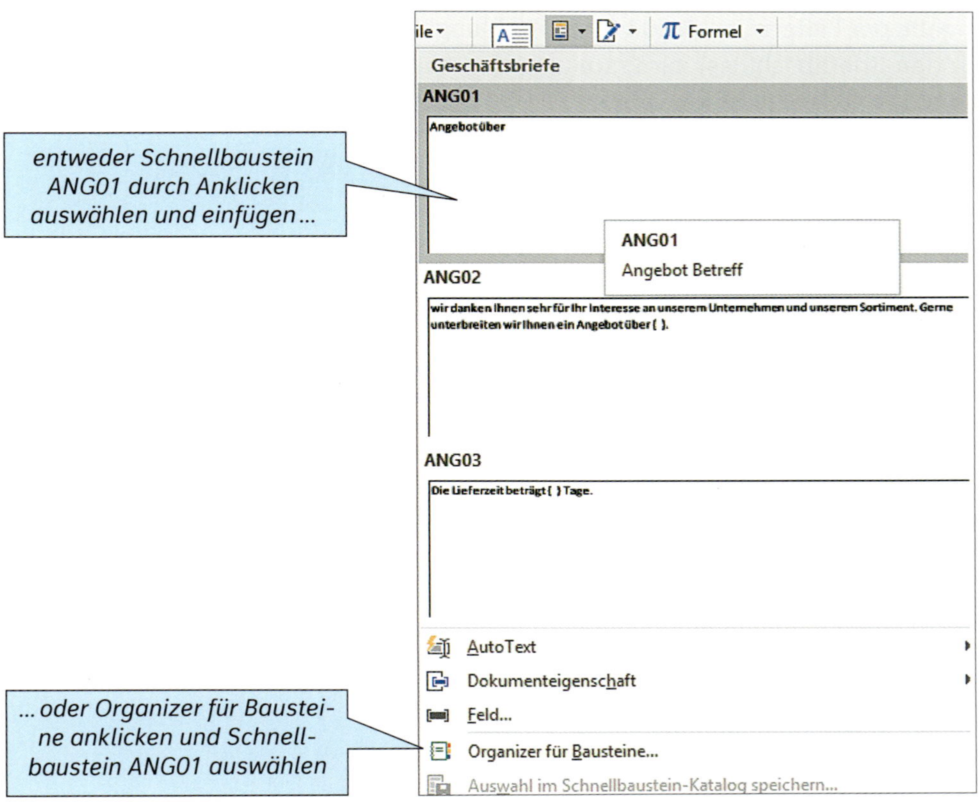

Abbildung 6.7: *Dialogfenster für die Befehlsschaltfläche SCHNELLBAUSTEINE DURCHSUCHEN*

Eine weitere Möglichkeit zum Einfügen von Schnellbausteinen in einen Text bietet der Organizer für Bausteine. Klicken Sie dazu in der Registerkarte EINFÜGEN in der Gruppe TEXT auf die Befehlsschaltfläche SCHNELLBAUSTEINE und öffnen Sie durch Anklicken die Auswahl ORGANIZER FÜR BAUSTEINE. Die Bausteine können durch einen Klick auf NAME in der Überschrift alphabetisch sortiert werden. Bei einem Klick auf KATEGORIE wird diese Spalte zusätzlich als Kriterium für die alphabetische Sortierung genutzt, sodass z. B. alle Bausteine der Kategorie **Geschäftsbriefe** untereinander aufgeführt sind.

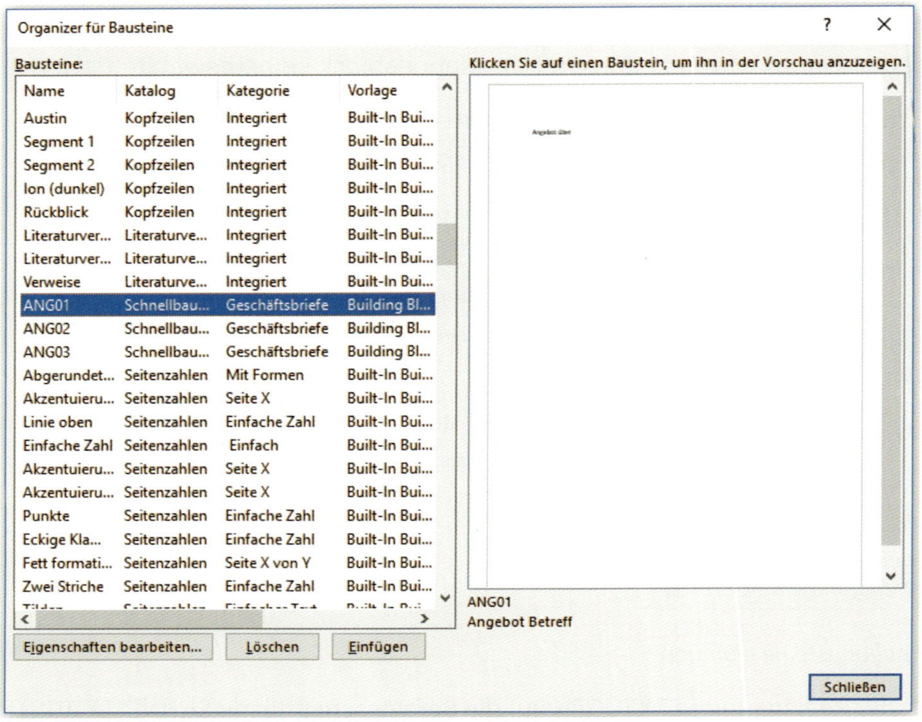

Abbildung 6.8: *Dialogfenster für die Organisation von Schnellbausteinen*

4. Fügen Sie die weiteren Schnellbausteine (ANR01 für die Anrede, ANG02 als Eröffnungssatz, ANG03 zur Angabe der Lieferzeit, ANG04 für die Zahlungsbedingungen, ANG05 als Schlusssatz und BAS01 für den Briefabschluss) zur Erstellung des Angebots an die Birkmann OHG ein. Der Brieftext hat nun das abgebildete Aussehen:

Angebot über { }

Sehr geehrte{ },

wir danken Ihnen sehr für Ihr Interesse an unserem Unternehmen und unserem Sortiment. Gerne unterbreiten wir Ihnen ein Angebot über { }.

Die Lieferzeit beträgt { } Tage.

Wir gewähren Ihnen bei Zahlung innerhalb von { } Tagen ab Rechnungsdatum { } % Skonto. Ansonsten ist der Rechnungsbetrag innerhalb eines Monats ab Rechnungsdatum ohne Abzug fällig und zahlbar.

Gerne nehmen wir Ihnen Auftrag entgegen und sichern Ihnen eine zuverlässige Lieferung der bestellten Artikel zu.

Mit freundlichen Grüßen

Duisdorfer BüroKonzept KG

{ }

{ }

Abbildung 6.9: *Angebot mit Schnellbausteinen (ohne individuelle Angaben)*

5. Ergänzen Sie die individuellen Angaben. Die Sprungmarken, die Sie bei der Erstellung der Schnellbausteine durch [Strg] + [F9] eingefügt haben, können jetzt mit der Taste [F11] (oder der erforderlichen Tastenkombination (z. B. [Fn] + [F11]) angesprungen werden. Der unten abgedruckte Text dient als Lösungsbeispiel.

Angebot über Schreibtische aus dem Programm Naturkontor

Sehr geehrter Herr Gerner,

wir danken Ihnen sehr für Ihr Interesse an unserem Unternehmen und unserem Sortiment. Gerne unterbreiten wir Ihnen ein Angebot über 10 Schreibtische aus dem Programm Naturkontor mit den Maßen 140 * 80 cm. Der Listenpreis für einen Schreibtisch beträgt 399,00 EUR. Bei Abnahme ab 10 Stück bringen wir 10 % Mengenrabatt in Abzug. Die Lieferung erfolgt frei Haus.

Die Lieferzeit beträgt 7 Tage.

Wir gewähren Ihnen bei Zahlung innerhalb von 10 Tagen ab Rechnungsdatum 3 % Skonto. Ansonsten ist der Rechnungsbetrag innerhalb von 45 Tagen ab Rechnungsdatum ohne Abzug fällig und zahlbar.

Gerne nehmen wir Ihnen Auftrag entgegen und sichern Ihnen eine zuverlässige Lieferung der bestellten Artikel zu.

Mit freundlichen Grüßen

Duisdorfer BüroKonzept KG

i. A.

Erwin Hummels

***Abbildung 6.10:** Angebot mit Schnellbausteinen (mit individuellen Angaben)*

6. Speichern Sie das Dokument unter dem Dateinamen **06_angebot**.

6.3 Übungsaufgaben zur Erstellung von Dokumenten mit Schnellbausteinen

6.3.1 Schnellbausteine für Bewerberschriftverkehr

Ausgangssituation

Sie sind weiterhin im Bereich Aus- und Weiterbildung der Duisdorfer BüroKonzept KG eingesetzt. Die Zahl der eingehenden Bewerbungen auf die insgesamt sechs Ausbildungsplätze steigt immer weiter an. Bei der Formulierung der Antwortschreiben an die Bewerber fällt auf, dass die Briefe zwar häufig individuell unterschiedlich ausfallen, der Einsatz von Schnellbausteinen den Arbeitsaufwand jedoch deutlich verringern könnte. So wiederholen sich die folgenden Sachverhalte recht häufig:

- Der Eingang der Bewerbung wird bestätigt.
- Der Bewerber kann leider nicht im Auswahlverfahren berücksichtigt werden und erhält seine Bewerbungsunterlagen zurück.

- Der Bewerber wird zum schriftlichen Einstellungstest in den Räumen der Duisdorfer Büro-Konzept KG eingeladen.
- Der Bewerber hat die Anforderungen im schriftlichen Einstellungstest nicht erfüllt und erhält seine Bewerbungsunterlagen zurück.
- Der Bewerber hat den Einstellungstest mit Erfolg absolviert und wird zum Einstellungsgespräch eingeladen.
- Der Bewerber erhält ein Ausbildungsplatzangebot.

Arbeitsauftrag 3

Formulieren Sie zunächst für die aufgeführten Sachverhalte die entsprechenden Schnellbausteine in Anlehung an die Tabelle in Kapitel 7. Achten Sie stets auf eine positive, wertschätzende Formulierung. Verwenden Sie für die Kurznamen selbsterklärende Kennzeichnungen. Erfassen Sie bereits hier auch die ggf. erforderlichen Leerzeilen und Sprungmarken.
Speichern Sie das Dokument unter dem **Dateinamen 06_tabelle_schnellbausteine_bewerberschriftverkehr**.

Arbeitsauftrag 4

Erstellen Sie im Schnellbaustein-Katalog in einer neuen Kategorie **Bewerberschriftverkehr** die in Arbeitsauftrag 1 formulierten Schnellbausteine mit den erforderlichen Formatierungen, Leerzeilen und Sprungmarken.

Arbeitsauftrag 5

Formulieren Sie auf Basis der **Briefvorlage Duisdorfer BüroKonzept** den generellen Rahmen für die Briefe an die Bewerber. Der Betreff ist stets **Ihre Bewerbung um einen Ausbildungsplatz als { }**. Anstelle der geschwungenen Klammern (Sprungmarken) soll im Antwortbrief zur Bewerbung später der gewünschte Ausbildungsberuf aufgeführt sein.
Verwenden Sie im Informationsblock und im Briefabschluss die Daten von Frau Andrea Winter. Frau Winter ist die verantwortliche Mitarbeiterin für die Bewerberauswahl in der Berufsausbildung und hat das Zeichen AWi. Ihre Telefondurchwahl ist 65. Ihre E-Mail-Adresse lautet a.winter@duisdorfer-bueko.de.
Speichern Sie dieses Dokument unter dem Dateinamen **06_briefrahmen_bewerberschriftverkehr**.

Arbeitsauftrag 6

Erstellen Sie unter Verwendung der Schnellbausteine auf Basis der Datei **06_briefrahmen_bewerberschriftverkehr** die Briefe an die Bewerber in den nachfolgend aufgeführten Situationen:

Situation 1

Die Bewerberin Ivgenia Rudolph, Overhagener Straße 159 in 51149 Köln hat sich mit Schreiben vom 21.01.20.. um einen Ausbildungsplatz zur Kauffrau für Büromanagement beworben. Der Bewerbungseingang wird bestätigt. Frau Rudolph wird mit Schreiben vom 04.02.20.. zum schriftlichen Einstellungstest am 24.02.20.. um 13:30 Uhr eingeladen.
Speichern Sie das Dokument unter dem Dateinamen **06_rudolph_01**.

Situation 2

Frank Hübler, Westweg 3 in 53842 Troisdorf hat sich mit Schreiben vom 23.01.20.. um einen Ausbildungsplatz als Holzmechaniker beworben. Mit Schreiben vom 04.02.20.. bestätigen wir den Eingang seiner Unterlagen. Seine Bewerbung kann allerdings nicht berücksichtigt werden.
Speichern Sie das Dokument unter dem Dateinamen **06_hübler_01**.

Web

Situation 3
Franziska Scheibler, Ölbergweg 78 in 53639 Königswinter hat sich mit Schreiben vom 25.01.20.. um einen Ausbildungsplatz als Kauffrau im Groß- und Außenhandel beworben. Sie hat am 24.02.20.. am Einstellungstest teilgenommen, die gestellten Anforderungen allerdings nicht erfüllt. Mit Schreiben vom 28.02.20.. teilen wir ihr diesen Sachverhalt mit und senden ihr die Bewerbungsunterlagen zurück.
Speichern Sie das Dokument unter dem Dateinamen **06_scheibler_02**.

Situation 4
Ivgenial Rudolph (siehe Situation 1) hat den Einstellungstest erfolgreich gemeistert. Wir laden Frau Rudolph mit Schreiben vom 28.02.20.. zum Bewerbungsgespräch am 15.03.20.. um 14:00 Uhr in unsere Geschäftsräume ein.
Speichern Sie das Dokument unter dem Dateinamen **06_rudolph_02**.

Situation 5
Ivgenia Rudolph (siehe Situation 4) hat auch im Bewerbungsgespräch überzeugt. Sie erhält am 20.03.20.. ein Ausbildungsplatzangebot als Kauffrau für Büromanagement.
Speichern Sie das Dokument unter dem Dateinamen **06_rudolph_03**.

6.3.2 Schnellbausteine für Anfragen

Ausgangssituation
In der Abteilung **Beschaffung** der Duisdorfer BüroKonzept KG wurde eine schriftliche Arbeitshilfe mit dem Titel **Informationen zur Erstellung von Anfragen** entwickelt. Sie machen der Abteilungsleiterin Frau Beckmann den Vorschlag, die Beispielformulierung in der Arbeitshilfe zur Erstellung einer Bausteinsammlung für Anfragen zu nutzen. Sie erklären sich bereit, die Bausteinsammlung zur Nutzung in MS Word vorzubereiten und allen Mitarbeiterinnen und Mitarbeitern im Beschaffungsbereich zur Verfügung zu stellen.

Arbeitsauftrag 7
Lesen Sie sich zunächst die unten abgedruckte Arbeitshilfe **Informationen zur Erstellung von Anfragen** durch und verschaffen Sie sich einen Überblick über den Inhalt und die Zielsetzung der Arbeitshilfe. Öffnen Sie anschließend ein neues Dokument in MS Word. Fügen Sie in dieses Dokument eine Tabelle mit vier Spalten ein. Die Spalten sollen jeweils die folgenden Elemente aufweisen und eine entsprechende Überschrift aufweisen:

1. Hinweis (z. B. Briefbestandteil, Inhalt)
2 Text des Schnellbausteins (mit erforderlichen Leerzeilen und Sprungmarken für individuelle Einfügungen)
3 Inhalt der Räume für die individuellen Einfügungen (siehe jeweils ... in der Arbeitshilfe)
4 Kurzname

Versehen Sie die Tabelle mit einer Gesamtüberschrift Bausteinsammlung für Anfragen. Erfassen Sie in dieser Tabelle den Text der Textbausteine mit den entsprechenden Angaben. Passen Sie die Texte nach Ihren Wünschen an. Es ist z. B. sinnvoll, die Einleitungssätze mit einem kleinen Buchstaben zu beginnen, da die im Brief eingefügten Textbausteine nach der Anrede des Ansprechpartners auf ein Komma folgen. Speichern Sie die Sammlung unter dem Dateinamen **06_schnellbausteine für anfragen.**

Duisdorfer
BüroKonzept
KG

Informationen zur Erstellung von Anfragen
Eine Anfrage besteht in der Regel aus den vier Bestandteilen **Einleitung, Vorstellung des eigenen Unternehmens, Zweck der Anfrage** und den **Schlussformulierungen**. Diese Bestandteile werden nachstehend kurz dargestellt und mögliche Textbausteine genannt:

1. Einleitung

a) Bei neuen Lieferanten: Nach der Begrüßung (z. B. Sehr geehrte Damen und Herren), empfiehlt es sich, den angeschriebenen Lieferanten darüber zu informieren, woher wir die Kontaktdaten bezogen haben. Dabei ist es sinnvoll, dass der Einleitung eine positive Aussage zu entnehmen ist. Die nachstehende Einleitung ist beispielsweise nicht sinnvoll: „Auf der Suche nach einem neuen Lieferanten für ... hat die Internetrecherche u. a. Ihr Unternehmen angezeigt".

Beispiele
- *Wir haben mit Interesse Ihre Anzeige in der Fachzeitschrift ... gelesen und wurden so auf Ihre Produkte aufmerksam.*
- *Sie wurden uns von unserem Geschäftspartner ... als ein bedeutender Hersteller von ... empfohlen.*
- *Im vergangenen Monat haben wir Ihren Messestand auf der ... besucht und sind auf Ihre Produkte aufmerksam geworden.*
- *Wir danken Ihnen für die Zusendung Ihres Produktkatalogs vom ..., den wir mit großem Interesse studiert haben ...*

b) Bei Lieferanten, zu denen wir bereits eine Geschäftsbeziehung haben: Hier empfiehlt sich eine Einleitung, in der die guten Geschäftsbeziehungen der Vergangenheit hervorgehoben werden.

Beispiele
- *Wir danken Ihnen für die bislang gute Zusammenarbeit in den letzten Jahren.*
- *In den vergangenen Jahren haben wir Sie als stets kompetenten Lieferanten hochwertiger Produkte schätzen gelernt.*

2. Vorstellung des eigenen Unternehmens
Bei bestehenden Geschäftsbeziehungen sollte dieser Punkt ausbleiben, da die Lieferanten ausreichende Kenntnisse über den Ruf unseres Unternehmens, unsere Verlässlichkeit etc. verfügen.

Bei neuen Lieferanten ist dieser Teil hingegen sinnvoll bzw. notwendig. Die Lieferanten sollen durch die Ausführungen zu diesem Aspekt den Eindruck vermittelt bekommen, dass sie Geschäftsbeziehungen zu einem seriösen Geschäftspartner aufbauen, der in seinem Marktsegment über einen guten Ruf verfügt.

Beispiele
- *Als überregional bekanntes Handels- und Produktionsunternehmen erstellen und vertreiben wir hochwertige Ausstattungsgegenstände im Bürobereich ...*

- *Unser Unternehmen bietet den Kunden seit dem Jahr 2005 ein qualitativ hochwertiges Produktsortiment an ...*
- *Zu unseren langjährigen Stammkunden gehören Unternehmen wie ..., ... und ...*
- *Sofern Sie weitere Informationen über unser Haus benötigen, können Sie sich vertrauensvoll an ... wenden.*

3. Zweck der Anfrage

In diesem Punkt des Schreibens wird dem bestehenden oder neuen Lieferanten konkret mitgeteilt, für welches Produkt bzw. welche Produkte wir uns interessieren und erfragen die Konditionen, zu denen wir dieses Produkt beziehen können.

Beispiele

- *Wir möchten unser bestehendes Sortiment erweitern und sind am Bezug Ihres Produkts ... interessiert.*
- *Wir benötigen ein ..., das die folgenden Anforderungen erfüllen sollte: ... Bitte erstellen Sie uns hierfür ein geeignetes Angebot.*
- *Wir planen den Bezug von ... Einheiten Ihres Produkts ... zum Ende des laufenden Jahres.*
- *Bitte schicken Sie uns noch weitere Produktinformationen (Prospekte, technische Merkblätter etc.) zu.*
- *Bitte prüfen Sie, ob Sie uns für die geplante Bezugsmenge von ... Einheiten zu Prüfzwecken vorab ein kostenloses Warenmuster zur Verfügung stellen können.*
- *Bitte erstellen Sie uns ein verbindliches Angebot über Ihr Produkt ...*
- *Nennen Sie uns bitte mögliche Preisnachlässe sowie Ihre Zahlungs- und Lieferbedingungen.*
- *Für die Nennung detaillierter Informationen zur Ihren Liefer- und Zahlungsbedingungen sind wir Ihnen dankbar.*
- *Bitte teilen Sie uns mit, mit welcher Lieferfrist wir bei der Abnahme von ... Einheiten rechnen können.*
- *Wir sind Ihnen dankbar, wenn Sie uns als langjährigem Kunden in diesem Fall einen Sonderrabatt gewähren können.*

4. Schlussformulierungen

In den Schlussformulierungen geht es darum, einen gelungenen Abschluss der Anfrage zu schaffen.

Beispiele

- *Für eine baldige Rückmeldung danken wir Ihnen ...*
- *Im Falle von bestehenden Rückfragen kontaktieren Sie uns bitte unter ...*
- *Sofern uns Ihr Angebot überzeugt, können Sie mit einem Probeauftrag rechnen.*

Zum Abschluss ist dann noch eine sinnvolle Grußformel einzufügen (z. B. Freundliche Grüße).

Arbeitsauftrag 8

Legen Sie nun die Bausteinsammlung zur Erleichterung der Formulierung von Anfragen an. Richten Sie dazu auch eine neue Kategorie mit dem Namen **Anfragen** ein.

Arbeitsauftrag 9

Erstellen Sie im Auftrag von Herrn Udo Anderson (Herr Anderson hat die Telefondurchwahl 38) mit Datum 12.02.20.. unter Nutzung der Schnellbausteine der Sammlung Anfragen die Briefe für die folgenden Situationen:

Situation 1

Fragen Sie bei der Opitz AG die Preis- und Lieferkonditionen für 100 unbehandelte massive Ahornplatten, 180 cm × 90 cm in der Stärke 4 cm an. Unsere Ansprechpartnerin bei der Opitz AG ist Petra Herrmanns. Die Platten werden für die Produktion von Schreibtischen benötigt. Spätester Liefertermin ist 31.05. dieses Jahres. Speichern Sie den Brief unter dem Dateinamen **06_anfrage_opitz**.

Situation 2

Erstellen Sie eine Anfrage bei der Frank Zettler OHG. Benötigt werden 400 Tischbeine Edelstahl matt gebürstet, rund, Durchmesser außen 8 cm, Länge 71 cm, 25 mm höhenverstellbar, Montageplatte beliebig. Unser Ansprechpartner bei der Zettler OHG ist Frank Baumeister. Spätester Liefertermin ist 31.05. des Jahres. Speichern Sie den Brief unter dem Dateinamen **06_anfrage_zettler**.

7 Eine Dokumentenvorlage am Beispiel Interne Mitteilung erstellen und verwenden

7.1 Interne Mitteilung als Beispiel für schriftliche Kommunikation innerhalb des Unternehmens

Neben der externen Kommunikation in Geschäftsbriefen nutzt die Duisdorfer BüroKonzept KG auch Möglichkeiten der schriftlichen internen Kommunikation. So werden z. B. Rundschreiben an alle Mitarbeiter oder Schreiben an spezielle Mitarbeiter innerhalb des Unternehmens verfasst und verteilt. Zu diesem Zweck hat sich die Geschäftsleitung der Duisdorfer BüroKonzept KG auf die Verwendung der im Folgenden abgedruckten Vorlage entschieden.

Duisdorfer BüroKonzept KG		
Interne Mitteilung		
Von	**Name:**	**Abteilung:**
An	**Name:**	**Abteilung:**
Betrifft:		**Datum:**
Mit der Bitte um		
☐ **Kenntnisnahme** ☐ **Bearbeitung** ☐ **Weiterleitung**		☐ **Rücksprache** ☐ **Stellungnahme** ☐ **Ablage**
Nachricht:		

7.2 Dokumentenvorlagen erstellen

Damit eine Vorlage, die als Datei von allen Mitarbeitern in der Duisdorfer BüroKonzept KG genutzt wird, nicht versehentlich nach dem Öffnen und Bearbeiten beim Speichern überschrieben wird, gibt es in MS Word die Möglichkeit der Verwendung von sogenannten Dokumentenvorlagen. Eine Dokumentenvorlage hat einen besonderen Dateityp, der in MS Word durch die Dateinamenerweiterung .dotx gekennzeichnet ist und sich damit gut von Word-Dokumenten unterscheiden lässt. Einfache Word-Dokumente weisen in MS Word die Dateinamenerweiterung .docx auf.[1] Diese Unterscheidung ist im Windows-Explorer an zwei Merkmalen zu erkennen:

Name	Änderungsdatum	Typ	Größe
Briefvorlage Duisdorfer BüroKonzept.docx	12.05.2022 13:43	Microsoft Word-Dokument	79 KB
Briefvorlage Duisdorfer BüroKonzept.dotx	12.05.2022 13:44	Microsoft Word-Vorlage	79 KB
E-Mail-Vorlage Duisdorfer BüroKonzept.docx	12.05.2022 13:44	Microsoft Word-Dokument	15 KB
Interne Mitteilung Duisdorfer BüroKonzept.docx	12.05.2022 13:44	Microsoft Word-Dokument	58 KB
Interne Mitteilung Duisdorfer BüroKonzept.dotx	12.05.2022 13:45	Microsoft Word-Vorlage	58 KB

***Abbildung 7.1:** Anzeige verschiedener Dateitypen im Windows-Explorer*

[1] *Die Dateinamenerweiterung wird dann in MS Word angezeigt, wenn im Windows-Explorer im Registerblatt ANSICHT die Option DATEINAMENERWEITERUNGEN aktiviert ist.*

1. Die Symbole zur Darstellung der Dateien in der Spalte NAME unterscheiden sich optisch. Word-Dokumente werden mit und Word-Vorlagen mit gekennzeichnet.
2. Außerdem wird in der Spalte TYP der Dateityp als Text (entweder Microsoft Word-Dokument oder Microsoft Word-Vorlage) angegeben.

Ausgangssituation
In der Duisdorfer BüroKonzept KG soll das Dokument zur Verfassung von internen Mitteilungen als Word-Vorlage erstellt und allen Mitarbeitern zur Verfügung gestellt werden.

Arbeitsauftrag 1

Frau Hanna Engler, Leiterin der Organisationseinheit Kaufmännische Verwaltung, beauftragt Sie mit der Erstellung und Speicherung der Vorlage.

Vorgehensweise:

1. Öffnen Sie ein neues Word-Dokument und erstellen Sie die Vorlage **Interne Mitteilung** wie am Kapitelanfang dargestellt. Verwenden Sie für die Gestaltung des Dokuments eine Tabelle. Die Kästchen zum Ankreuzen fügen Sie als Sonderzeichen aus dem Zeichensatz Wingdings ein (EINFÜGEN – SYMBOL – WEITERE SYMBOLE).

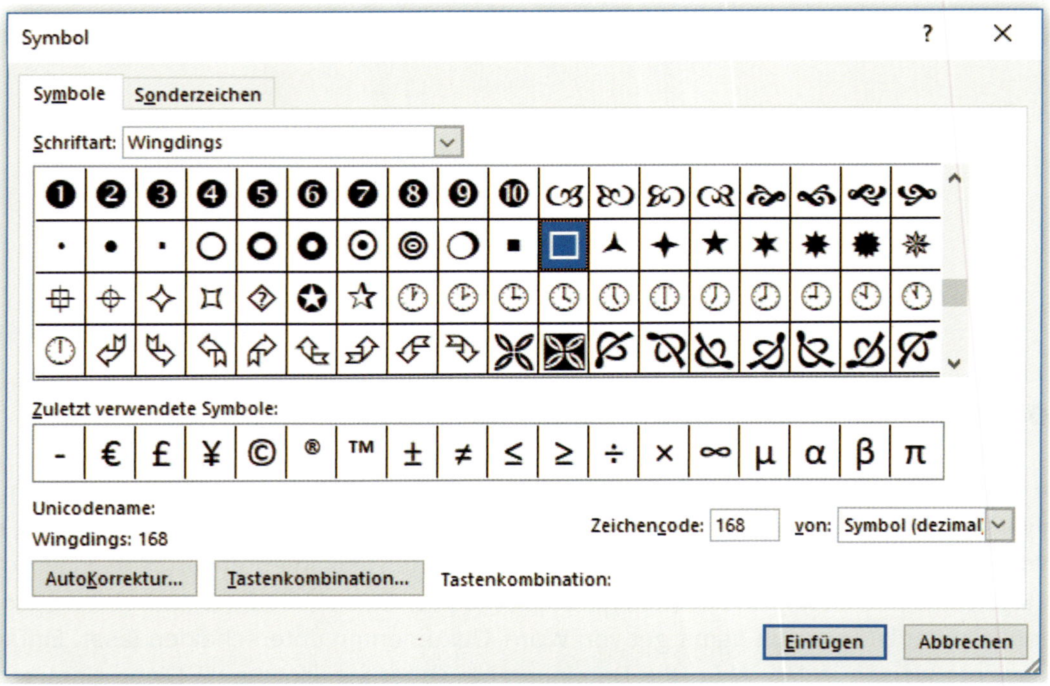

Abbildung 7.2: *Dialogfenster zum Einfügen eines Symbols*

Der Klick auf die Befehlsschaltfläche bewirkt das Einfügen des Sonderzeichens in die Tabelle. Nutzen Sie zur Positionierung der Kästchen Tabstopps. Fügen Sie – falls Sie das wünschen – Sprungmarken ein (siehe Kapitel 6.1).

2. Speichern Sie die fertige Vorlage als Word-Vorlage unter dem Dateinamen **Interne Mitteilung Duisdorfer BüroKonzept**. Klicken Sie dazu in der Registerkarte DATEI auf SPEICHERN UNTER, geben den Dateinamen ein und wählen aus der Liste der Dateitypen WORD-VORLAGE aus. Standardmäßig speichert Microsoft Word eine Datei als Dokumentenvorlage mit dem Dateityp Word-Vorlage in einem dem Benutzer zugeordneten Verzeichnis unter „/Dokumente/Benutzerdefinierte Office-Vorlagen“. Möchten Sie einen anderen Speicherort wählen, müssen Sie ihn individuell angeben.

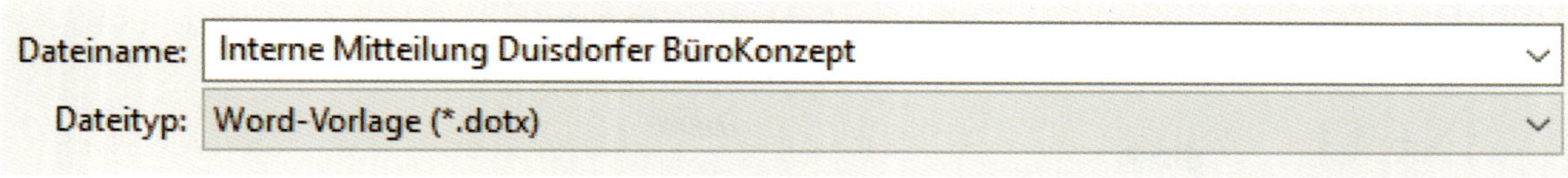

Abbildung 7.3: *Speichern des Dokuments mit dem Namen Interne Mitteilung Duisdorfer BüroKonzept als Dokumentenvorlage*

3. Schließen Sie das Dokument.

7.3 Dokumentenvorlagen nutzen

Soll nun eine Dokumentenvorlage genutzt werden, muss sie als **neues Dokument** geöffnet werden. Klicken Sie dazu in der Registerkarte DATEI auf NEU. Es öffnet sich das abgebildete Fenster.

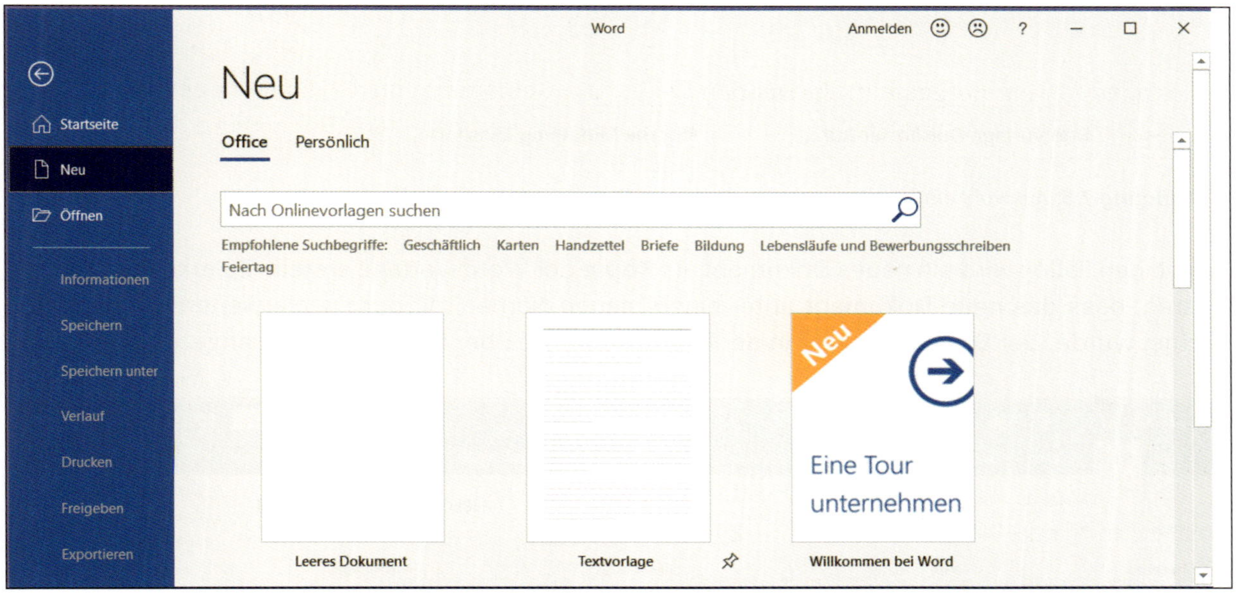

Abbildung 7.4: *Dialogfenster zum Öffnen eines neuen Dokuments auf der Basis einer Dokumentenvorlage*

Je nach Speicherort muss jetzt unterschiedlich vorgegangen werden:
Fall 1: Ihre Dokumentenvorlage wurde als Word-Vorlage im Microsoft Word-Standardverzeichnis gespeichert.

Klicken Sie in dem angezeigten Fenster auf PERSÖNLICH. Es öffnet sich ein Auswahlfenster mit Ihren persönlichen Dokumentenvorlagen, in dem Sie die gewünschte Datei durch Klicken öffnen können.

Fall 2: Ihre Dokumentenvorlage wurde als Word-Vorlage in einem individuell gewählten Verzeichnis gespeichert.

Wählen Sie das Verzeichnis über den Dateiexplorer an und öffnen Sie die gewünschte Vorlage durch Doppelklick auf den Namen der Datei.

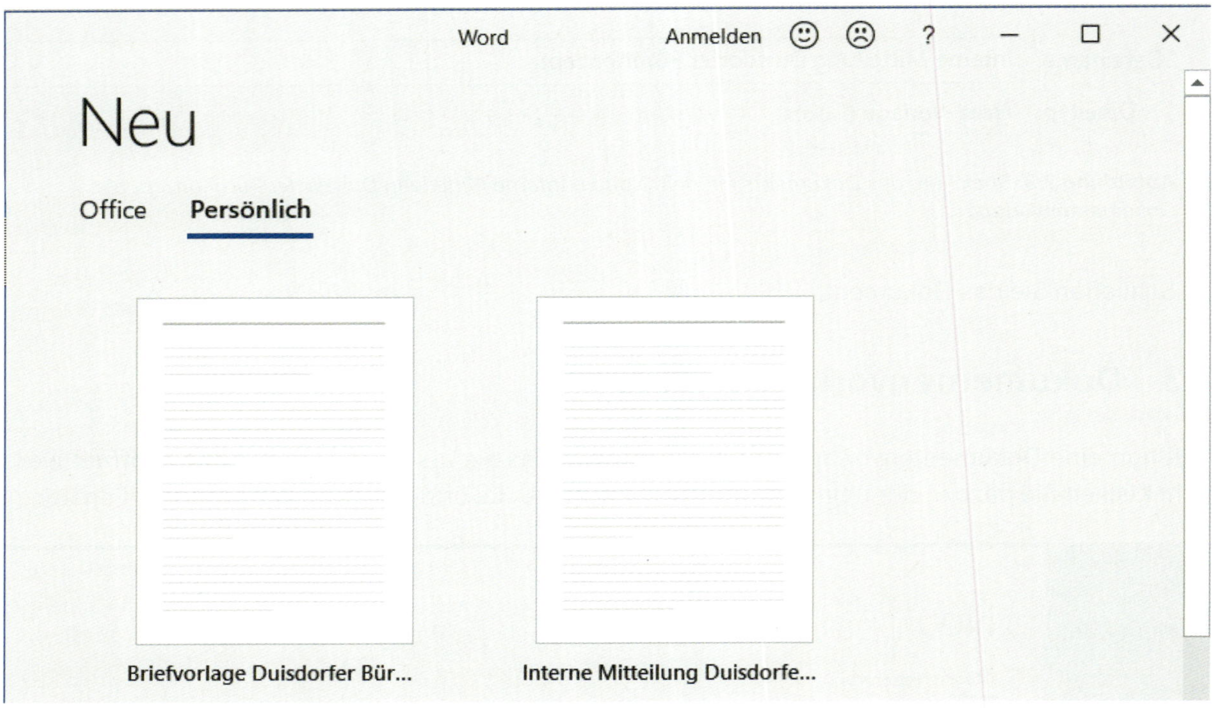

Abbildung 7.5: *Auswahl einer Dokumentenvorlage zum Erstellen eines neuen Dokuments*

In beiden Fällen wird ein neues Dokument als **Kopie** der Word-Vorlage erstellt. Zu erkennen ist dies daran, dass das neue Dokument unter einem neuen Namen mit der Dateierweiterung **.docx** geöffnet wurde. Der Dateiname wird in der Bildschirmleiste über dem Dokument angezeigt.

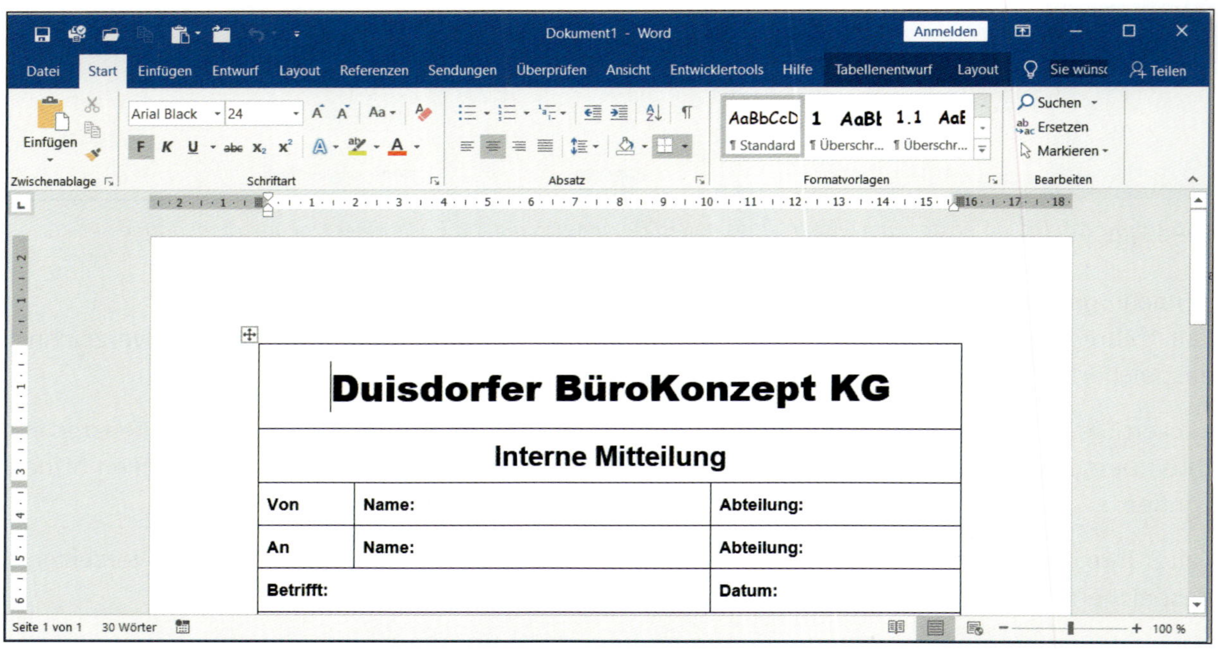

Abbildung 7.6: *Ansicht des Word-Bildschirms nach Erstellen eines neuen Dokuments auf der Basis einer Dokumentenvorlage*

Damit ist es nicht mehr möglich, beim Speichern die Dokumentenvorlage versehentlich zu überschreiben.

7.4 Dokumentenvorlagen ändern

Soll eine Dokumentenvorlage geändert werden, so muss sie als Word-Vorlage geöffnet und nach der Veränderung wieder im Dateityp Word-Vorlage gespeichert werden.

7.5 Übungsaufgaben zur Erstellung und Nutzung von Dokumentenvorlagen

Ausgangssituation

Sie sind derzeit in der Gruppe **Ausstattungsberatung** der Organisationseinheit **Vertrieb** der Duisdorfer BüroKonzept KG eingesetzt. Sie nehmen regelmäßig an den wöchentlichen Gruppensitzungen teil und führen seit einiger Zeit auch schon Protokoll. Da Sie sowohl beim externen Schriftverkehr als auch bei internen Mitteilungen mit Dokumentenvorlagen arbeiten, schlagen Sie der Gruppenleiterin Frau Albers vor, auch eine Dokumentenvorlage für Protokolle zu entwickeln. Die Vorlage würden Sie zudem gerne anderen Organisationseinheiten der Duisdorfer BüroKonzept KG über das Intranet zur Verfügung stellen. Frau Albers befürwortet Ihre Idee und bittet Sie um die Erstellung der Dokumentenvorlage.

Web

Arbeitsauftrag 2

Erstellen Sie eine Dokumentenvorlage für Protokolle in der Duisdorfer BüroKonzept KG und binden Sie in die Kopfzeile das Logo ein. Nutzen Sie zur Orientierung das in Abbildung 7.7 dargestellte Beispiel für eine Protokollvorlage. Binden Sie ggf. eine Tabelle in die Dokumentenvorlage ein. Speichern Sie die Dokumentenvorlage unter dem Dateinamen **07_vorlage_protokoll** mit dem Dateityp „Word-Vorlage“.

Duisdorfer
BüroKonzept
KG

Protokoll

Datum	
Zeit	
Ort	
Vorsitz	
An- und Abwesende	
Protokollführung	
Tagesordnung	
TOP 1	
TOP 2	
TOP 3	
TOP 4	
TOP ...	
Datum der Protokollausfertigung	
Protokollführung (Unterschrift)	Vorsitz (Unterschrift)
Verteiler	
Anlagen	

Abbildung 7.7:

Arbeitsauftrag 3

Erstellen Sie auf Basis der Dokumentenvorlage **07_vorlage_protokoll** ein neues Dokument und tragen selbstgewählte Protokolldaten ein. Speichern Sie das Dokument unter dem Dateinamen **07_protokoll_gruppensitzung_13.05.20..**

8 Serienbriefe erstellen

8.1 Vorgehensweise bei der Erstellung eines Serienbriefs

Ausgangssituation
Die Duisdorfer BüroKonzept KG möchte die Stelle einer Sachbearbeiterin in der kaufmännischen Verwaltung neu besetzen. Die Stellenanzeige wurde in der letzten Wochenendausgabe einer örtlichen Tageszeitung veröffentlicht. Auf diese Anzeige hin haben sich 8 Interessenten schriftlich auf die Stelle beworben. Da die Bearbeitung der Bewerbungen noch einige Zeit beanspruchen wird, sollen alle Bewerber eine Eingangsbestätigung ihrer Unterlagen per Post erhalten. Zur Reduzierung des Schreibaufwands wird dazu ein Serienbrief erstellt und ausgedruckt.

Ein Serienbrief ist ein Dokument, das für mehrere Adressaten erstellt wird. Der Inhalt des Briefes ist für alle Empfänger gleich. Lediglich die persönlichen Daten werden individuell angepasst. Diese Daten bezieht das Programm aus einer Datenquelle, die in MS Word erstellt werden kann. Sie können aber auch aus einer Excel-Tabelle oder einer Datenbank (z. B. MS Access) abgerufen werden.

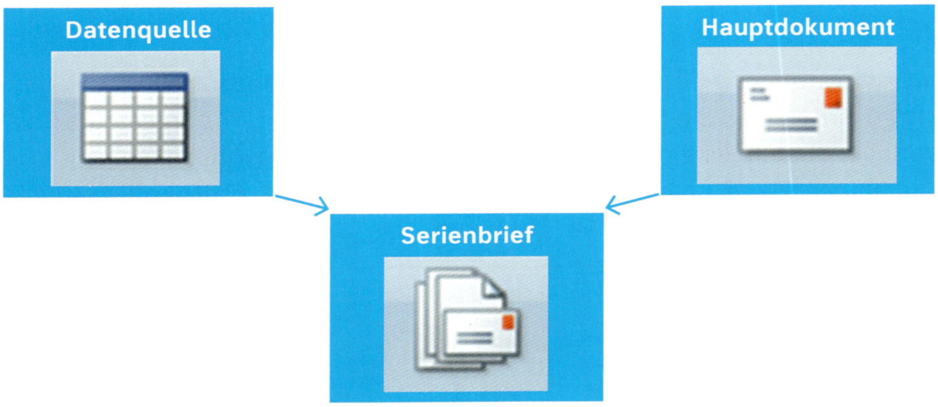

Abbildung 8.1: *Grundprinzip eines Serienbriefs*

Arbeitsauftrag 1

Erstellen Sie den Serienbrief und nutzen Sie dabei die folgenden Beschreibungen zur Vorgehensweise.

1. Erfassen Sie zunächst die Daten der Bewerber in einer Tabelle (Datenquelle) als Word-Dokument. Achten Sie darauf, dass in diesem Dokument ausschließlich die Tabelle (ohne Leerzeilen und ohne weitere Zeichen und Eingaben außerhalb der Tabelle) enthalten ist.

   Anmerkung
   Aus Vereinfachungsgründen werden hier nur die für den Serienbrief relevanten Daten abgedruckt. Die Abkürzung G steht für Geschlecht und die Abkürzung PLZ steht für Postleitzahl.

Vorname	Nachname	G	Anschrift	PLZ	Ort	Briefdatum	...
Ingrid	Bergmann	w	Holter Straße 8	53721	Siegburg	14.08.20..	
Klaus	Mauels	m	Poststraße 17	53757	Sankt Augustin	16.08.20..	
Lena	Emanuels	w	Rundweg 12b	53112	Bonn	15.08.20..	
Mohammad	Kabir	m	Tannenhof 89	53604	Bad Honnef	11.08.20..	
Sigrun	Ellinghoff	w	Nordstraße 2	53639	Königswinter	15.08.20..	
Helge	Andersen	m	Haydnstraße 67	50674	Köln	14.08.20..	
Hans-Peter	Müller	m	Finkenweg 47	50389	Wesseling	18.08.20..	
Sven	Kuhnert	m	Westhof 65	53347	Alfter	13.08.20..	

Abbildung 8.2: *Tabelle mit den Daten der Empfänger des Serienbriefs*

Web

2. Speichern Sie die Tabelle unter dem Namen **08_bewerber_datenquelle**.

3. Schließen Sie die Datenquelle.

Web

4. Erstellen Sie nun auf Basis der Datei **Briefvorlage Duisdorfer BüroKonzept** den Brief an die Bewerber. Berücksichtigen Sie hierbei, dass nur die Inhalte aufgenommen und formuliert werden dürfen, die für alle Bewerber identisch sind.

Beispiel

Duisdorfer BüroKonzept KG

BK

Ausstattung und Beratung für das Büro

Duisdorfer BüroKonzept KG • Rochusstraße 30 • 53123 Bonn

Ihr Zeichen:	
Ihre Nachricht vom:	
Unser Zeichen:	PSc
Unsere Nachricht vom:	
Name:	Petra Schütz
Telefon:	0228 98765-13
Telefax:	0228 98765-80
E-Mail:	p.schuetz@duisdorfer-bueko.de
Datum:	21.08.20..

Ihre Bewerbung um die Stelle als Sachbearbeiterin in unserer kaufmännischen Verwaltung

Sehr,

wir danken Ihnen für Ihr Interesse an unserer Unternehmung und bestätigen den Eingang Ihrer Bewerbung.

Da wir noch einige Zeit für die Bearbeitung aller Bewerbungsunterlagen benötigen, bitten wir Sie um etwas Geduld. Wir werden uns in Kürze wieder mit Ihnen in Verbindung setzen.

Mit freundlichen Grüßen

Duisdorfer BüroKonzept KG

i. A.

Petra Schütz

Duisdorfer BüroKonzept KG Rochusstraße 30 53123 Bonn USt.-IdNr.: DE244111855	Geschäftsführer: Sebastian Falo Katharina Niester Amtsgericht Bonn HRA 1221	Telefon: 0228 98765-0 Fax: 0228 98765-80 Internet: www.duisdorfer-bueko.de E-Mail: info@duisdorfer-bueko.de	Bankverbindungen: Volksbank Bonn Rhein-Sieg IBAN DE85 3806 0186 2401 2345 67 BIC GENODED1BRS Postbank Köln IBAN DE23 3701 0050 8884 4412 34 BIC PBNKDEFF370

Speichern Sie das Dokument unter dem Namen **08_bewerber_hauptdokument**.

5. Klicken Sie nun in der Registerkarte SENDUNGEN die Schaltfläche SERIENDRUCK STARTEN an.

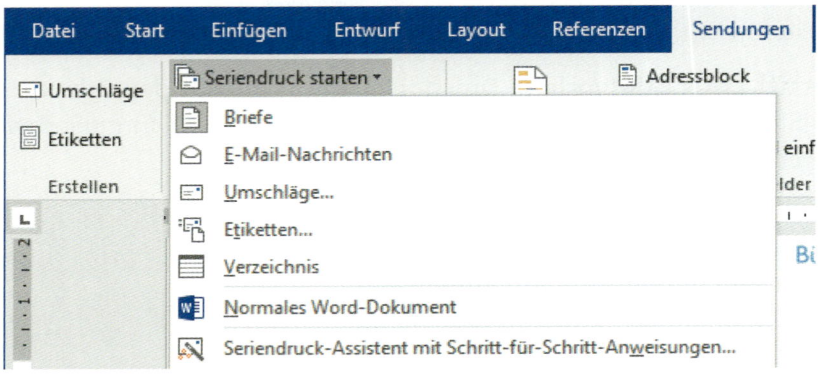

Abbildung 8.3: *Erstellen des Serienbriefs starten*

6. Wählen Sie die Option BRIEFE aus.

7. Klappen Sie die Auswahlliste zur Schaltfläche EMPFÄNGER AUSWÄHLEN auf, indem Sie den Pfeil neben der Schaltfläche anklicken.

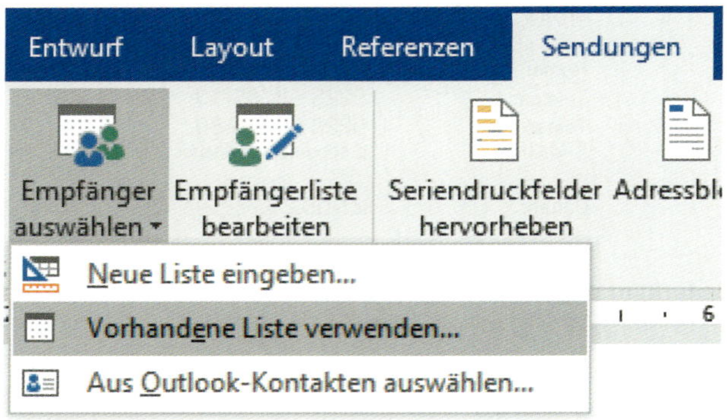

Abbildung 8.4: *Liste der Empfänger (Datenquelle) des Serienbriefs auswählen*

8. Wählen Sie die Option VORHANDENE LISTE VERWENDEN durch Anklicken aus.

9. Wählen Sie die Datei **08_bewerber_datenquelle** als Datenquelle aus. Sie können jetzt – wenn gewünscht oder erforderlich – nach Klicken auf die Befehlsschaltfläche EMPFÄNGERLISTE BEARBEITEN Änderungen an den vorhandenen Bewerberdaten vornehmen oder neue Datensätze aufnehmen, ohne die Datenquelle selbst zu öffnen. Die Bearbeitung der Datensätze (Zeilen der Tabelle) der Empfängerliste wird durch Doppelklick auf den Namen der Datenquelle (links unten im Dialogfenster) oder durch Klick auf Namen der Datenquelle und anschließendem Klick auf die Befehlsschaltfläche BEARBEITEN möglich. Die Datensätze werden jeweils einzeln zur Bearbeitung dargestellt.

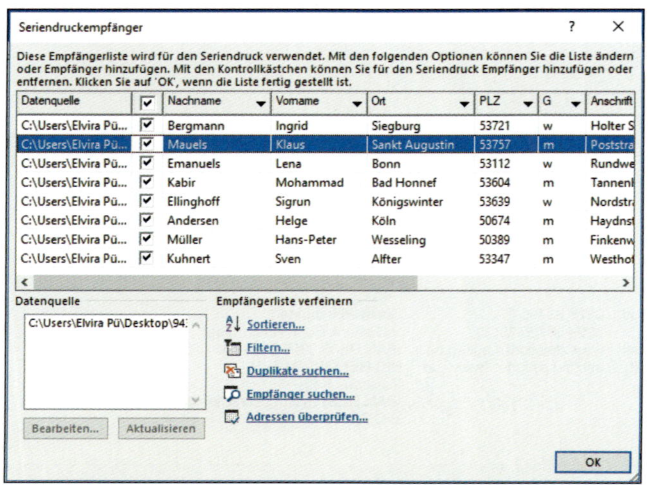

Abbildung 8.5: *Liste der Empfänger des Serienbriefs*

10. Im nächsten Schritt fügen Sie die persönlichen Daten der einzelnen Bewerber in das Hauptdokument ein. Dazu werden die sogenannten Seriendruckfelder eingefügt. Zunächst soll die Adresse des Bewerbers eingetragen werden. In Abhängigkeit vom Geschlecht des Bewerbers soll in der 1. Zeile des Adressfelds die Anrede **Herrn** oder **Frau** eingetragen werden. Setzen Sie den Cursor auf die entsprechende Position im Adressfeld. Klicken Sie anschließend in der Registerkarte SENDUNGEN in der Gruppe SCHREIB- UND EINFÜGEFELDER auf die Befehlsschaltfläche REGELN und wählen Sie die Option WENN ... DANN ... SONST aus.

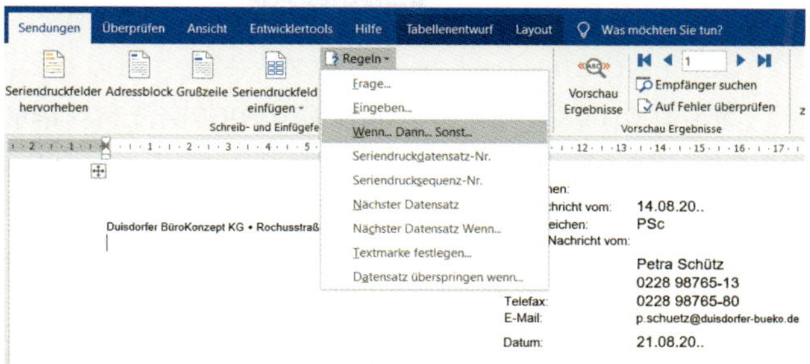

Abbildung 8.6: *Bedingtes Seriendruckfeld einrichten*

Wenn das Geschlecht (G) des Bewerbers mit **m** eingegeben wurde, der Bewerber also männlich ist, soll in der ersten Zeile des Adressfelds das Wort **Herrn** geschrieben werden. Anderenfalls, wenn der Bewerber also weiblich ist, soll das Wort **Frau** geschrieben werden. Bestätigen Sie Ihre Eingaben mit OK. Im Brief erscheint das Wort Frau, weil die Bewerberin im ersten Datensatz eine Frau (Ingrid Bergmann) ist.

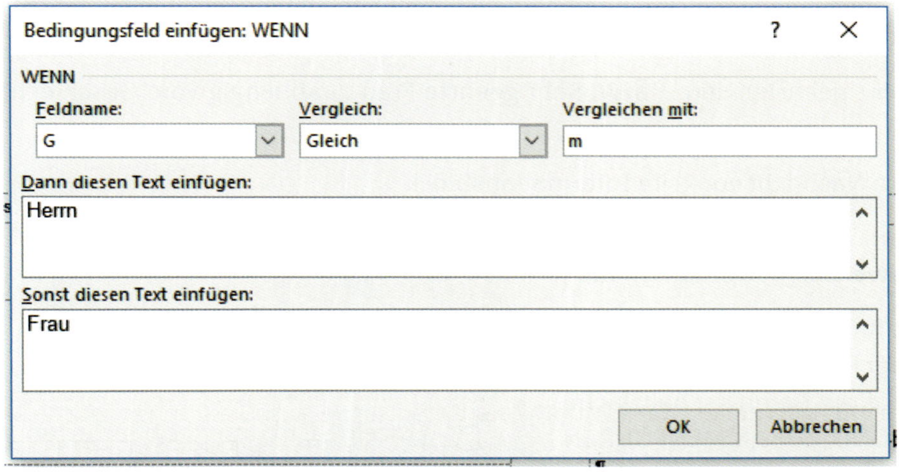

Abbildung 8.7: *Bedingungsfeld für den Seriendruck einfügen*

11. Nun werden die weiteren Angaben im Adressfeld eingefügt. Setzen Sie dazu den Cursor in die Zeile unter der Anrede. Jetzt werden einfache Seriendruckfelder eingefügt. Klicken Sie dazu in der Registerkarte SENDUNGEN auf die Befehlsschaltfläche SERIENDRUCKFELD EINFÜGEN. Es öffnet sich eine Liste mit den Namen der Felder, die Sie in die Datenquelle aufgenommen haben.

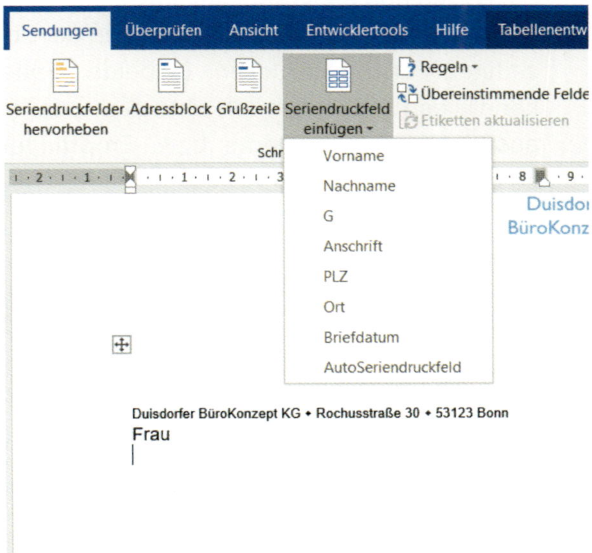

Abbildung 8.8: *Seriendruckfeld einfügen*

12. Wählen Sie nun die erforderlichen Felder aus. Achten Sie bei Bedarf darauf, vor oder zwischen den Feldern eine Leerstelle zu setzen und die Zeilenschaltungen vorzunehmen. Die eingefügten Seriendruckfelder werden in doppelten spitzen Klammern angezeigt. Wenn Sie sehen möchten, wie der Brief später ausgedruckt wird, klicken Sie in der Registerkarte SENDUNGEN auf die Befehlsschaltfläche VORSCHAU ERGEBNISSE und lassen Sie sich nach Klicken auf die Pfeile die Briefe an die einzelnen Bewerber in der derzeitigen Form anzeigen.

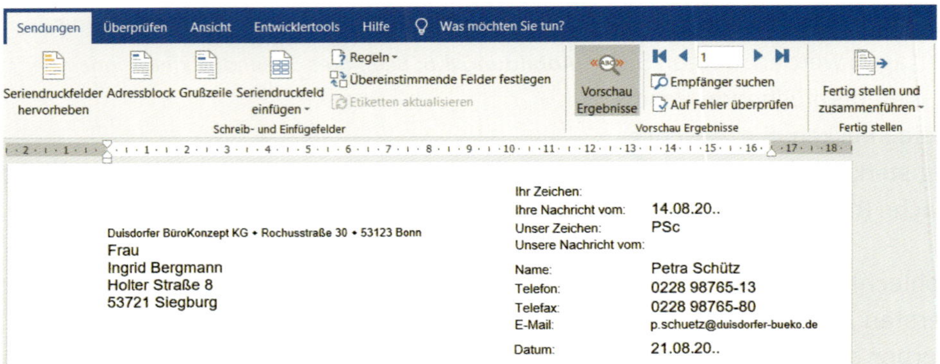

Abbildung 8.9: *Vorschau des Briefkopfs für den ersten Datensatz in der Liste der Empfänger des Serienbriefs*

13. Fügen Sie nun die fehlenden Felder ein:
    - Das Wort **Sachbearbeiter** bzw. **Sachbearbeiterin** im **Betreff** abhängig vom Geschlecht
    - **Briefanrede** (Sehr geehrter Herr ... bzw. Sehr geehrte Frau ...) abhängig vom Geschlecht mit **Nachnamen**
    - **Briefdatum** (Ihre Nachricht vom:) im Informationsblock

14. Speichern Sie den Serienbrief unter dem Dateinamen **08_bewerber_hauptdokument**.

15. Der Serienbrief kann nun ausgedruckt werden. Dies wird in der Registerkarte SENDUNGEN durch Klick auf die Befehlsschaltfläche FERTIG STELLEN UND ZUSAMMENFÜHREN ausgelöst.

    Sie haben nun die Wahl, einzelne Dokumente zu bearbeiten oder die Dokumente in der derzeitigen Form zu drucken. In beiden Fällen kann dies für alle, für den aktuellen oder für ausgewählte Dokumente bzw. Empfänger geschehen.

    Anmerkung
    Zur Vermeidung von Papierverschwendung lösen Sie den Druck nur für ***einen Beispieldatensatz*** *aus.*

    Der Brief an den ersten Bewerber in der Datenquelle ist nachfolgend ausgedruckt.

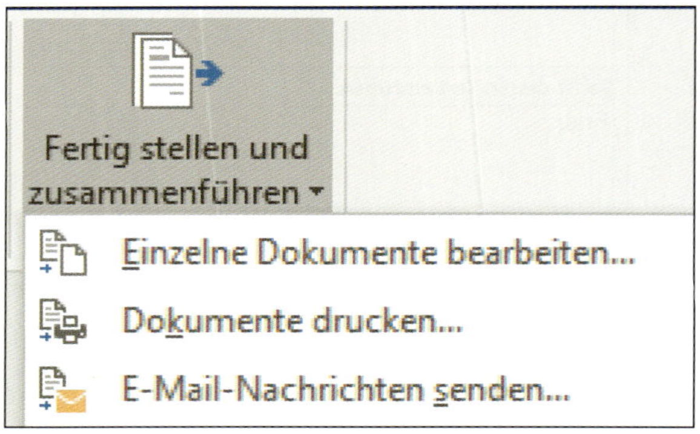

Abbildung 8.10: *Serienbrief drucken*

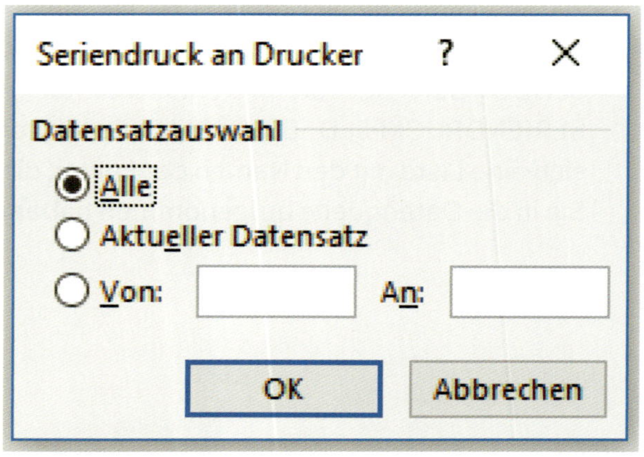

Abbildung 8.11: *Auswahl der Datensätze in der Liste der Empfänger des Serienbriefs*

Duisdorfer
BüroKonzept
KG

Ausstattung und Beratung
für das Büro

Ihr Zeichen:	
Ihre Nachricht vom:	14.08.20..
Unser Zeichen:	PSc
Unsere Nachricht vom:	
Name:	Petra Schütz
Telefon:	0228 98765-13
Telefax:	0228 98765-80
E-Mail:	p.schuetz@duisdorfer-bueko.de
Datum:	21.08.20..

Duisdorfer BüroKonzept KG • Rochusstraße 30 • 53123 Bonn
Frau
Ingrid Bergmann
Holter Straße 8
53721 Siegburg

Ihre Bewerbung um die Stelle als Sachbearbeiterin in unserer kaufmännischen Verwaltung

Sehr geehrte Frau Bergmann,

wir danken Ihnen für Ihr Interesse an unserer Unternehmung und bestätigen den Eingang Ihrer Bewerbung.

Da wir noch einige Zeit für die Bearbeitung aller Bewerbungsunterlagen benötigen, bitten wir Sie um etwas Geduld. Wir werden uns in Kürze wieder mit Ihnen in Verbindung setzen.

Mit freundlichen Grüßen

Duisdorfer BüroKonzept KG

i. A.

Petra Schütz

Duisdorfer BüroKonzept KG
Rochusstraße 30
53123 Bonn
USt.-IdNr.: DE244111855

Geschäftsführer:
Sebastian Falo
Katharina Niester
Amtsgericht Bonn
HRA 1221

Telefon: 0228 98765-0
Fax: 0228 98765-80
Internet: www.duisdorfer-bueko.de
E-Mail: info@duisdorfer-bueko.de

Bankverbindungen:
Volksbank Bonn Rhein-Sieg
IBAN DE85 3806 0186 2401 2345 67
BIC GENODED1BRS
Postbank Köln
IBAN DE23 3701 0050 8884 4412 34
BIC PBNKDEFF370

Zur besseren Orientierung und zur manuellen Korrektur möglicher Feldinhalte ist es auch möglich, sich die Formulierung der Funktionen in den Seriendruckfeldern anzeigen zu lassen. Dies kann vor allem bei den bedingten Seriendruckfeldern hilfreich sein. Öffnen Sie dazu das Kontextmenü des jeweiligen Feldes durch Rechtsklick auf das Seriendruckfeld und klicken Sie auf FELDFUNKTIONEN EIN/AUS.

Beispiel

In der Formulierung des bedingten Seriendruckfeldes in der Briefanrede wurde versehentlich „Herr“ geschrieben. Es hätte aber „Herrn“ heißen müssen. Dieser Fehler soll nun korrigiert werden. Nach Anzeige der Feldfunktion erscheint:

{IF {MERGEFIELD Geschlecht} = „m“ „Herr“ „Frau“}

Nun ist es ganz einfach, das fehlende „n“ zu ergänzen.

{IF {MERGEFIELD Geschlecht} = „m“ „Herrn“ „Frau“}

Anschließend kann die Anzeige der Feldfunktion durch Rechtsklick auf das Seriendruckfeld und Klick auf FELDFUNKTIONEN EIN/AUS wieder ausgeschaltet werden.[1]

8.2 Übungsaufgaben zur Erstellung von Serienbriefen

Ausgangssituation

Sie sind derzeit im Bereich Öffentlichkeitsarbeit der Duisdorfer BüroKonzept KG eingesetzt. Im Herbst dieses Jahres möchte das Unternehmen alle Kunden zu einer Hausmesse in die umgestalteten und neu eröffneten Ausstellungsräume einladen. Die zweitägige Messe beginnt am Freitag, 04.10.20.. um 10:00 Uhr und geht bis in den Abend am Samstag, 05.10.20.. Alle eigenen Produktionslinien sollen vorgestellt werden. Auf die Bestellungen im Rahmen der Hausmesse werden interessante Konditionen geboten. Für das leibliche Wohl der Gäste ist an Imbissständen gesorgt.

Arbeitsauftrag 2

Formulieren Sie im Namen der beiden Geschäftsführer Sebastian Falo und Katharina Niester die Einladung an alle Kunden als Serienbrief. Mit der Einladung sollen möglichst viele Kunden motiviert werden, die Hausmesse zu besuchen. Nutzen Sie die Briefvorlage der Duisdorfer BüroKonzept KG (**Briefvorlage Duisdorfer BüroKonzpet**). Verwenden Sie als Datenquelle die Kundenliste des Unternehmens (**08_datenquelle_hausmesse**). Sprechen Sie die Ansprechpartner Ihrer Kunden im Brief persönlich an. Ergänzen Sie dazu in der Datenquelle eine Spalte mit dem Geschlecht der Ansprechpartner für die Verwendung bedingter Seriendruckfelder. Briefdatum ist 14.07.20.. Lassen Sie die weiteren Angaben im Informationsblock offen.
Speichern Sie den Brief unter dem Dateinamen **08_einladung_hausmesse**.

Web

Modell… nehm…

[1] *Sollen die Feldfunktionen anstelle der Werte in einem Serienbrief ausgedruckt werden, kann dies durch eine Einstellung in den Optionen veranlasst werden. Setzen Sie dazu in der Registerkarte DATEI – OPTIONEN – ERWEITERT in der Kategorie DRUCKEN das Häkchen bei FELDFUNKTIONEN ANSTELLE VON WERTEN DRUCKEN.*

9 Formulare erstellen

9.1 Die Vorgehensweise der Formularerstellung am Beispiel eines Bewerberfragebogens

Ausgangssituation

Die Duisdorfer BüroKonzept KG möchte die Stelle einer Sachbearbeiterin in der kaufmännischen Verwaltung neu besetzen. Von den 8 Interessenten, die sich auf die Stellenanzeige beworben haben, wurden fünf Personen in die engere Wahl gezogen. Sie werden per Brief zu einem Bewerbungsgespräch eingeladen. In diesem Brief werden sie gebeten, online einen Bewerberfragebogen auszufüllen und den ausgedruckten Bogen zum Gesprächstermin mitzubringen. Das Onlinedokument wird den Bewerbern durch einen Link zur Homepage der Duisdorfer BüroKonzept KG zur Verfügung gestellt.

Die Leiterin der Personalabteilung, Frau Bianca Sommer, bittet Sie, dieses Formular zu erstellen. Inhaltlich und formal nennt sie die folgenden Vorgaben:

- **Informationen zum Auswählen** (entweder oder)
  Anrede (Herrn bzw. Frau)
  Schulabschluss (Allgemeine Hochschulreife, Fachhochschulreife, Fachoberschulreife, andere)
- **Raum für freie Eintragungen**
  Vorname
  Nachname
  Straße
  Postleitzahl
  Ort
  Telefon
  Mobiltelefon
  E-Mail
  Ausbildungsberuf
  Geburtsdatum
  Geburtsort
- **Felder zum Ankreuzen** (Mehrfachauswahl ist möglich)
  Sprachkenntnisse (Englisch, Französisch, Spanisch, Option für zwei andere Sprachen)
- **Raum oberhalb von Linien**
  Ort, Datum
  Unterschrift Bewerber/-in
- **Text vor dem Raum für die Unterschrift**
  Ich erkläre mich damit einverstanden, dass die Duisdorfer BüroKonzept KG meine personenbezogenen Daten elektronisch speichert und für Zwecke der Personalverwaltung nutzt.

Arbeitsauftrag 1

Erstellen Sie ein Formular, das die genannten Vorgaben erfüllt. Das Formular soll rechts oben in der Kopfzeile das Logo der Duisdorfer BüroKonzept KG aufweisen.

Im Fußbereich des Dokuments soll links der Text ***bitte ausfüllen, ausdrucken und persönlich unterschreiben*** und rechts das Stellenkennzeichen ***SB KV*** (Schriftgrad 11) erscheinen. Nutzen Sie zur weiteren Bearbeitung des Formulars die folgenden Beschreibungen zur Vorgehensweise:

Vorgehensweise:

1. Stellen Sie zunächst sicher, dass Sie auf das Menüband ENTWICKLERTOOLS zugreifen können. Klicken Sie dazu auf das Menüband DATEI – OPTIONEN – MENÜBAND ANPASSEN und wählen anschließend die Option ENTWICKLERTOOLS in der rechten Spalte aus.

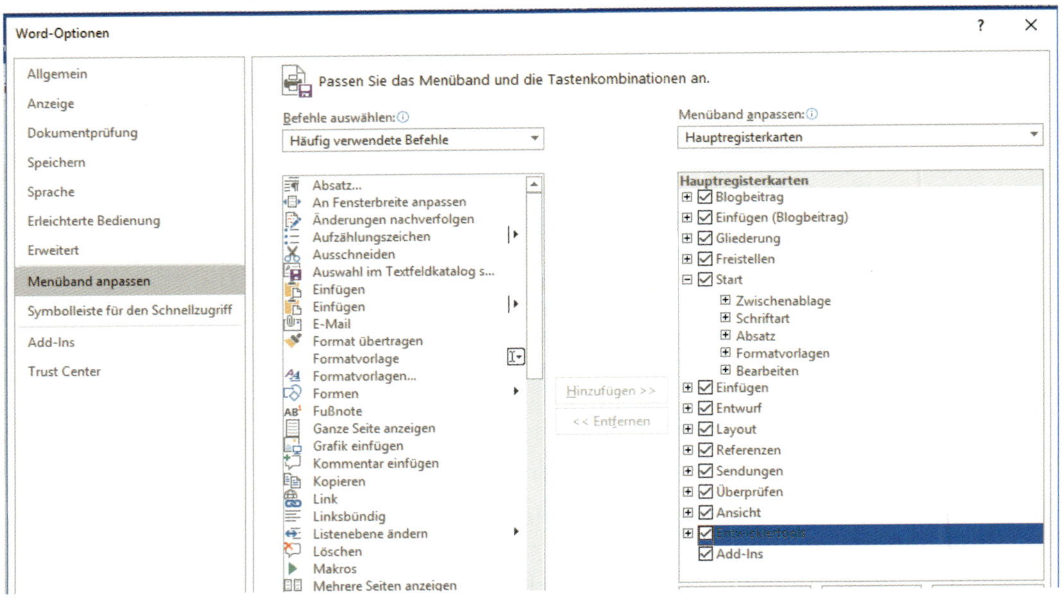

Abbildung 9.1: *Einstellung der Optionen für die Anzeige der Entwicklertools*

2. Öffnen Sie ein leeres Word-Dokument.

3. Richten Sie die Seite mit den angegebenen Eigenschaften ein:

Seitenränder

(LAYOUT – SEITENRÄNDER in der Gruppe SEITE EINRICHTEN – BENUTZERDEFINIERTE SEITENRÄNDER – Registerkarte SEITENRÄNDER):

Abstand von oben	4,5 cm
Abstand von links	2,5 cm
Abstand von unten	2,0 cm
Abstand von rechts	1,0 cm

Abstände der Kopfzeile und der Fußzeile vom Seitenrand

(LAYOUT – SEITENRÄNDER in der Gruppe SEITE EINRICHTEN – BENUTZERDEFINIERTE SEITENRÄNDER – Registerkarte LAYOUT):

Abstand Kopfzeile vom Seitenrand:	4,0 cm
Abstand Fußzeile vom Seitenrand:	1,5 cm

4. Gestalten Sie nun die Kopfzeile des Fragebogens. Sie soll später das in Abbildung 9.2 dargestellte Aussehen haben. Doppelklicken Sie dazu zunächst auf den Kopfzeilenbereich und fügen Sie die Grafik **BK_Logo** in die Kopfzeile ein.

Web

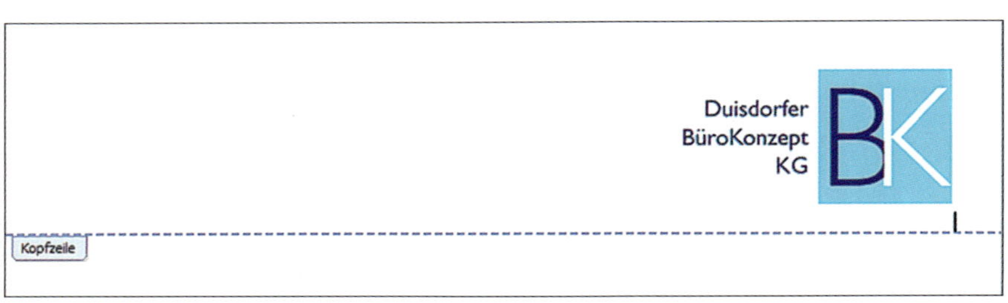

Abbildung 9.2: *Kopfzeile des zu erstellenden Fragebogens*

5. Öffnen Sie anschließend das Kontextmenü zur Grafik. Aktivieren Sie die Auswahl GRÖßE UND POSITION (siehe auch Kapitel 4.2.1) und wählen Sie im Registerblatt TEXTUMBRUCH als UMBRUCHART die Eigenschaft RECHTECK aus. Bestätigen Sie die Auswahl.

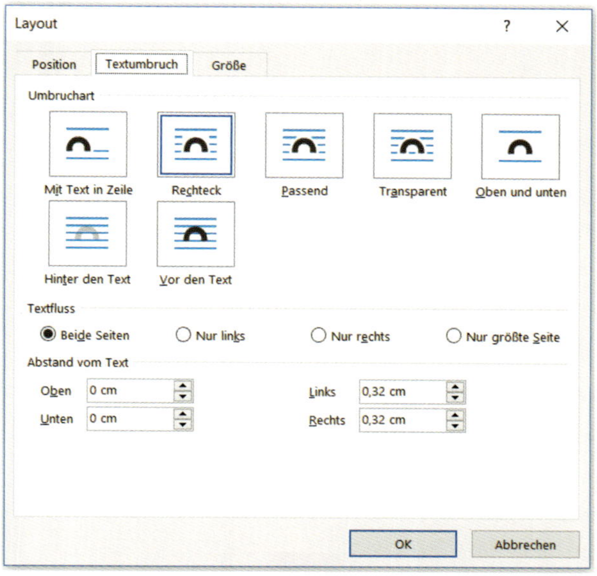

Abbildung 9.3: *Dialogfenster zur Veränderung der Umbruchart für das Logo*

Passen Sie die Größe des Logos den Gegebenheiten des Formulars an.

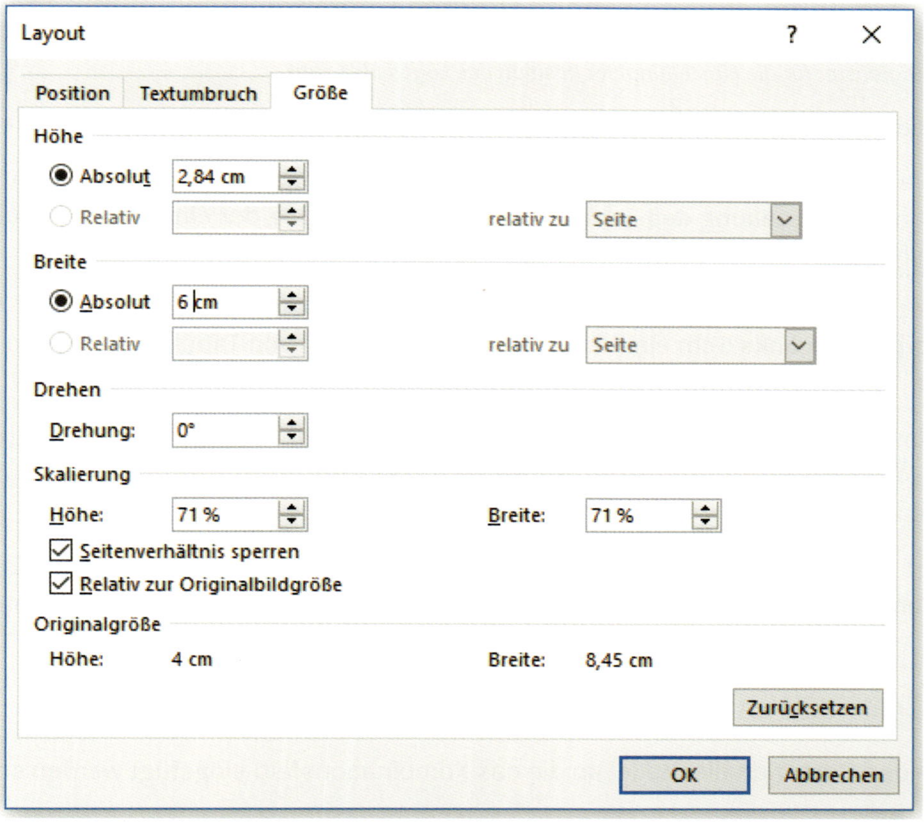

Abbildung 9.4: *Dialogfenster für die Einstellung der Größe des Logos als Grafik*

6. Positionieren Sie das Logo so, dass es jeweils 1 cm vom oberen und 1 cm vom rechten Seitenrand erscheint. Nutzen Sie die Angaben im abgedruckten Dialogfenster.

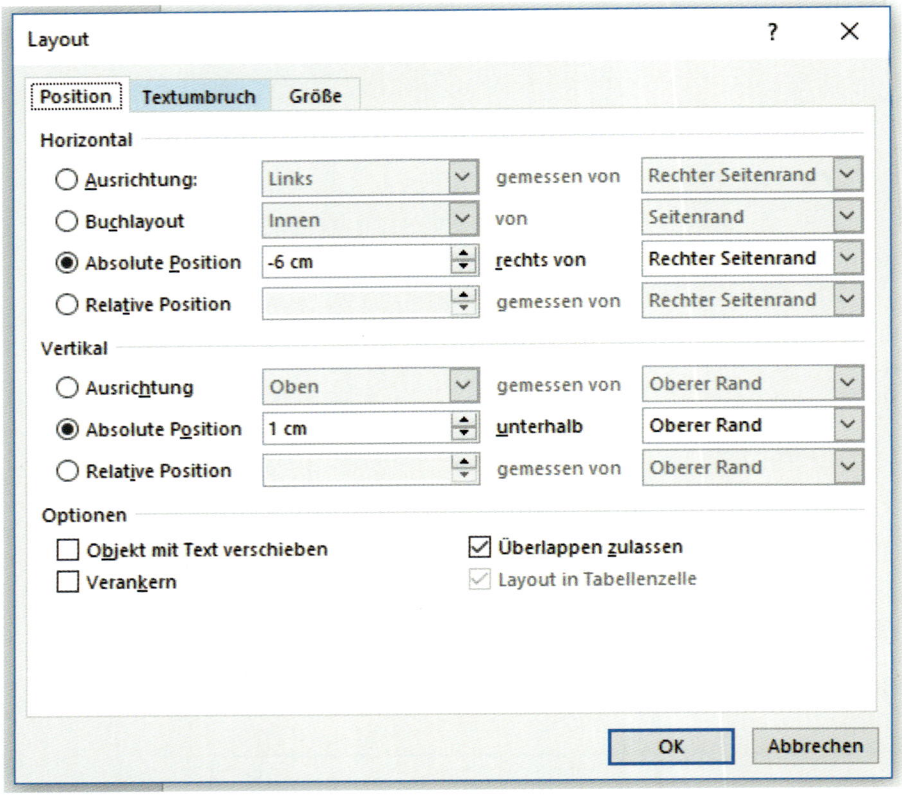

Abbildung 9.5: *Dialogfenster für die Einstellung der Position des Logos als Grafik*

Alternativ kann die Position des Logos auch durch Verschieben mit der Maus verändert werden.

7. Doppelklicken Sie nun in den Textbereich, um die Kopfzeile zu verlassen. Jetzt beginnen der eigentliche Vorgang zur Erstellung des Formulars und die Einrichtung der einzelnen Formularelemente. Die bisherigen Schritte dienten der vorbereitenden Gestaltung des Dokuments.

8. Fügen Sie Überschrift Bewerberfragebogen in der Schriftart ARIAL mit Schriftgrad 14, fett und auf Tabulatorposition links 5 cm ein. Hinweise zur Verwendung von Tabulatoren finden Sie in Kapitel 3.4.3.

9. Geben Sie nun das Wort Anrede nach zwei Leerzeilen ein und fügen Sie eine Absatzschaltung ein. Verwenden Sie für die weiteren Texte die Schriftart ARIAL mit Schriftgrad 11 und einen einfachen Zeilenabstand.

10. Erstellen Sie jetzt das Formularelement, in dem der Anwender die richtige Anrede (**Frau** oder **Herrn**) auswählen kann. Ein solches Feld wird **Kombinationsfeld-Inhaltssteuerelement** genannt.

Vorgehensweise:

Positionieren Sie den Cursor an die Stelle, an die das Kombinationsfeld eingefügt werden soll.

Wählen Sie in der Registerkarte ENTWICKLERTOOLS in der Gruppe STEUERELEMENTE die Option KOMBINATIONS-INHALTSSTEUERELEMENT durch Anklicken aus. Das entsprechende Steuerelement wird eingefügt.

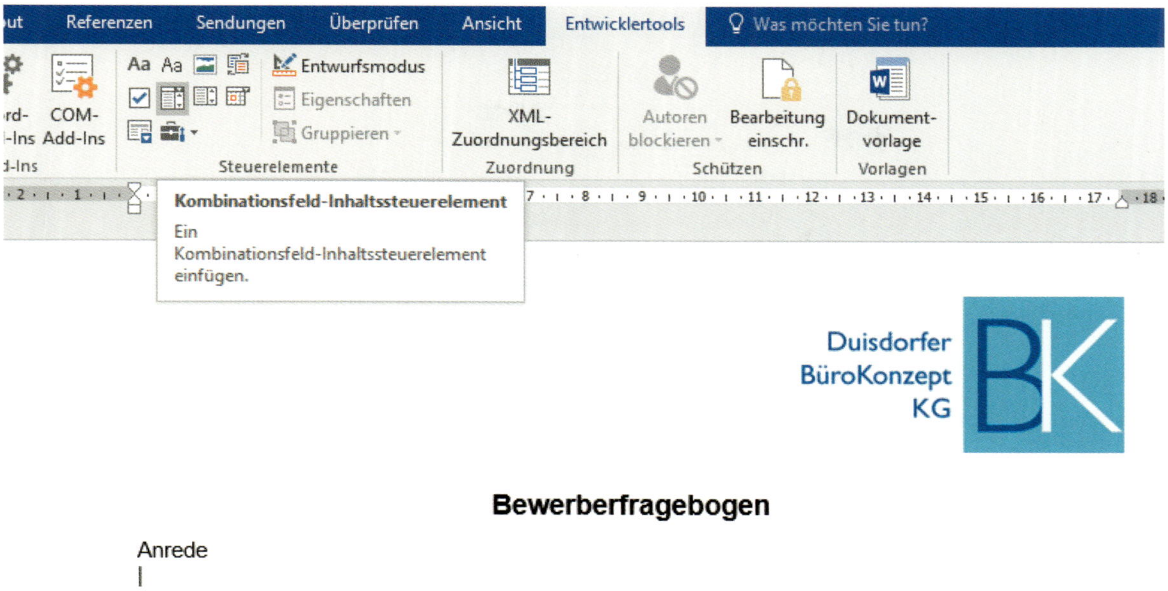

Abbildung 9.6: *Erstellen eines Kombinationsfeld-Inhaltssteuerelements*

Als nächstes müssen die beiden Auswahlmöglichkeiten **Frau** oder **Herrn** erfasst werden. Öffnen Sie dazu die Eigenschaften des Steuerelements durch Anklicken der Befehlsschaltfläche EIGENSCHAFTEN in der Registerkarte ENTWICKLERTOOLS und der Gruppe STEUERELEMENTE.

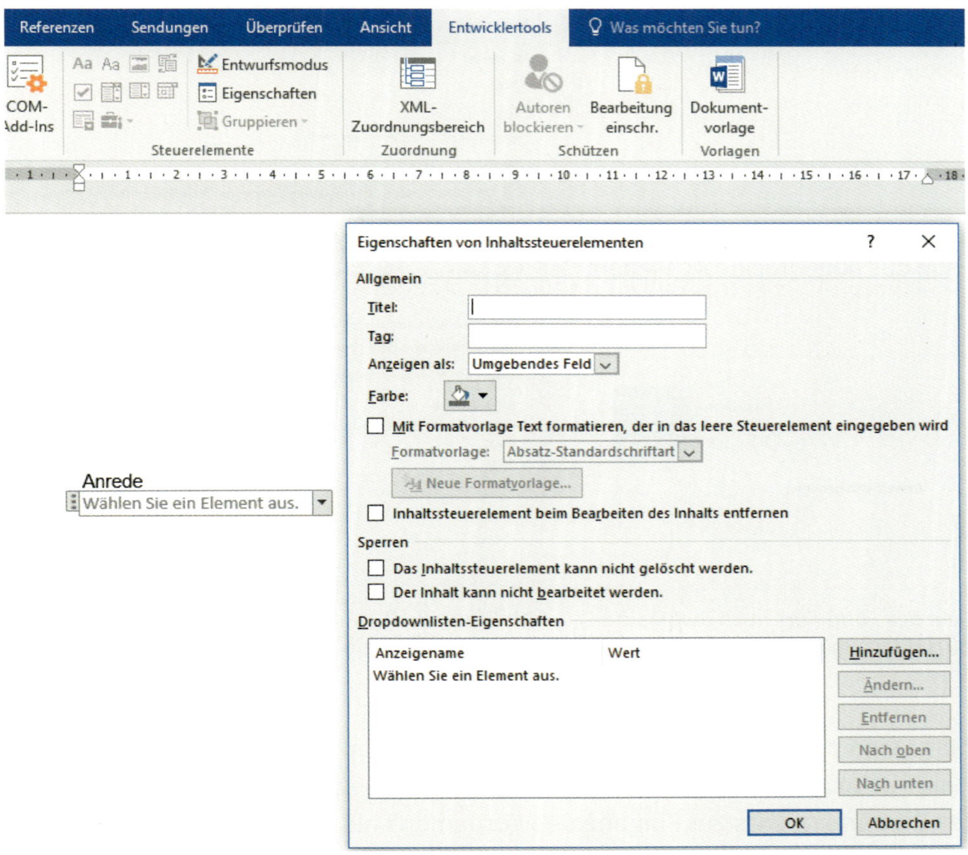

Abbildung 9.7: *Erfassen der Eigenschaften des Kombinationsfeld-Inhaltssteuerelements*

Das Dialogfenster EIGENSCHAFTEN VON INHALTSSTEUERELEMENTEN öffnet sich. Klicken Sie auf die Befehlsschaltfläche HINZUFÜGEN. Sie erhalten nun die Möglichkeit, die beiden Wörter **Frau** und **Herrn** in zwei Schritten einzugeben.

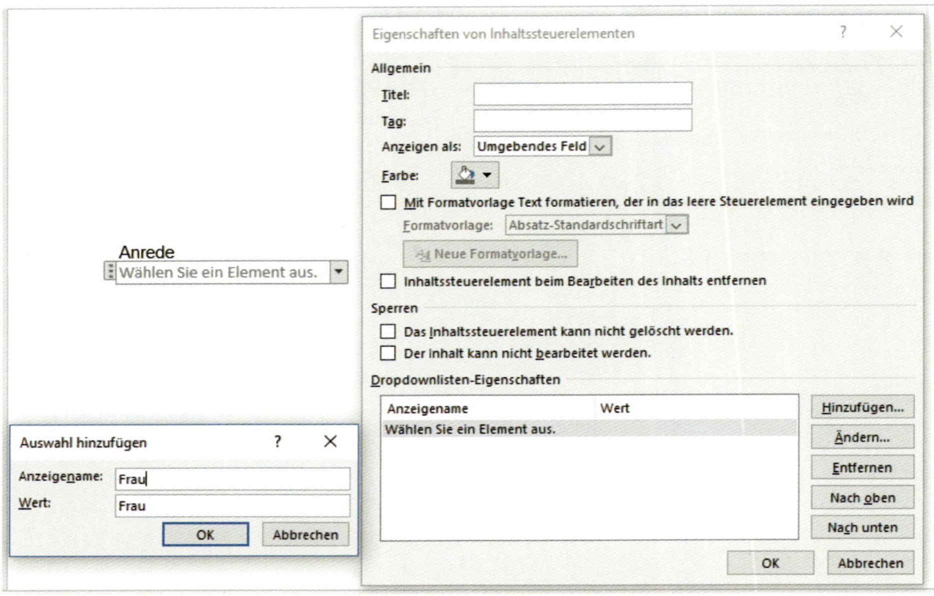

Abbildung 9.8: *Das Wort Frau in die Dropdownliste für die Auswahl der Anrede einfügen*

Klicken Sie nach Eingabe des Wortes **Frau** bei Anzeigenname auf OK. Wiederholen Sie diesen Schritt für die Eingabe des Wortes **Herrn**. Das Steuerelement weist nun die folgenden Eigenschaften auf:

Das Formular hat nun das abgedruckte Aussehen:

Abbildung 9.9: *Ansicht des Formulars nach Einfügen des Kombinationsfeld-Inhaltssteuerelements zur Auswahl der Anrede*

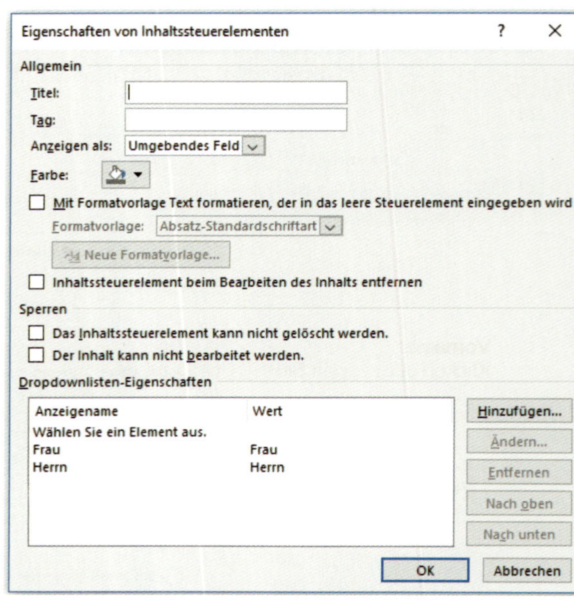

Abbildung 9.10: *Inhalte der Dropdownliste für die Auswahl der Anrede*

11. Erstellen Sie jetzt ein Formularfeld, in das der Bewerber später freien Text eintragen kann. Ein solches Feld wird in Word mit **Text-Inhaltssteuerelement** bezeichnet. Nachfolgend wird die Einrichtung des Steuerelements zur Eingabe des Vornamens als Beispiel beschrieben.

Vorgehensweise:

- Geben Sie das Wort **Vorname** in eine neue Zeile ein.
- Positionen Sie den Cursor an die Stelle, an der das Formularfeld eingefügt werden soll.

- Wählen Sie in der Registerkarte ENTWICKLERTOOLS in der Gruppe STEUERELEMENTE die Option RICH-TEXT-INHALTSSTEUERELEMENT durch Anklicken aus.
- Das entsprechende Steuerelement wird eingefügt. Hier sind weitere Eingaben nicht erforderlich.

Abbildung 9.11: *Einfügen weiterer Formularfelder*

12. Fügen Sie nun die weiteren Formularfelder (siehe Abbildung 9.12) zur Erfassung freier Texte ein. Orientieren Sie sich dabei an dem abgedruckten Muster am Ende dieses Kapitels. Die Elemente in der zweiten Formularspalte stehen auf Tabulatorposition links 8 cm. Hinweise zur Arbeit mit Tabulatoren finden Sie in Kapitel 3.4.3. Die optisch nicht so schönen Zeilenumbrüche, die durch die Hinweise zu den einzelnen Steuerelementen im Text entstehen, lösen sich später bei der Datenerfassung auf.

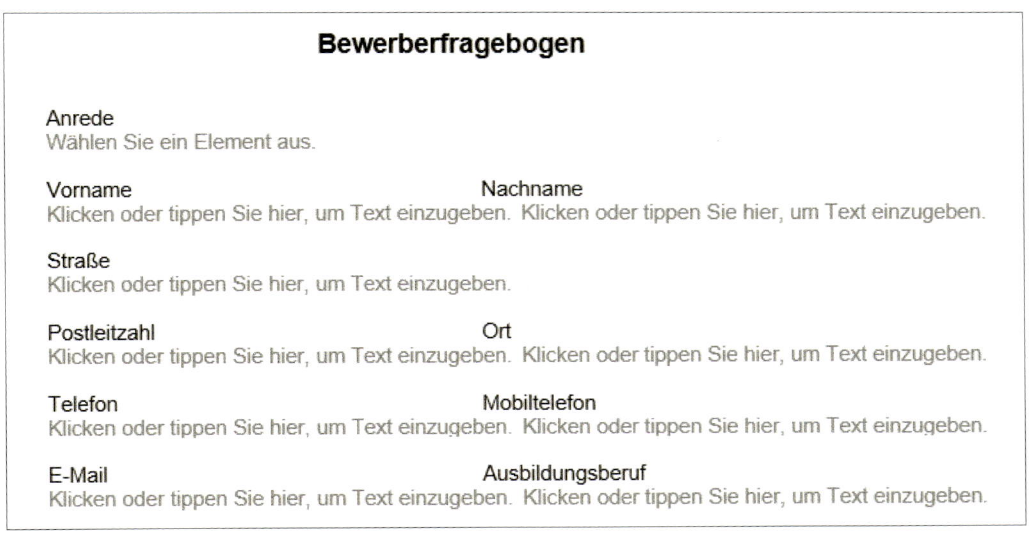

Abbildung 9.12: *Formularfelder zur Erfassung freier Texte einfügen*

13. Als weiteres Steuerelement wird im Formular das Datumsauswahl-Inhaltssteuerelement zur Erfassung des Geburtsdatums verwendet. Setzen Sie dazu den Cursor an die vorgesehene Position und wählen Sie die Befehlsschaltfläche DATUMSAUSWAHL-INHALTSSTEUERELEMENT in der Registerkarte ENTWICKLERTOOLS und der Gruppe STEUERELEMENTE durch Anklicken aus.

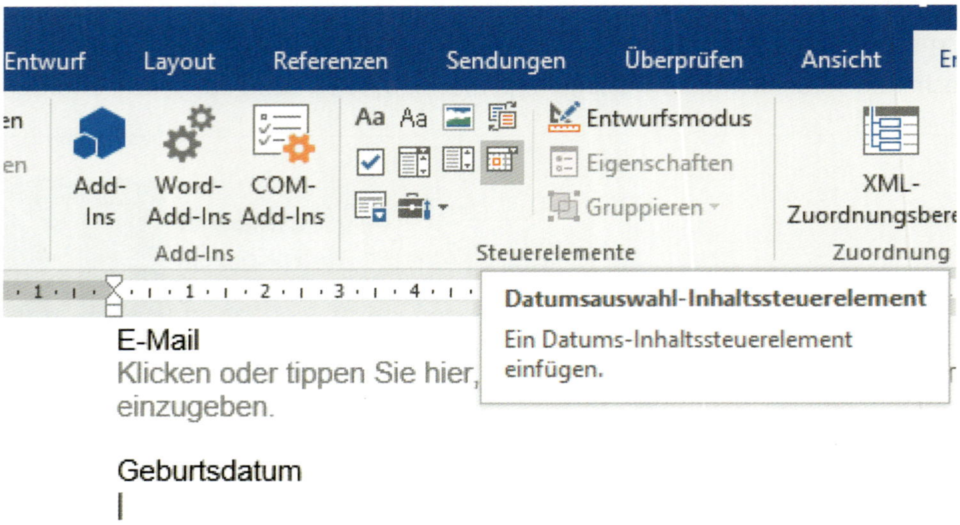

***Abbildung 9.13:** Datumsauswahl-Inhaltssteuerelement einfügen*

14. Fügen Sie neben dem Steuerelement zur Eingabe des Geburtsdatums auf Tabulatorposition 8 cm noch ein Text-Inhaltssteuerelement für die Eingabe des Geburtsorts mit der Beschriftung Geburtsort ein.

Die vierte und letzte Steuerelementart, die im vorliegenden Formularbeispiel verwendet werden soll, ist das Kontrollkästchen-Steuerelement. Hier kann später beim Ausfüllen des Fragebogens durch Mausklick ein Häkchen gesetzt werden. Im Beispiel soll der Bewerber seine Fremdsprachenkenntnisse auf einer Skala mit fünf Abstufungen von **keine Kenntnisse (Tabulatorposition 8 cm linksbündig)** bis **sehr gute Kenntnisse** (Tabulatorposition 15 cm rechtsbündig) selbst einschätzen.

Vorgehensweise:

Ergänzen Sie im Formular (siehe Muster am Ende des Kapitels) die weiteren Texte einschließlich des Wortes **Englisch**. Richten Sie im nächsten Absatz fünf Linkstabulatoren auf den Positionen 8 cm, 9,5 cm, 11 cm, 12,5 cm und 14 cm ein.

Fügen Sie nun das erste Kontrollkästchen auf der Tabulatorposition 8 ein.
Ergänzen Sie die weiteren Kontrollkästchensteuerelemente und Texte entsprechend der Vorlage.

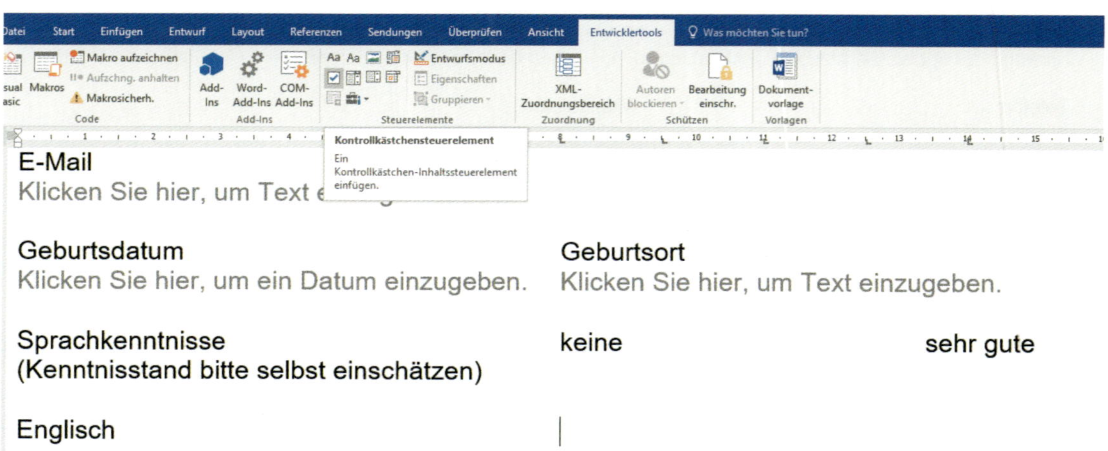

***Abbildung 9.14:** Kontrollkästchensteuerelement einfügen*

15. In Formularen kann die Anzeige von Steuerelementen nach individuellen Wünschen angepasst werden. Durch die angepasste Anzeige kann dann konkret angegeben werden, was zu tun ist, um das Formular richtig auszufüllen. Die Vorgehensweise wird hier am Beispiel des Inhaltssteuerelements Anrede dargestellt.

    Markieren Sie dazu zunächst das Steuerelement.

    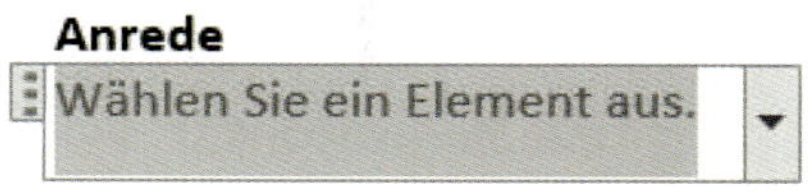

    Abbildung 9.15a: *Steuerelement markieren*

    Aktivieren Sie anschließend den Entwurfsmodus durch Klick auf ENTWURFSMODUS in der Gruppe STEUERELEMENTE in der Registerkarte ENTWICKLERTOOLS.

    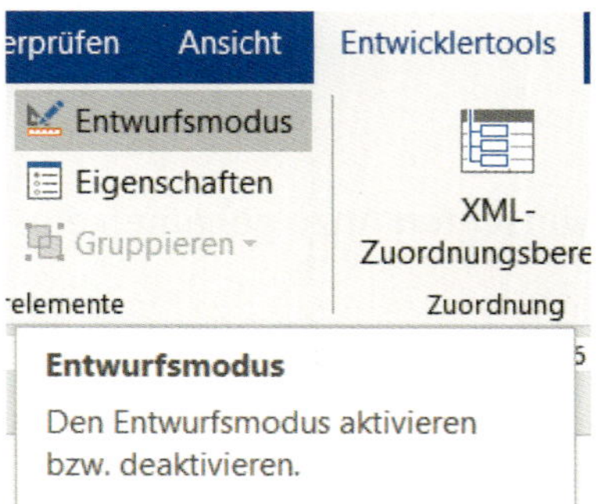

    Abbildung 9.15b: *Entwurfsmodus aktivieren*

    Geben Sie nun den gewünschten Anzeigetext ein.

    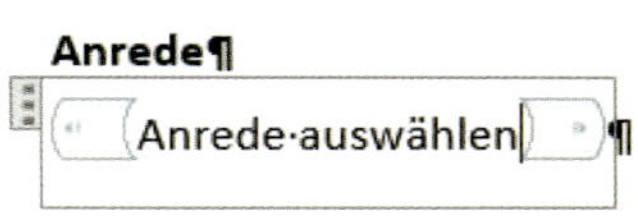

    Abbildung 9.15c: *Anzeigetext ändern*

    Deaktivieren Sie abschließend den Entwurfsmodus durch Klick auf ENTWURFSMODUS in der Gruppe STEUERELEMENTE in der Registerkarte ENTWICKLERTOOLS.

    Das Steuerelement hat nun das folgende Aussehen:

    Abbildung 9.15d: *Steuerelement mit angepasstem Anzeigetext*

    Die Anpassung des Hinweises bei der Anzeige der Auswahlmöglichkeiten ist in den Eigenschaften des Steuerelements möglich. Lassen Sie sich dazu zunächst die Eigenschaften des Steuerelements anzeigen und markieren Sie den von MS Word vorgegebenen Text.

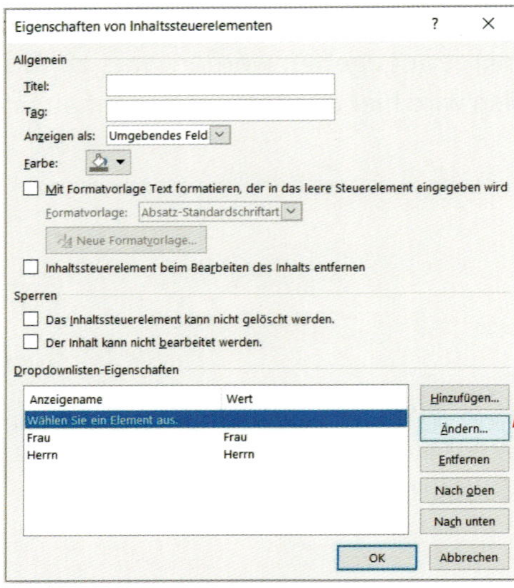

Abbildung 9.15e: *Eigenschaften des Steuerelements*

Klicken Sie anschließend auf ÄNDERN und geben Sie den gewünschten Anzeigenamen ein.

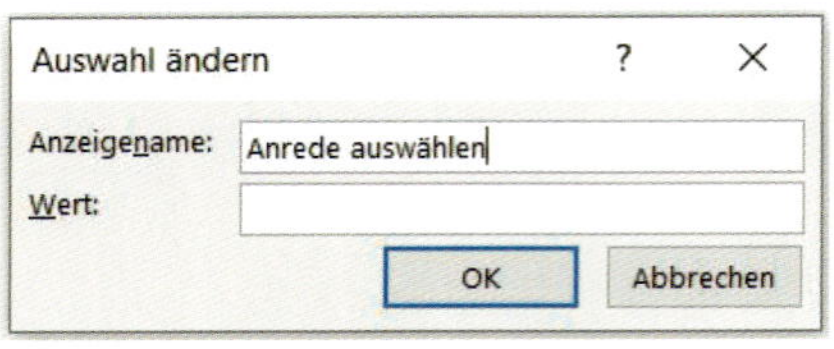

Abbildung 10.15f: *Gewünschten Anzeigenamen eingeben*

Das Steuerelement hat beim Ausfüllen des Formulars nun das folgende Aussehen:

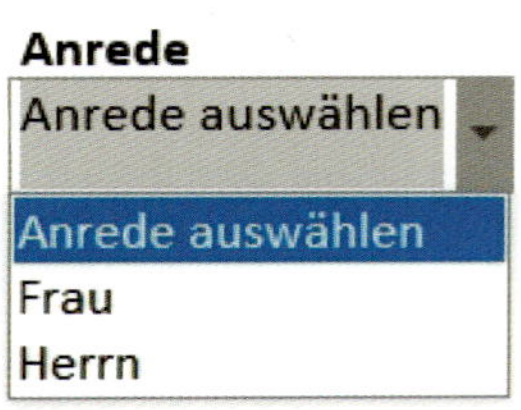

Abbildung 9.15g: *Anzeige des nach eigenen Wünschen angepassten Steuerelements.*

16. Nehmen Sie alle weiteren Eingaben zur Fertigstellung des Fragebogens vor. Speichern Sie das Dokument unter dem Dateinamen **9_bewerberfragebogen**.

17. Damit der Bewerber später ausschließlich Eingaben in den vorgesehenen Elementen vornehmen kann – eine Bearbeitung des Formulars selbst soll ausgeschlossen werden – muss das Dokument nun noch geschützt werden. Wählen Sie hierzu in der Registerkarte ENTWICKLERTOOLS in der Gruppe SCHÜTZEN die Befehlsschaltfläche BEARBEITUNG EINSCHR. durch Anklicken aus.

    Es öffnet sich das abgedruckte Dialogfenster.

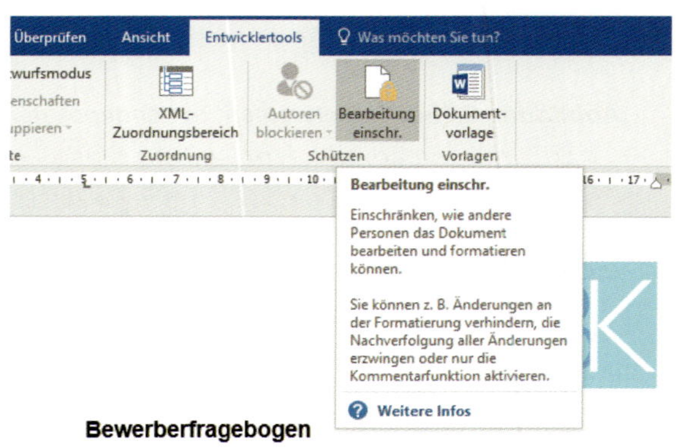

Abbildung 9.16: *Die Möglichkeiten der Bearbeitung des Formulars einschränken*

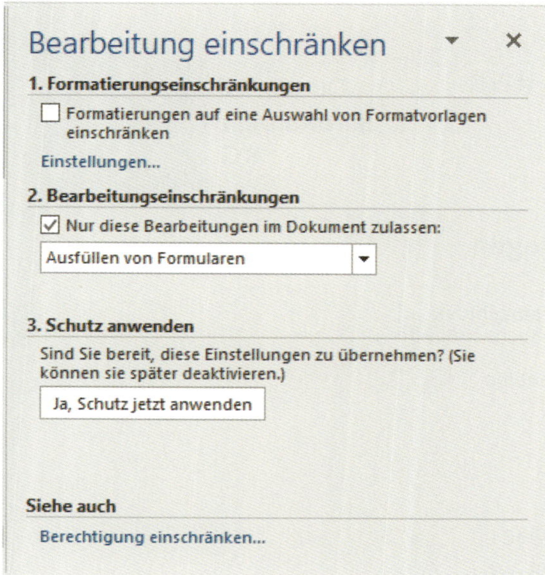

***Abbildung 9.17:** Die Bearbeitungsmöglichkeiten im Formular auf das Ausfüllen der Formularfelder einschränken*

18. Nehmen Sie die angegebene Auswahl vor. Klicken Sie abschließend auf die Befehlsschaltfläche JA, SCHUTZ JETZT ANWENDEN. Im nächsten Dialogfenster kann zur Sicherheit ein Passwort vergeben werden. Optional heißt, dass dies aber nicht zwingend erforderlich ist.

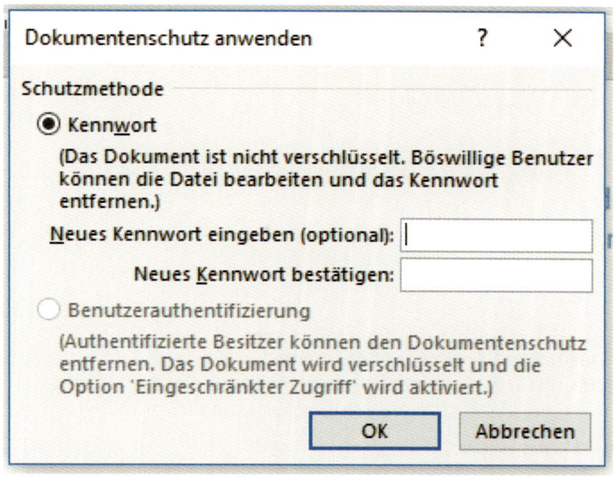

***Abbildung 9.18:** Dokumentenschutz auf das Formular anwenden*

Anmerkung

Verzichten Sie bei der Erarbeitung dieses Kapitels auf die Vergabe eines Passwortes. Falls Sie das Passwort vergessen, ist eine spätere Bearbeitung des Dokuments durch Sie nicht mehr möglich.

19. Speichern Sie den Bewerberfragebogen noch einmal. Er kann jetzt den Bewerbern online zur Verfügung gestellt werden.

20. Zu Ihrer Orientierung ist nachfolgend das Beispiel eines ausgefüllten Bewerberfragebogens abgedruckt.

Duisdorfer
BüroKonzept
KG

Bewerberfragebogen

Anrede Frau	Schulabschluss Fachhochschulreife
Vorname Carina	Nachname Weber
Straße Brüsseler Straße 17	
Postleitzahl 53721	Ort Siegburg
Telefon 02241 144586	Mobiltelefon 0152 8017016
E-Mail cweber@webb.de	Ausbildungsberuf Kauffrau für Büromanagement
Geburtsdatum 15.07.1980	Geburtsort Bonn

Sprachkenntnisse (Kenntnisstand bitte durch Ankreuzen selbst einschätzen)	keine				sehr gute
Englisch	☐	☐	☐	☐	☒
Französisch	☐	☐	☐	☒	☐
Spanisch	☒	☐	☐	☐	☐
weitere Sprache Italienisch	☐	☐	☒	☐	☐
weitere Sprache Klicken Sie hier, um Text einzugeben.	☐	☐	☐	☐	☐

Ich erkläre mich damit einverstanden, dass die Duisdorfer BüroKonzept KG meine personenbezogenen Daten elektronisch speichert und für Zwecke der Personalverwaltung nutzt.

Siegburg, 24.08.20..	*Carina Weber*
Ort, Datum	Unterschrift Bewerber/in

bitte ausfüllen, ausdrucken
und persönlich unterschreiben

SB KV

9.2 Übungsaufgaben zur Erstellung von Formularen

9.2.1 Fragebogen zur Kundenzufriedenheit

Ausgangssituation
Sie sind weiterhin im Bereich Öffentlichkeitsarbeit der Duisdorfer BüroKonzept KG tätig. Im Rahmen der Hausmesse im Herbst dieses Jahres möchte das Unternehmen alle Kunden hinsichtlich ihrer Zufriedenheit mit den vorgestellten Angeboten und dem Service im Zusammenhang mit bisherigen Aufträgen befragen. Zur Erleichterung der Befragung sollen an den beiden Messetagen Rechner verfügbar sein, an denen die Gäste den Fragebogen online ausfüllen können.

Arbeitsauftrag 2
Bilden Sie ein Team mit 3–4 Personen. Entwerfen Sie zunächst einen Fragebogen zur schriftlichen Befragung der Kunden im Rahmen der Hausmesse „auf Papier". Der Fragebogen soll u. a. Antwortmöglichkeiten zu folgenden Aspekten bieten:

odellunternehmen

- Wie wurde der Kunde erstmals auf uns aufmerksam (Antworten zum Ankreuzen nach eigener Wahl, 1 offenes Feld für Eintragung einer anderen Antwortmöglichkeit)?
- Wie zufrieden ist der Kunde mit unseren Rabattkonditionen (Antworten zum Ankreuzen: sehr gut, gut, weniger gut, gar nicht)?
- Häufigkeit der Bestellungen pro Jahr (Intervallangaben zur Auswahl)
- Wie zufrieden ist der Kunde mit unserer Beratungskompetenz (Antworten zum Ankreuzen: sehr gut, gut, weniger gut, gar nicht)?
- Wie zufrieden ist der Kunde mit uns im Reklamationsfall (Antworten zum Ankreuzen: sehr gut, gut, weniger gut, gar nicht)?
- Was wünscht sich der Kunde über unser Angebot hinaus (freie Antwortmöglichkeit)?
- Weitere Fragen nach eigener Wahl

Web

Arbeitsauftrag 3
Erstellen Sie anschließend in Einzelarbeit den Teamentwurf als Formular in Word. Nutzen Sie die verfügbaren Steuerelemente. Fügen Sie in die Kopfzeile des Fragebogens rechtsbündig das Logo der Duisdorfer BüroKonzept KG ein.
Speichern Sie den Fragenbogen unter dem Dateinamen **9_fragebogen_kundenzufriedenheit**.

9.2.2 Formular für die Wareneingangskontrolle

Ausgangssituation
In der Abteilung **Beschaffung** der Duisdorfer BüroKonzept KG werden bei allen Anlieferungen Wareneingangskontrollen durchgeführt. Zur Erleichterung der Dokumentation der Kontrollergebnisse soll zukünftig ein Formular eingesetzt werden. Frau Beckmann, die Leiterin der Abteilung, hat dazu einen Entwurf des Formulars handschriftlich entwickelt. Sie verfasst eine interne Mitteilung, in der sie Sie bittet, das entsprechende Formular mit MS Word zu erstellen.

Arbeitsauftrag 4
Lesen Sie sich zunächst die interne Mitteilung von Frau Beckmann an Sie durch. Orientieren Sie sich über den gewünschten Aufbau des zu erstellenden Formulars und die geforderten Steuerelemente.

Erstellen Sie anschließend das Formular. Speichern Sie das Ergebnis unter dem Dateinamen **9_formular_wareneingangskontrolle**, den Frau Elling in der internen Mitteilung angibt.

Duisdorfer BüroKonzept KG

Interne Mitteilung

Von	**Name:** Laura Beckmann	**Abteilung:** Beschaffung
An	**Name:** Auszubildende/-r	**Abteilung:** Beschaffung
Betrifft:		**Datum:** 30.08.20..

Mit der Bitte um

☐	**Kenntnisnahme**	☒	**Rücksprache**
☒	**Bearbeitung**	☐	**Stellungnahme**
☐	**Weiterleitung**	☐	**Ablage**

Nachricht:

Sehr geehrte/-r Frau/Herr ...,

vielen Dank für Ihre mühselige Arbeit bei der heute Vormittag durchgeführten Wareneingangskontrolle. Ich hoffe, Sie konnten einen kleinen Einblick in die Notwendigkeit einer umfassenden Wareneingangskontrolle gewinnen.

Frau Elling hat mir von dem Problem erzählt, dass durch die Verwendung des scheinbar veralteten Kontrollbelegs entsteht. Die Hauptursache liegt wohl darin, dass dieser handschriftlich ausgefüllt wird und es hierbei häufig zu fehlerhaften Eintragungen kommt. Zudem sind einige handschriftliche Vermerke kaum zu entziffern, sodass die Bearbeitung der Belege zur Geduldsprobe geraten kann.

In Abstimmung mit der Geschäftsführung und der Abteilung „Lager/Versand" haben wir heute sofort entschieden, dass die für die Wareneingangskontrolle zuständigen Kollegen in den kommenden Tagen zwei PCs erhalten. Mithilfe dieser Geräte sollen zukünftig die Ergebnisse der vorgenommenen Kontrollen dokumentiert werden. Allerdings wird hierfür ein moderner Kontrollbeleg benötigt.

In diesem Zusammenhang bitte ich Sie, unseren nachstehend abgebildeten Kontrollbeleg für den Wareneingang vollständig zu überarbeiten. Folgende Anforderungen sollen erfüllt werden:

- Der Beleg soll als Formular erstellt werden. Die Datei ist unter dem Dateinamen **9_formular_wareneingangskontrolle** zu speichern.
- Tragen Sie Sorge dafür, dass das Formular nach Fertigstellung vor Änderungen schreibgeschützt ist. Vergeben Sie für den anzuwendenden Schutz aber kein Passwort.
- Die grundsätzliche Struktur des aktuellen Belegs soll beibehalten werden. Allerdings sind folgende Verbesserungen vorzunehmen (beachten Sie die rot umkreisten Markierungen im aktuellen Kontrollbeleg):
  1. Das Feld „Wareneingangs-Nr." soll durch ein Feld „Unsere Bestell-Nr." ausgetauscht werden. Für die einzutragenden Bestellnummern soll ein Nur-Text-Inhaltssteuerelement erstellt werden. Das Wareneingangsdatum ist mittels des Datumsauswahl-Inhaltssteuerelements auszuwählen.
  2. Die Felder Lieferanten-Nr. und Lieferant sind zu einem Feld zusammenzuführen. Verwenden Sie hierfür ein Kombinationsfeld-Inhaltssteuerelement. Geben Sie im Bereich Eigenschaften die Daten unserer Lieferanten gemäß der aktuellen Lieferantendatei ein (z. B. 4410 – Wittmann AG).

Modellunternehmen

3. Das Bestelldatum ist mithilfe des Datumsauswahl-Inhaltssteuerelements auszuwählen.
4. Die bislang durch Ankreuzen zu beantwortenden Fragen sollen zukünftig durch Dropdownlisten-Inhaltssteuerelemente ersetzt werden. Geben Sie im Bereich Eigenschaften die Antwortmöglichkeiten „ja“ und „nein“ vor.
5. Die Frage „wenn ja, welche?“ soll zukünftig nicht mehr individuell beantwortet werden. Auch hier ist mittels eines Dropdownliste-Steuerelements eine der folgenden Antworten auszuwählen: („Fehlanzeige“, „Lackschaden“, „Kratzer“, „Ware zerbrochen“, „Ware unvollständig“, „Ware verdreckt“ bzw. „Verkaufsverpackung beschädigt“).

   Fügen Sie an geeigneter Stelle unterhalb des Dropdownliste-Inhaltssteuerelements ein Nur-Text-Inhaltssteuerelement ein, in welchem die Mitarbeiter/-innen ergänzende Anmerkungen zur genauen Art und Menge des vorliegenden Mangels bzw. Schadens machen können.
6. Das Datum der Kontrolle ist mittels des Datumsauswahl-Inhaltssteuerelements auszuwählen.

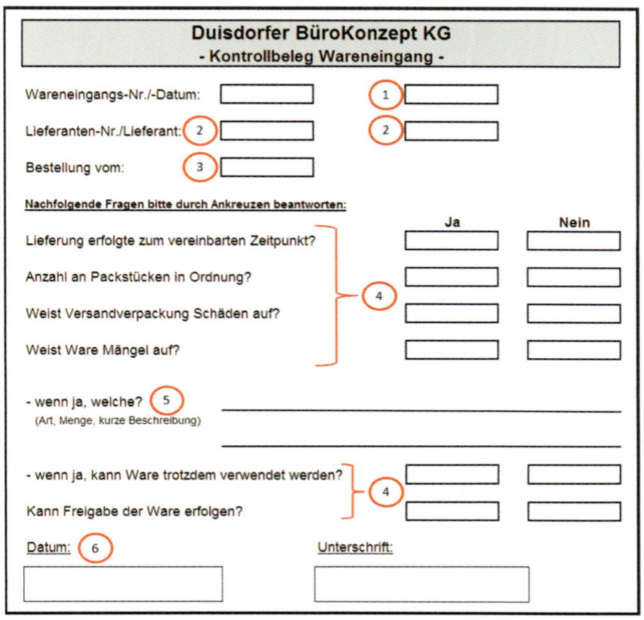
Duisdorfer BüroKonzept KG
- Kontrollbeleg Wareneingang -

Wareneingangs-Nr./-Datum: ①
Lieferanten-Nr./Lieferant: ② ②
Bestellung vom: ③

Nachfolgende Fragen bitte durch Ankreuzen beantworten:

	Ja	Nein
Lieferung erfolgte zum vereinbarten Zeitpunkt? ④		
Anzahl an Packstücken in Ordnung? ④		
Weist Versandverpackung Schäden auf? ④		
Weist Ware Mängel auf? ④		

- wenn ja, welche? ⑤
(Art, Menge, kurze Beschreibung)

- wenn ja, kann Ware trotzdem verwendet werden? ④		
Kann Freigabe der Ware erfolgen? ④		

Datum: ⑥ Unterschrift:

Verwenden Sie für das Formular bitte ein übersichtliches Layout (z. B. in Tabellenform). Wenn Sie das Formular erstellt haben, bin ich Ihnen für die sofortige Prüfung auf seine Alltagstauglichkeit dankbar. Erstellen Sie daher die vier Wareneingangskontrollbelege des heutigen Tages.

In der Anlage erhalten Sie hierfür die Ausdrucke aus unserer Bestelldatei sowie die Lieferscheine zu den heute eingetroffenen Warenlieferungen. Auch die handschriftlichen Notizen von Frau Berg und Frau Elling habe ich diesem Schreiben als Anlage beigefügt.

Beachten Sie noch folgende Hinweise:

- Unterschreiben Sie die zu erstellenden Wareneingangskontrollbelege unter der Angabe „i. A.“.
- Speichern Sie die einzelnen Belege unter dem Dateinamen „Wareneingangskontrolle_Bestellnummer“ ab (z. B. Wareneingangskontrolle_887 für unsere Bestellnummer 887/20..).

Bitte stellen Sie mir die Ergebnisse Ihrer Arbeit zeitnah vor. Sofern ich keine Korrekturen vorzunehmen habe, werde ich den Postversand veranlassen.

Freundliche Grüße

Laura Beckmann

Anlagen

Vorgang 1

Bestelldatei

laufende Best.-Nr.: 887/20.. Bestelldatum: 07.08.20..

Lieferanten-Nr.: 4410 Lieferant: Wittmann AG

Sachbearbeiter: Udo Anderson (Vertretung für Frau Elling) Liefertermin: 30.08.20..

...	**Beschaffung**	Lager	Fibu	...

bestellte Artikel:	bestellte Menge:	LEP/St., netto	ZEP ges., netto
Scann-Chef 100	10	125,00 €	1.000,00 €
		Gesamt	1.000,00 €

Vereinbarte Zahlungskonditionen:

Zahlungsziel: 30 Tage

Skonto: 2,0% innerhalb von 10 Tagen

WITTMANN AG

Bürotechnik

Ihr Zeichen: AP
Ihre Nachricht vom:
Unser Zeichen: BK
Unsere Nachricht vom:

Name: Bianca Kuhn
Telefon: 0271 80053-72
Fax: 0271 80053-10
E-Mail: bianca.kuhn@wittmann-ag.de

Datum: 28.08.20..

Wittmann AG, Untere Dorfstr. 130, 57074 Siegen
Duisdorfer BüroKonzept KG
Rochusstraße 30
53123 Bonn

Wareneingang:
30.08.20..

Lieferanten-Nummer:
4410

Lieferschein-Nr. L-50722

Kunden-Nr.: 2495420
Ihre Bestell-Nr.: 887/20.. vom 07.08.20..
Versanddatum: 28.08.20..
Anzahl Packstücke: 1

Position	Artikel-Bezeichnung	Menge
300213	Scann-Chef 100	10

Bitte überprüfen Sie die Ware <u>unverzüglich</u> auf Vollständigkeit und Beschädigungen an der Verpackung sowie der Ware.

Im Falle einer Beanstandung dokumentieren Sie die Fehler auf dem Lieferschein und lassen Sie diese vom Versandfahrer bestätigen.

Haben Sie bitte Verständnis dafür, dass wir spätere Reklamationen nicht anerkennen können.

Ware vollständig und einwandfrei
J. Elling, 30.08.20..

Vorgang 2

Bestelldatei

laufende Best.-Nr.:	888/20..	Bestelldatum:	18.08.20..
Lieferanten-Nr.:	4410	Lieferant:	Wittmann AG
Sachbearbeiter:	Auszubildender	Liefertermin:	30.08.20..

...	**Beschaffung**	Lager	Fibu	...

bestellte Artikel:	bestellte Menge:	LEP/St., netto	ZEP ges., netto
Beamer "Visiomaster 20"	750	450,00 €	270.000,00 €
		Gesamt	270.000,00 €

Vereinbarte Zahlungskonditionen:

Zahlungsziel: 30 Tage

Skonto: 2,0% innerhalb von 10 Tagen

WITTMANN AG

Bürotechnik

Wittmann AG, Untere Dorfstr. 130, 57074 Siegen

Duisdorfer BüroKonzept KG
Rochusstraße 30
53123 Bonn

Ihr Zeichen: AP
Ihre Nachricht vom:
Unser Zeichen: BK
Unsere Nachricht vom:

Name: Bianca Kuhn
Telefon: 0271 80053-72
Fax: 0271 80053-10
E-Mail: bianca.kuhn@wittmann-ag.de

Datum: 28.08.20..

Wareneingang: 30.08.20..

Lieferschein-Nr. L-50733

Lieferanten-Nummer: 4410

Kunden-Nr.: 2495420
Ihre Bestell-Nr.: 888/20.. vom 18.08.20..
Versanddatum: 29.08.20..
Anzahl Packstücke: 19

Position	Artikel-Bezeichnung	Menge
322450	Beamer "Visiomaster 20"	750

Bitte überprüfen Sie die Ware unverzüglich auf Vollständigkeit und Beschädigungen an der Verpackung sowie der Ware.

Im Falle einer Beanstandung dokumentieren Sie die Fehler auf dem Lieferschein und lassen Sie diese vom Versandfahrer bestätigen.

Haben Sie bitte Verständnis dafür, dass wir spätere Reklamationen nicht anerkennen können.

Warenlieferung unvollständig
vgl. handschriftl. Vermerk hierzu
M. Berg, 30.08.20..

Vorgang 3

Bestelldatei

laufende Best.-Nr.: 889/20.. Bestelldatum: 18.08.20..

Lieferanten-Nr.: 4402 Lieferant: Saam KG

Sachbearbeiter: Auszubildender Liefertermin: 30.08.20..

...	**Beschaffung**	Lager	Fibu	...

bestellte Artikel:	bestellte Menge:	LEP/St., netto	ZEP ges., netto
Aktenvernichter Safeway	200	54,40 €	9.248,00 €
		Gesamt	9.248,00 €

Vereinbarte Zahlungskonditionen:

Zahlungsziel: 40 Tage

Skonto: 3,0% innerhalb von 14 Tagen

SAAM KG

Bürotechnik

Ihr Zeichen: AP
Ihre Nachricht vom:
Unser Zeichen: fs
Unsere Nachricht vom:

Name: Frank Scheuren
Telefon: 0661 88672-210
Fax: 0661 88672-444
E-Mail: f.scheuren@saam-kg.de

Datum: 28.08.20..

Saam KG, Am Sonnenhang 9, 36039 Fulda
Duisdorfer BüroKonzept KG
Rochusstraße 30
53123 Bonn

Wareneingang:
30.08.20..

Lieferschein-Nr. 7322/20..

Lieferanten-Nummer:
4402

Kunden-Nr.: 244877
Ihre Bestell-Nr.: 889/20.. vom 18.08.20..
Versanddatum: 28.08.20..
Anzahl Packstücke: 4

Position	Artikel-Bezeichnung	Menge
435-10	Aktenvernichter Safeway	200

Bitte überprüfen Sie die Ware unverzüglich auf Vollständigkeit und Beschädigungen an der Verpackung sowie der Ware.

Transportverpackung beschädigt
J. Elling, 30.08.20..

Vorgang 4

Bestelldatei

laufende Best.-Nr.:	891/20..	Bestelldatum:	18.08.20..
Lieferanten-Nr.:	4408	Lieferant:	pc tech AG
Sachbearbeiter:	Auszubildender	Liefertermin:	30.08.20..

...	**Beschaffung**	Lager	Fibu	...

bestellte Artikel:	bestellte Menge:	LEP/St., netto	ZEP ges., netto
Scann-Chef 100	200	119,00 €	20.230,00 €
		Gesamt	20.230,00 €

Vereinbarte Zahlungskonditionen:

Zahlungsziel:	30 Tage		
Skonto:	3,0%	innerhalb von	8 Tagen

pc tech AG

Fachhandel für Elektronik

pc tech AG, Hamburger Str. 111, 45317 Essen
Duisdorfer BüroKonzept KG
Rochusstraße 30
53123 Bonn

Ihr Zeichen:	AP
Ihre Nachricht vom:	
Unser Zeichen:	OZ
Unsere Nachricht vom:	
Name:	Othmar Zirse
Telefon:	0201 487665-49
Fax:	0201 487665-12
E-Mail:	o.zirse@pctechag.de
Datum:	29.08.20..

Wareneingang:
30.08.20..

Lieferschein-Nr. 10275/20..

Lieferanten-Nummer: 4408

Kunden-Nr.:	38742
Ihre Bestell-Nr.:	891/20.. vom 18.08.20..
Versanddatum:	29.08.20..
Anzahl Packstücke:	10

Position	Artikel-Bezeichnung	Menge
735100	Scann-Chef 100	200

Bitte überprüfen Sie die Ware unverzüglich auf Vollständigkeit und Beschädigungen an der Verpackung sowie der Ware.

Verkaufsverpackung z. T. beschädigt
vgl. handschriftl. Vermerk hierzu
M. Berg, 30.08.20..

Handschriftliche Vermerke zur Wareneingangskontrolle am 30.08.20.. (Auszüge)

Ergänzung zur Wareneingangskontrolle am 30.08.20..

Unsere Bestell-Nr. 889/20..

Lieferant: Saam KG, Fulda

Lieferschein-Nr. 7322/20..

Die Transportverpackungen weisen an mehreren Stellen Schäden auf. Ein entsprechender Hinweis wurde auf dem Lieferschein vermerkt.

Bei der später erfolgten Kontrolle der enthaltenen Waren (Aktenvernichter Safeway) stellte sich heraus, dass die Verkaufsverpackungen optisch in Ordnung sind. Eine Stichprobe hinsichtlich der Funktionsfähigkeit an zwei Geräten verlief ebenfalls ohne Beanstandung.

J. Elling

Anmerkungen zur Wareneingangskontrolle am 30.08.20..

Bestell-Nr. 888/20.. vom Lieferanten Wittmann AG

Lieferschein-Nr. L-50733

Statt der auf dem Lieferschein vermerkten 750 Einheiten des Produkts Beamer „Visiomaster 20" waren nur 745 Einheiten auf den Paletten verpackt. Die gelieferte Menge wurde zwei Mal von mir und Herrn Barth kontrolliert.

Bestell-Nr. 891/20.. vom Lieferanten pc tech AG

Lieferschein-Nr. 10275/20..

Von den 200 gelieferten Einheiten des Produkts Scann-Chef 100 weisen sieben Verkaufsverpackungen so große optische Schäden auf, dass diese nicht von uns akzeptiert werden. Die sieben Einheiten werden an den

Lieferanten zurückgeschickt.

M. Berg

10 Funktionen zur Automation der Textverarbeitung nutzen

Ausgangssituation

Frau Vivien Necke ist in der Duisdorfer BüroKonzept KG für den Bereich der Personalvergütung verantwortlich. Zu ihren Aufgaben gehören unter anderem die Erstellung der monatlichen Vergütungsabrechnungen und die Überweisung der Nettovergütungen an jeden Mitarbeiter.

In letzter Zeit häufen sich Rückfragen der Mitarbeiter zu den einzelnen Positionen, die auf den ausgedruckten Abrechnungen aufgeführt sind. Die Beantwortung der einzelnen Fragen beansprucht viel Zeit, sodass Frau Necke vor allem am Monatsende ihre Aufgaben nur erledigen kann, wenn sie abends länger als vorgesehen arbeitet.

Sie entscheidet sich deshalb, ein Merkblatt zu erstellen, in dem die häufig gestellten Fragen allgemein beantwortet werden. Dieses Merkblatt möchte sie mit der nächsten Vergütungsabrechnung an alle Mitarbeiter ausgeben.

Aufgrund der Vielzahl der Fragen möchte Frau Necke das Blatt übersichtlich gliedern und zu Beginn ein Inhaltsverzeichnis ausdrucken. Außerdem möchte sie die Absätze zu den einzelnen Fragen einheitlich gestalten. Gesetzliche Grundlagen zu den Fragen möchte sie in Fußnoten angeben.

Zur Sicherstellung der fehlerfreien Rechtschreibung und Richtigkeit der Inhalte des Merkblattes möchte sie die Rechtschreibprüfung von MS Word nutzen und abschließend das Merkblatt zur Prüfung an einen Kollegen weiterleiten.

10.1 Die Rechtschreib- und Grammatikprüfung nutzen

In das Programm MS Word ist ein Wörterbuch mit den Regeln der deutschen Rechtschreibung und Grammatik integriert. Dies ermöglicht es der Software, automatisch eine Vielzahl von Fehlern zu erkennen. Beim Erfassen von Text werden die Eingaben parallel kontrolliert. Fehler macht MS Word durch Unterstreichungen kenntlich. Rot unterstrichene Wörter enthalten Rechtschreibfehler, Grammatikfehler kennzeichnet das Programm mit grüner Unterstreichung.

Arbeitsauftrag 1

Frau Necke hat den Inhalt des Merkblatts bereits über Tastatureingaben erfasst. Das Dokument hat sie unter dem Dateinamen **10_merkblatt_01** abgespeichert. Sie bittet Sie, den Text zu lesen und eine Fehlerkorrektur durchzuführen.

Vorgehensweise:

Web

1. Öffnen Sie das Dokument **10_merkblatt_01**.
2. Positionieren Sie den Cursor an den Anfang des Dokuments.
3. Starten Sie die Prüfung des Dokuments auf Rechtschreib- und Grammatikfehler durch einen Klick auf ÜBERPRÜFEN – RECHTSCHREIBUNG– RECHTSCHREIBUNG UND GRAMMATIK

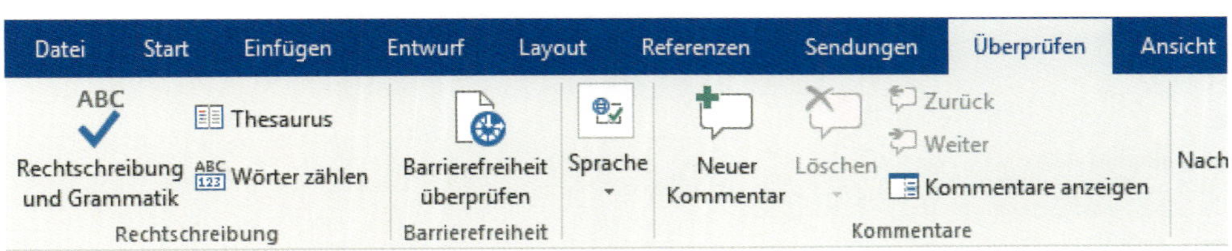

***Abbildung 10.1:** Rechtschreibung und Grammatik überprüfen*

4. Entscheiden Sie, welche der jeweils vorgeschlagenen Änderung durchgeführt werden soll. Der erste Fehler, den das Programm im Text erkennt und markiert, ist z. B. ein Grammatikfehler.

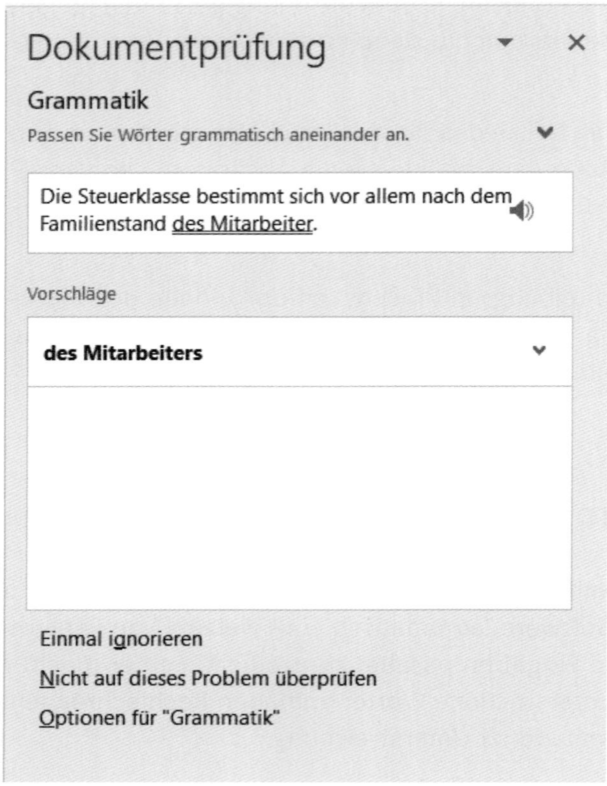

Abbildung 10.2: *Überprüfung der Grammatik und Vorschläge zur Korrektur*

5. Wählen Sie aus den vorgeschlagenen Änderungen den richtigen Vorschlag aus (des Mitarbeiters) und veranlassen Sie die Änderung durch Klick auf den gewählten Vorschlag.
6. Der zweite Fehler, den das Programm erkennt, ist ein Rechtschreibfehler.

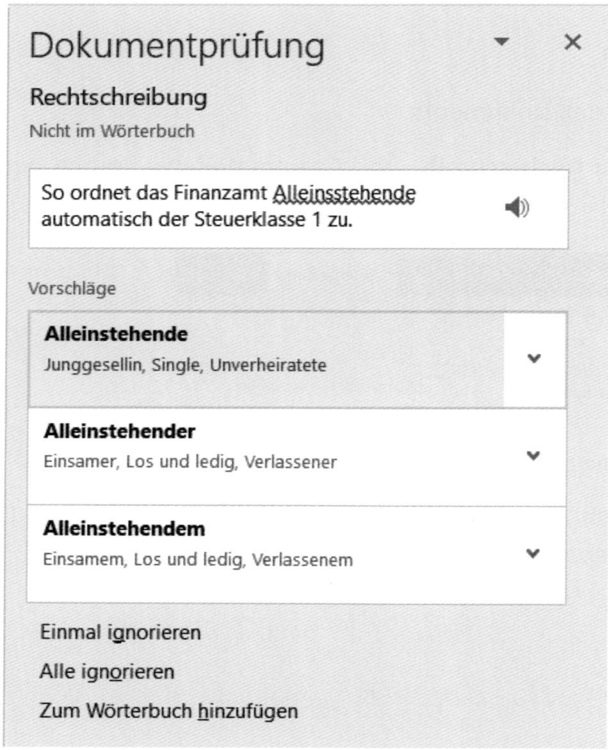

Abbildung 10.3: *Überprüfung der Rechtschreibung und Vorschläge zur Korrektur*

7. Entscheiden Sie sich auch hier für einen der Vorschläge.

Achtung:
Es kann passieren, dass die Fehlerprüfung Fehler **nicht** erkennt. So wurde bei den Informationen zur Lohnsteuerklasse das Wort **Tot** verwendet. Richtig müsste es aber heißen **Tod**. Vertrauen Sie also nicht vollständig den Ergebnissen der Fehlerprüfung. Korrigieren Sie diesen Fehler durch manuelle Tastatureingabe.

Unter Umständen zeigt die Fehlerprüfung aber auch Fehler an, die aus Formulierungen entstehen, die Sie bewusst gewählt haben (z. B. des/der Ehepartners/Ehepartnerin). Den Änderungsvorschlag, den das Programm unterbreitet, ignorieren Sie dann einfach durch Klick auf die Befehlsschaltfläche EINMAL IGNORIEREN.

8. MS Word entdeckt auch, wenn ein Leerzeichen zu viel eingegeben wurde.

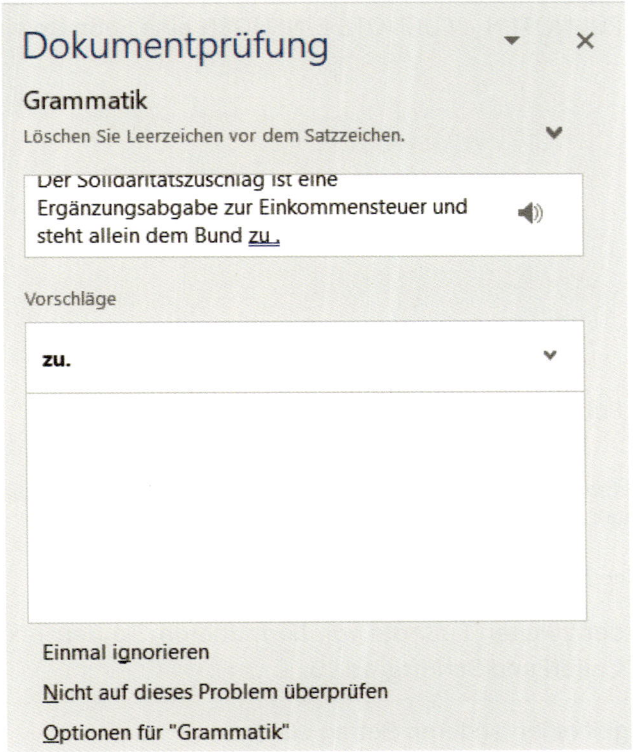

Abbildung 10.4: *Fehler durch versehentlich eingegebene Leerstelle*

9. Setzen Sie den Korrekturlauf weiter fort. Zum Abschluss meldet MS Word, dass keine Fehler mehr gefunden wurden.

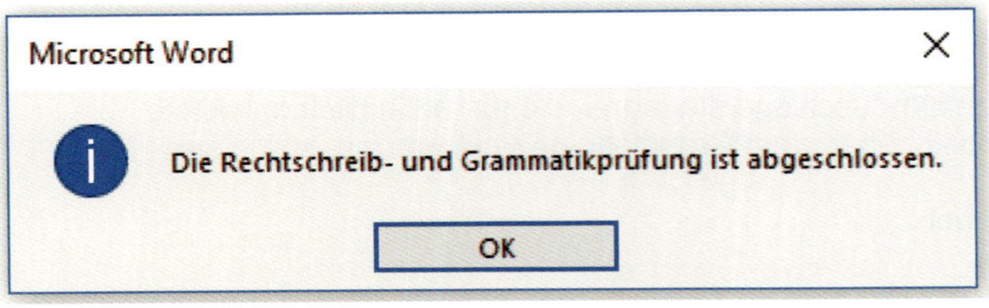

Abbildung 10.5: *Rechtschreib- und Grammatikprüfung abgeschlossen*

10. Speichern Sie das korrigierte Dokument unter dem Dateinamen **10_merkblatt_02**.

10.2 Fußnoten erstellen, ändern und löschen

Frau Necke möchte, dass im Merkblatt an zwei Stellen eine Fußnote eingefügt wird. Eine Fußnote ist eine Erläuterung oder eine weitere Information in der Fußzeile zu einer bestimmten Textstelle. Durch eine hochgestellte Zahl wird im Text der Hinweis auf die Fußnote gegeben. Die Erläuterung oder Information in der Fußzeile ist mit derselben Zahl gekennzeichnet. Es ist also eindeutig zu erkennen, welche Fußnote zu welcher Textstelle gehört.

Arbeitsauftrag 2

Web

Frau Necke bittet Sie, die beiden Fußnoten einzufügen.

1. Öffnen Sie die Datei **10_merkblatt_02**.
2. Setzen Sie den Cursor hinter das Wort „Ergänzungsabgabe".

Was ist der Solidaritätszuschlag?
Der Solidaritätszuschlag ist eine Ergänzungsabgabe[1] zur Einkommensteuer und steht allein dem Bund zu. Im Jahr 2021 wurden die Freigrenzen für die Berechnung deutlich angehoben. Damit entfällt die Abgabe für den überwiegenden Teil der Steuerzahler.

Abbildung 10.6: *Cursorposition zum Einfügen einer Fußnote*

3. Fügen Sie durch Klick auf REFERENZEN – FUßNOTEN – FUßNOTE EINFÜGEN eine Fußnote ein.

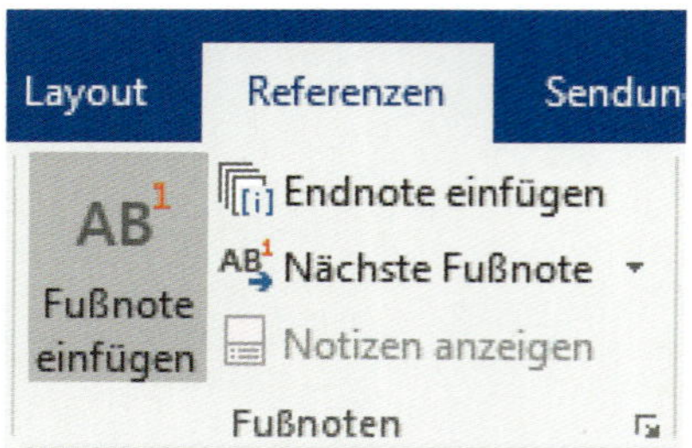

Abbildung 10.7: *Fußnote einfügen*

4. Ergänzen Sie in der Fußzeile den Text der Fußnote.

[1] Nach § 3 Solidaritätszuschlaggesetz ist die Bemessungsgrundlage für den Solidaritätszuschlag die zu zahlende Einkommen- bzw. Lohnsteuer.

Abbildung 10.8: *Position und Text der ersten Fußnote*

5. Gehen Sie entsprechend für die Eingabe der zweiten Fußnote vor. Formatieren Sie den Text in der abgedruckten Form mit der Schriftart Calibri und Schriftgrad 10.

Warum hat das steuerpflichtige Bruttoentgelt einen anderen Betrag als das sozialversicherungspflichtige Bruttoentgelt?
Zuschläge für Sonntags-, Feiertags- und Nachtarbeit sind unter bestimmten Bedingungen[2] einkommenssteuerfrei. Bei der Berechnung der Sozialversicherungsbeiträge müssen sie allerdings berücksichtigt werden. In diesen Fällen ist das steuerpflichtige Bruttoentgelt also niedriger als das sozialversicherungspflichtige Entgelt.

[1] Nach § 3 Solidaritätszuschlaggesetz ist die Bemessungsgrundlage für den Solidaritätszuschlag die zu zahlende Einkommen- bzw. Lohnsteuer.
[2] Nach § 3b Einkommensteuergesetz sind Zuschläge steuerfrei, die für tatsächlich geleistete Sonntags-, Feiertags- oder Nachtarbeit neben dem Grundlohn gezahlt werden, sowie sie
1. für Nachtarbeit 25 Prozent,
2. ... für Sonntagsarbeit 50 Prozent

des Grundlohns nicht übersteigen.

Abbildung 10.9: *Position und Text der zweiten Fußnote*

6. Speichern Sie das Dokument mit den Fußnoten unter dem Dateinamen **10_merkblatt_03**.
7. MS Word verwaltet die Anordnung der Fußnoten automatisch. Ergibt sich z. B. durch die Eingabe von weiterem Text die Änderung der Seitenzuordnung, so wird auch die betroffene Fußnote der neuen Seite mit angepasster Nummerierung zugeordnet.
8. Eine Fußnote wird gelöscht, indem der Verweis auf die Fußnote im **Text** markiert und die ENTF-Taste betätigt wird. Der Verweis im Text und der Text der Fußnote werden beide entfernt. Durch das alleinige Löschen des Fußnotentextes bleibt der Verweis im Text erhalten.

10.3 Formatvorlagen einrichten und nutzen

Arbeitsauftrag 3

Frau Necke findet, dass das Merkblatt viel übersichtlicher gestaltet werden muss. Sie möchte daher Hervorhebungen der Überschriften und größere Zeilenabstände zwischen den Absätzen integrieren. Sie erklärt Ihnen, wie Sie das machen sollen.

1. Formatieren Sie zunächst die Überschrift des Merkblatts im Schriftgrad 18 in hellblauer Farbe, Schriftart Calibri und fett.
2. Der Text enthält drei Zwischenüberschriften. Sie werden jeweils mit den Wörtern „Häufig gestellte Fragen ...“ eingeleitet. Frau Necke möchte, dass Sie diese Texte besonders hervorheben und als Überschriften kennzeichnen. Dies ist wichtig, da ja später noch das Inhaltsverzeichnis zum Merkblatt automatisch erstellt werden soll.

   Für die einheitliche Formatierung unterschiedlicher Absätze können in MS Word die sogenannten Formatvorlagen genutzt werden. Sie finden sich unter START – FORMATVORLAGEN.

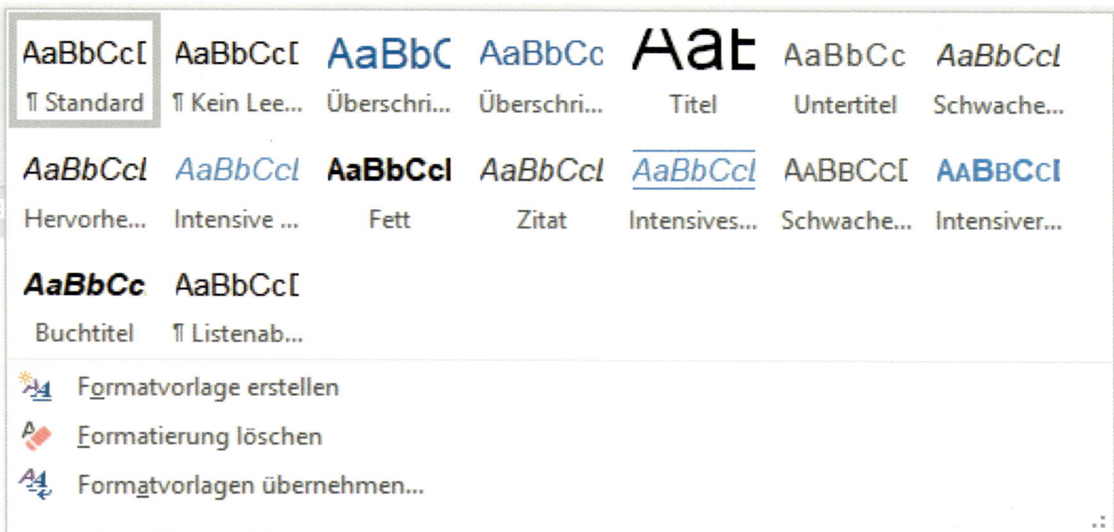

Abbildung 10.10: *Formatvorlagen*

3. Frau Necke möchte, dass Sie für die Zwischenüberschriften mit dem Textanfang „Häufig gestellte Fragen ...“ die Formatvorlage ÜBERSCHRIFT 1 verwenden. Allerdings wünscht sie schwarz als Textfarbe. Dies bedeutet, dass Sie in der Formatvorlage ÜBERSCHRIFT 1 die Schriftfarbe von blau in schwarz ändern müssen.

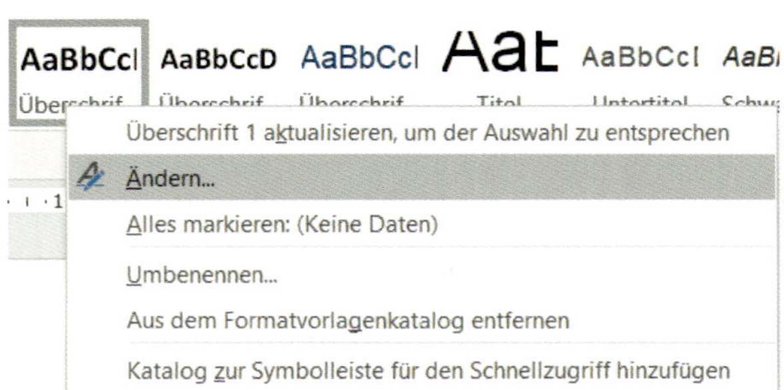

Abbildung 10.11: *Kontextmenü zur Bearbeitung einer Formatvorlage*

   a) Klicken Sie mit der rechten Maustaste auf die Formatvorlage ÜBERSCHRIFT 1. Es öffnet sich das nebenstehende abgedruckte Fenster. Klicken Sie auf ÄNDERN.
   b) Ändern Sie die Eigenschaften der Formatvorlage ÜBERSCHRIFT 1 in der nachfolgend dargestellten Weise. Das in Abbildung 10.13 dargestellte Fenster öffnet sich durch Klick auf die Befehlsschaltfläche FORMAT im Fenster FORMULARVORLAGE ÄNDERN und der anschließenden Auswahl ABSATZ.

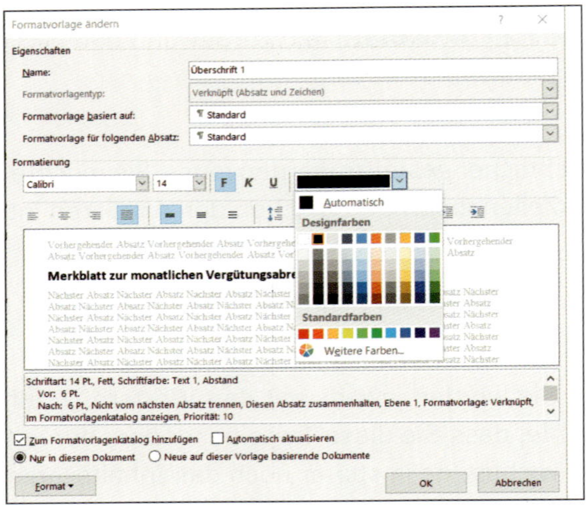

Abbildung 10.12: *Ändern der Eigenschaften der Formatvorlage Überschrift 1*

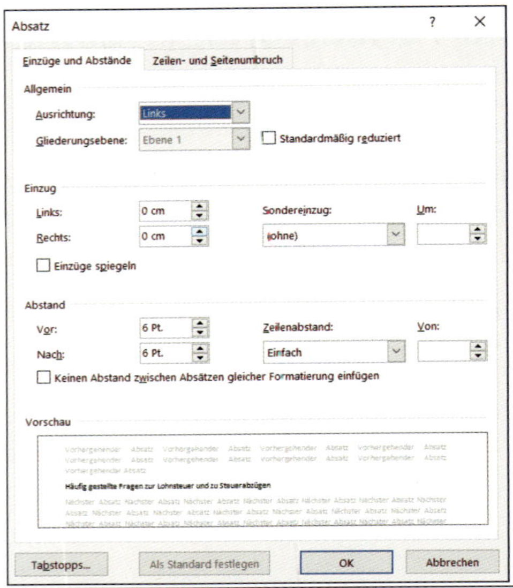

Abbildung 10.13: *Weitere Eigenschaften der Formatvorlage Überschrift 1 ändern*

c) Wenden Sie die Formatvorlage ÜBERSCHRIFT 1 auf die Überschriften an. Setzen Sie dazu den Cursor in die erste Zwischenüberschrift und klicken Sie auf die Formatvorlage. Die Eigenschaften werden auf die Überschrift übertragen. Mit der Zuweisung der Eigenschaften der Formatvorlage wird der Überschrift gleichzeitig die Gliederungsebene 1 zugewiesen (siehe Abbildung 10.13). Dies ist für die spätere Nummerierung der Überschrift von grundsätzlicher Bedeutung.

d) Gehen Sie in gleicher Weise bei den beiden anderen Zwischenüberschriften vor.

4. Frau Necke bittet Sie nun, auch die Fragen selbst zu gestalten. Sie bittet Sie, hierzu die Formatvorlage ÜBERSCHRIFT 2 zu verwenden.
   Ändern Sie die Formatvorlage ÜBERSCHRIFT 2 durch Wahl der Zeichenformatierung in Schriftart Calibri, fett, schwarz und Schriftgrad 12, Abstand vor und nach dem Absatz jeweils 2 pt und wenden Sie die geänderte Formatvorlage auf die Fragen im Merkblatt an.

5. Frau Necke nennt Ihnen nun noch die Wünsche für die Formatierung der Antworten zu den Fragen. Der Text soll in der Schriftart Calibri, Schriftgrad 11, mit der Ausrichtung Blocksatz und in schwarzer Textfarbe gestaltet werden. Mit der Zuweisung der Eigenschaften der Formatvorlage ÜBERSCHRIFT 2 auf die entsprechenden Überschriften wird ihnen gleichzeitig die Ebene 2 übertragen.

   Sie entscheiden sich für die Erstellung einer neuen Formatvorlage zur Formatierung der Antworten.

   a) Erstellen Sie eine neue Formatvorlage auf der Basis der Formatvorlage STANDARD. Markieren Sie zunächst die Formatvorlage STANDARD. Klicken Sie anschließend in der Gruppe FORMATVORLAGE in der Registerkarte START auf den Pfeil in der Laufleiste rechts unten. Es öffnet sich das in Abbildung 10.14 angezeigte Fenster.

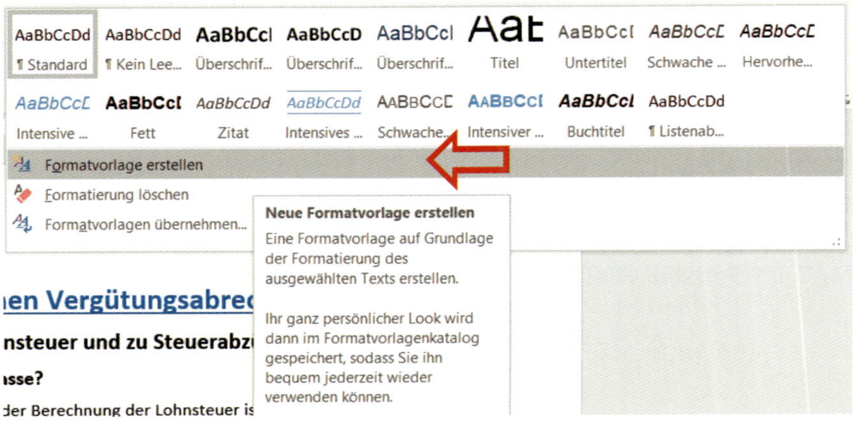

Abbildung 10.14: *Neue Formatvorlage erstellen*

b) Geben Sie der neuen Formatvorlage den Namen **Merkblatt Textkörper** und und klicken Sie auf OK. Die neue Formatvorlage mit dem Namen MERKBLATT TEXTKÖRPER wird nun als Formatvorlage in der Gruppe FORMATVORLAGEN angezeigt. Stellen Sie die Eigenschaften der neuen Formatvorlage entsprechend der Ansichten in Abbildung 10.15 ein.

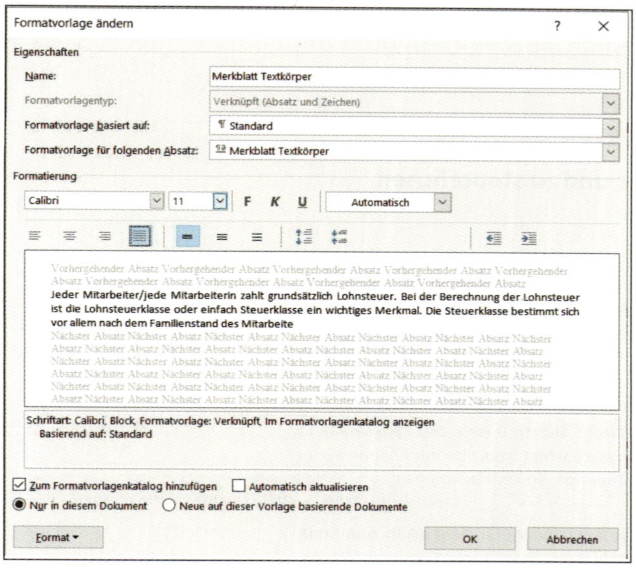

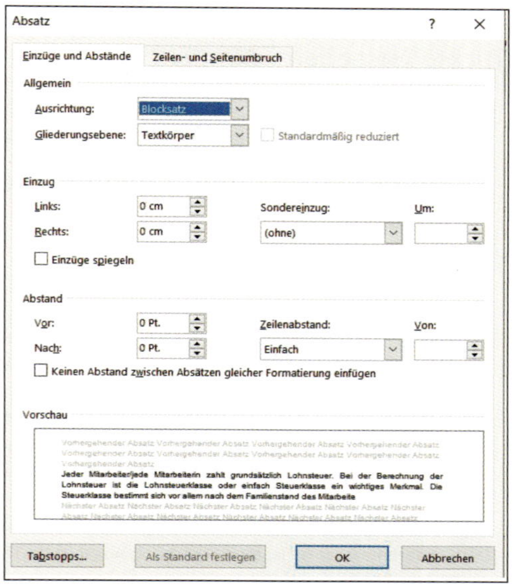

***Abbildung 10.15:** Eigenschaften der neuen Formatvorlage Merkblatt Textkörper*

c) Wenden Sie die neue Formatvorlage auf die Antworttexte zu den einzelnen Fragen an. Ersetzen Sie – zur Vermeidung unerwünschter Worttrennungen und zur Einhaltung der Schreibregeln der DIN 5008 – diverse Leerzeichen durch geschützte Leerzeichen. Beispiele hierfür sind die Leerstellen zwischen den Abkürzungen z. B., das Leerzeichen vor % oder das Leerzeichen bei Steuerklasse 1. Das Merkblatt sollte nun das nachfolgend abgedruckte Aussehen haben.

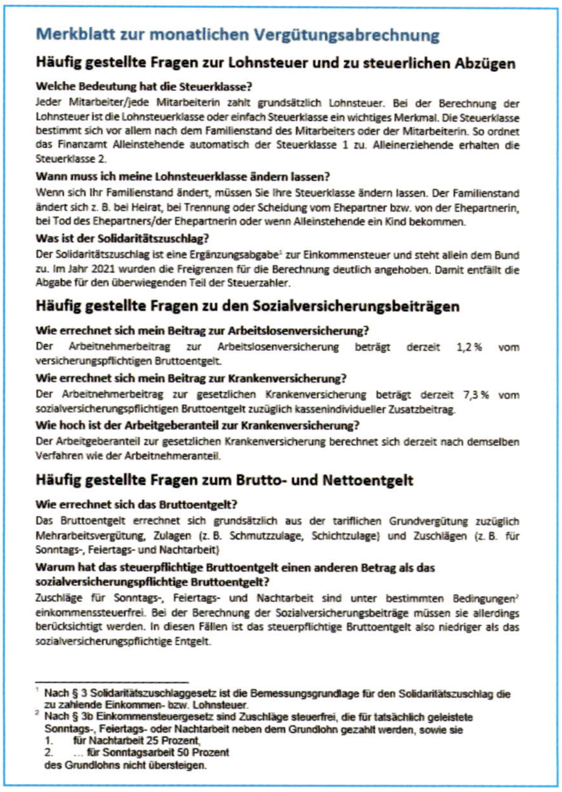

Merkblatt zur monatlichen Vergütungsabrechnung

Häufig gestellte Fragen zur Lohnsteuer und zu steuerlichen Abzügen

Welche Bedeutung hat die Steuerklasse?
Jeder Mitarbeiter/jede Mitarbeiterin zahlt grundsätzlich Lohnsteuer. Bei der Berechnung der Lohnsteuer ist die Lohnsteuerklasse oder einfach Steuerklasse ein wichtiges Merkmal. Die Steuerklasse bestimmt sich vor allem nach dem Familienstand des Mitarbeiters oder der Mitarbeiterin. So ordnet das Finanzamt Alleinstehende automatisch der Steuerklasse 1 zu. Alleinerziehende erhalten die Steuerklasse 2.

Wann muss ich meine Lohnsteuerklasse ändern lassen?
Wenn sich Ihr Familienstand ändert, müssen Sie Ihre Steuerklasse ändern lassen. Der Familienstand ändert sich z. B. bei Heirat, bei Trennung oder Scheidung vom Ehepartner bzw. von der Ehepartnerin, bei Tod des Ehepartners/der Ehepartnerin oder wenn Alleinstehende ein Kind bekommen.

Was ist der Solidaritätszuschlag?
Der Solidaritätszuschlag ist eine Ergänzungsabgabe[1] zur Einkommensteuer und steht allein dem Bund zu. Im Jahr 2021 wurden die Freigrenzen für die Berechnung deutlich angehoben. Damit entfällt die Abgabe für den überwiegenden Teil der Steuerzahler.

Häufig gestellte Fragen zu den Sozialversicherungsbeiträgen

Wie errechnet sich mein Beitrag zur Arbeitslosenversicherung?
Der Arbeitnehmerbeitrag zur Arbeitslosenversicherung beträgt derzeit 1,2 % vom versicherungspflichtigen Bruttoentgelt.

Wie errechnet sich mein Beitrag zur Krankenversicherung?
Der Arbeitnehmerbeitrag zur gesetzlichen Krankenversicherung beträgt derzeit 7,3 % vom sozialversicherungspflichtigen Bruttoentgelt zuzüglich kassenindividueller Zusatzbeitrag.

Wie hoch ist der Arbeitgeberanteil zur Krankenversicherung?
Der Arbeitgeberanteil zur gesetzlichen Krankenversicherung berechnet sich derzeit nach demselben Verfahren wie der Arbeitnehmeranteil.

Häufig gestellte Fragen zum Brutto- und Nettoentgelt

Wie errechnet sich das Bruttoentgelt?
Das Bruttoentgelt errechnet sich grundsätzlich aus der tariflichen Grundvergütung zuzüglich Mehrarbeitsvergütung, Zulagen (z. B. Schmutzzulage, Schichtzulage) und Zuschlägen (z. B. für Sonntags-, Feiertags- und Nachtarbeit)

Warum hat das steuerpflichtige Bruttoentgelt einen anderen Betrag als das sozialversicherungspflichtige Bruttoentgelt?
Zuschläge für Sonntags-, Feiertags- und Nachtarbeit sind unter bestimmten Bedingungen[2] einkommenssteuerfrei. Bei der Berechnung der Sozialversicherungsbeiträge müssen sie allerdings berücksichtigt werden. In diesen Fällen ist das steuerpflichtige Bruttoentgelt also niedriger als das sozialversicherungspflichtige Entgelt.

[1] Nach § 3 Solidaritätszuschlaggesetz ist die Bemessungsgrundlage für den Solidaritätszuschlag die zu zahlende Einkommen- bzw. Lohnsteuer.
[2] Nach § 3b Einkommensteuergesetz sind Zuschläge steuerfrei, die für tatsächlich geleistete Sonntags-, Feiertags- oder Nachtarbeit neben dem Grundlohn gezahlt werden, soweit sie
1. für Nachtarbeit 25 Prozent,
2. ... für Sonntagsarbeit 50 Prozent
des Grundlohns nicht übersteigen.

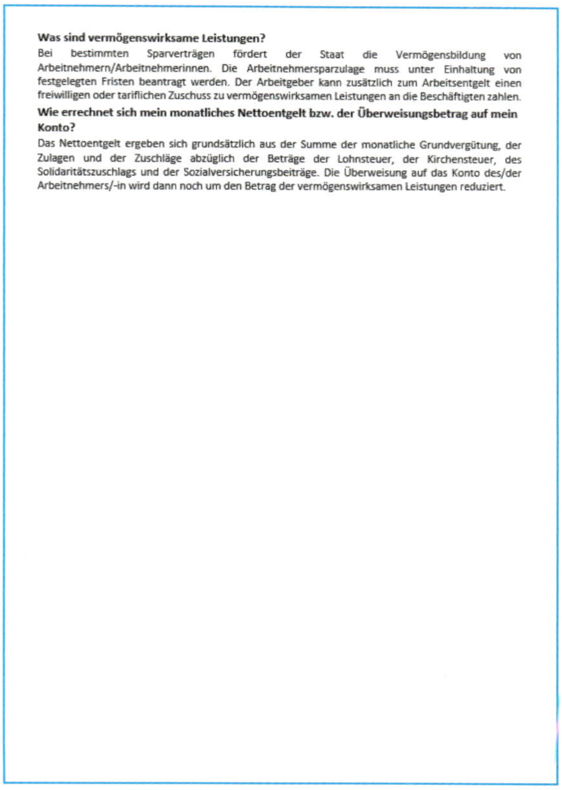

Was sind vermögenswirksame Leistungen?
Bei bestimmten Sparverträgen fördert der Staat die Vermögensbildung von Arbeitnehmern/Arbeitnehmerinnen. Die Arbeitnehmersparzulage muss unter Einhaltung von festgelegten Fristen beantragt werden. Der Arbeitgeber kann zusätzlich zum Arbeitsentgelt einen freiwilligen oder tariflichen Zuschuss zu vermögenswirksamen Leistungen an die Beschäftigten zahlen.

Wie errechnet sich mein monatliches Nettoentgelt bzw. der Überweisungsbetrag auf mein Konto?
Das Nettoentgelt ergeben sich grundsätzlich aus der Summe der monatliche Grundvergütung, der Zulagen und der Zuschläge abzüglich der Beträge der Lohnsteuer, der Kirchensteuer, des Solidaritätszuschlags und der Sozialversicherungsbeiträge. Die Überweisung auf das Konto des/der Arbeitnehmers/-in wird dann noch um den Betrag der vermögenswirksamen Leistungen reduziert.

***Abb. 10.16:** Merkblatt mit formatierten Absätzen*

Speichern Sie das Dokument unter dem Namen **10_merkblatt_04**.

10.4 Texte gliedern

Arbeitsauftrag 4

Frau Necke möchte nun noch, dass Sie die Überschriften und Fragen mit numerischen Gliederungspunkten versehen. Sie stellt sich für den ersten Abschnitt des Merkblatts das nachfolgend abgedruckte Aussehen vor.

Merkblatt zur monatlichen Vergütungsabrechnung

1 Häufig gestellte Fragen zur Lohnsteuer und zu steuerlichen Abzügen

1.1 Welche Bedeutung hat die Steuerklasse?

Jeder Mitarbeiter/jede Mitarbeiterin zahlt grundsätzlich Lohnsteuer. Bei der Berechnung der Lohnsteuer ist die Lohnsteuerklasse oder einfach Steuerklasse ein wichtiges Merkmal. Die Steuerklasse bestimmt sich vor allem nach dem Familienstand des Mitarbeiters oder der Mitarbeiterin. So ordnet das Finanzamt Alleinstehende automatisch der Steuerklasse 1 zu. Alleinerziehende erhalten die Steuerklasse 2.

1.2 Wann muss ich meine Lohnsteuerklasse ändern lassen?

Wenn sich Ihr Familienstand ändert, müssen Sie Ihre Steuerklasse ändern lassen. Der Familienstand ändert sich z. B. bei Heirat, bei Trennung oder Scheidung vom Ehepartner bzw. von der Ehepartnerin, bei Tod des/der Ehepartners/Ehepartnerin oder wenn Alleinstehende ein Kind bekommen.

1.3 Was ist der Solidaritätszuschlag?

Der Solidaritätszuschlag ist eine Ergänzungsabgabe[1] zur Einkommensteuer und steht allein dem Bund zu. Im Jahr 2021 wurden die Freigrenzen für die Berechnung deutlich angehoben. Damit entfällt die Abgabe für den überwiegenden Teil der Steuerzahler.

Abbildung 10.17: *Numerische Gliederung*

Die Gliederung von Texten und die Nummerierung von Überschriften kann in MS Word leicht hergestellt werden. Durch die Zuordnung der Formatvorlagen Überschrift 1 und Überschrift 2 wurde das Merkblatt zur monatlichen Vergütungsabrechnung bereits in Ebenen unterteilt. Dies kann nun genutzt werden.

1. Schalten Sie zunächst in die Gliederungsansicht. Klicken Sie zu in der Registerkarte ANSICHT und der Gruppe ANSICHTEN auf GLIEDERUNG. Die verschiedenen Ebenen sind deutlich zu erkennen. Nach Klick auf eine Überschrift oder den Antworttext wird die jeweilige Ebene auch angezeigt. Über das in Abbildung 10.19 angezeigte Fenster können einzelnen Absätzen – wenn noch nicht geschehen – die Ebenen auch zugeordnet werden.

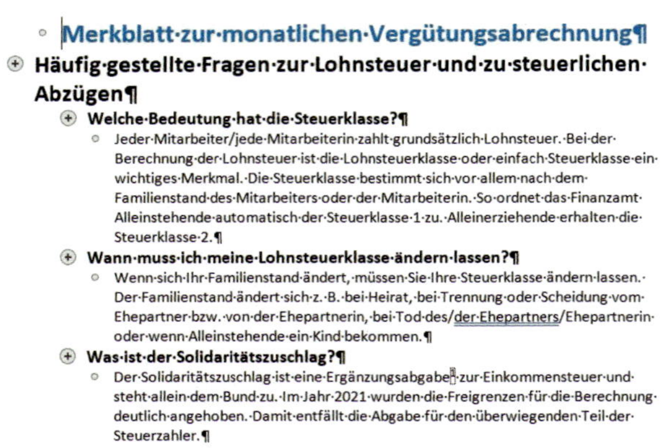
Merkblatt·zur·monatlichen·Vergütungsabrechnung¶
Häufig·gestellte·Fragen·zur·Lohnsteuer·und·zu·steuerlichen·Abzügen¶
Welche·Bedeutung·hat·die·Steuerklasse?¶
Jeder·Mitarbeiter/jede·Mitarbeiterin·zahlt·grundsätzlich·Lohnsteuer.·Bei·der·Berechnung·der·Lohnsteuer·ist·die·Lohnsteuerklasse·oder·einfach·Steuerklasse·ein·wichtiges·Merkmal.·Die·Steuerklasse·bestimmt·sich·vor·allem·nach·dem·Familienstand·des·Mitarbeiters·oder·der·Mitarbeiterin.·So·ordnet·das·Finanzamt·Alleinstehende·automatisch·der·Steuerklasse·1·zu.·Alleinerziehende·erhalten·die·Steuerklasse·2.¶
Wann·muss·ich·meine·Lohnsteuerklasse·ändern·lassen?¶
Wenn·sich·Ihr·Familienstand·ändert,·müssen·Sie·Ihre·Steuerklasse·ändern·lassen.·Der·Familienstand·ändert·sich·z.·B.·bei·Heirat,·bei·Trennung·oder·Scheidung·vom·Ehepartner·bzw.·von·der·Ehepartnerin,·bei·Tod·des/der·Ehepartners/Ehepartnerin·oder·wenn·Alleinstehende·ein·Kind·bekommen.¶
Was·ist·der·Solidaritätszuschlag?¶
Der·Solidaritätszuschlag·ist·eine·Ergänzungsabgabe·zur·Einkommensteuer·und·steht·allein·dem·Bund·zu.·Im·Jahr·2021·wurden·die·Freigrenzen·für·die·Berechnung·deutlich·angehoben.·Damit·entfällt·die·Abgabe·für·den·überwiegenden·Teil·der·Steuerzahler.¶

Abbildung 10.18: *Anzeige der Gliederungsebenen in der Gliederungsansicht*

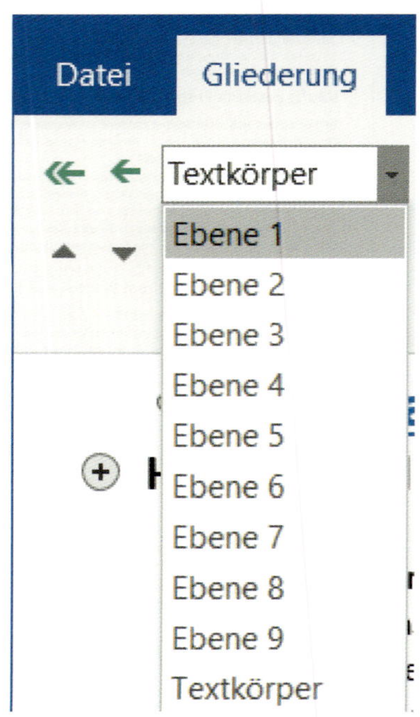

Abbildung 10.19: *Anzeige der Ebenen im Text*

2. Wechseln Sie auf die Registerkarte START und öffnen Sie in der Gruppe ABSATZ die Auswahl LISTE MIT MEHREREN EBENEN. Aktivieren Sie die in Abbildung 10.20 angezeigte Listenbibliothek ÜBERSCHRIFT. MS Word berücksichtigt bei der Nummerierung die vorher zugeordneten Ebenen.
3. Das Ergebnis für den ersten Textteil wird in Abbildung 10.21 dargestellt.
4. Schließen Sie nun die Gliederungssicht, indem Sie in der Registerkarte GLIEDERUNG auf GLIEDERUNGSANSICHT SCHLIEßEN klicken.
5. Passen Sie ggf. das Absatzformat für die Überschriften und den Text in der Weise an, dass alle Abschnittsnummern und Texte gemäß der DIN 5008 auf einer einheitlichen Linie (Fluchtlinie) linksbündig beginnen (siehe Abbildung 10.22).

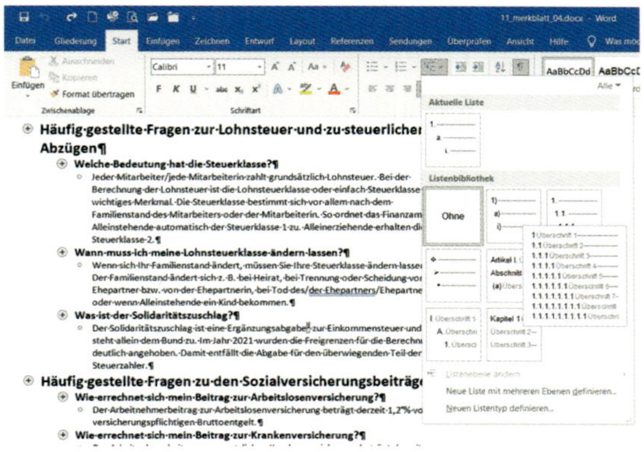

Abbildung 10.20: *Aktivierung der Nummerierung der Überschriften*

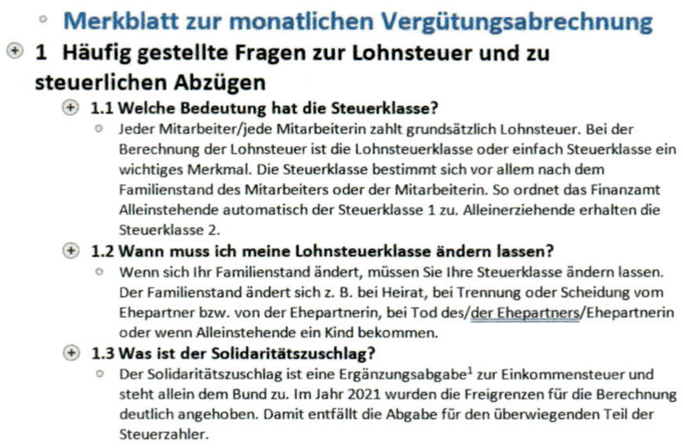

Merkblatt zur monatlichen Vergütungsabrechnung

1 Häufig gestellte Fragen zur Lohnsteuer und zu steuerlichen Abzügen

1.1 Welche Bedeutung hat die Steuerklasse?

Jeder Mitarbeiter/jede Mitarbeiterin zahlt grundsätzlich Lohnsteuer. Bei der Berechnung der Lohnsteuer ist die Lohnsteuerklasse oder einfach Steuerklasse ein wichtiges Merkmal. Die Steuerklasse bestimmt sich vor allem nach dem Familienstand des Mitarbeiters oder der Mitarbeiterin. So ordnet das Finanzamt Alleinstehende automatisch der Steuerklasse 1 zu. Alleinerziehende erhalten die Steuerklasse 2.

1.2 Wann muss ich meine Lohnsteuerklasse ändern lassen?

Wenn sich Ihr Familienstand ändert, müssen Sie Ihre Steuerklasse ändern lassen. Der Familienstand ändert sich z. B. bei Heirat, bei Trennung oder Scheidung vom Ehepartner bzw. von der Ehepartnerin, bei Tod des/der Ehepartners/Ehepartnerin oder wenn Alleinstehende ein Kind bekommen.

1.3 Was ist der Solidaritätszuschlag?

Der Solidaritätszuschlag ist eine Ergänzungsabgabe[1] zur Einkommensteuer und steht allein dem Bund zu. Im Jahr 2021 wurden die Freigrenzen für die Berechnung deutlich angehoben. Damit entfällt die Abgabe für den überwiegenden Teil der Steuerzahler.

Abbildung 10.21: *Gegliederter Text mit nummerierten Überschriften*

6. Das gegliederte Merkblatt mit den nummerierten Überschriften hat nun das folgende Aussehen:

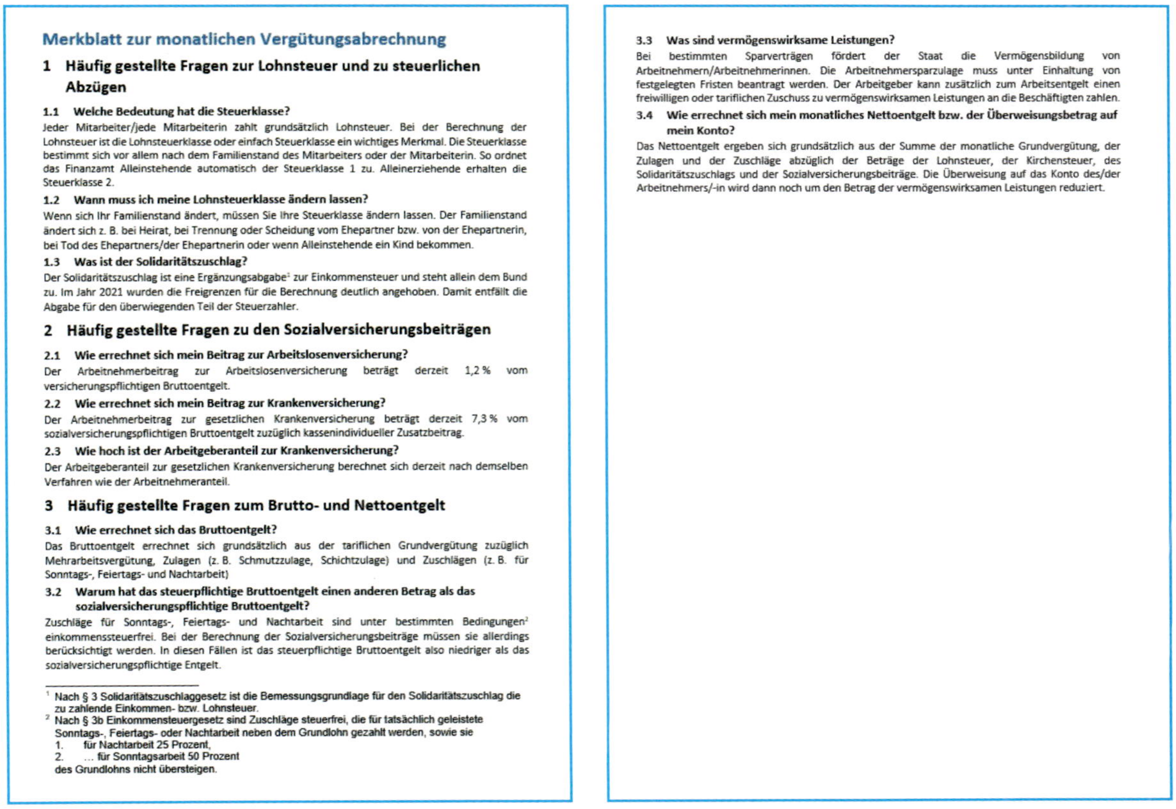

Merkblatt zur monatlichen Vergütungsabrechnung

1 Häufig gestellte Fragen zur Lohnsteuer und zu steuerlichen Abzügen

1.1 Welche Bedeutung hat die Steuerklasse?

Jeder Mitarbeiter/jede Mitarbeiterin zahlt grundsätzlich Lohnsteuer. Bei der Berechnung der Lohnsteuer ist die Lohnsteuerklasse oder einfach Steuerklasse ein wichtiges Merkmal. Die Steuerklasse bestimmt sich vor allem nach dem Familienstand des Mitarbeiters oder der Mitarbeiterin. So ordnet das Finanzamt Alleinstehende automatisch der Steuerklasse 1 zu. Alleinerziehende erhalten die Steuerklasse 2.

1.2 Wann muss ich meine Lohnsteuerklasse ändern lassen?

Wenn sich Ihr Familienstand ändert, müssen Sie Ihre Steuerklasse ändern lassen. Der Familienstand ändert sich z. B. bei Heirat, bei Trennung oder Scheidung vom Ehepartner bzw. von der Ehepartnerin, bei Tod des Ehepartners/der Ehepartnerin oder wenn Alleinstehende ein Kind bekommen.

1.3 Was ist der Solidaritätszuschlag?

Der Solidaritätszuschlag ist eine Ergänzungsabgabe[1] zur Einkommensteuer und steht allein dem Bund zu. Im Jahr 2021 wurden die Freigrenzen für die Berechnung deutlich angehoben. Damit entfällt die Abgabe für den überwiegenden Teil der Steuerzahler.

2 Häufig gestellte Fragen zu den Sozialversicherungsbeiträgen

2.1 Wie errechnet sich mein Beitrag zur Arbeitslosenversicherung?

Der Arbeitnehmerbeitrag zur Arbeitslosenversicherung beträgt derzeit 1,2 % vom versicherungspflichtigen Bruttoentgelt.

2.2 Wie errechnet sich mein Beitrag zur Krankenversicherung?

Der Arbeitnehmerbeitrag zur gesetzlichen Krankenversicherung beträgt derzeit 7,3 % vom sozialversicherungspflichtigen Bruttoentgelt zuzüglich kassenindividueller Zusatzbeitrag.

2.3 Wie hoch ist der Arbeitgeberanteil zur Krankenversicherung?

Der Arbeitgeberanteil zur gesetzlichen Krankenversicherung berechnet sich derzeit nach demselben Verfahren wie der Arbeitnehmeranteil.

3 Häufig gestellte Fragen zum Brutto- und Nettoentgelt

3.1 Wie errechnet sich das Bruttoentgelt?

Das Bruttoentgelt errechnet sich grundsätzlich aus der tariflichen Grundvergütung zuzüglich Mehrarbeitsvergütung, Zulagen (z. B. Schmutzzulage, Schichtzulage) und Zuschlägen (z. B. für Sonntags-, Feiertags- und Nachtarbeit)

3.2 Warum hat das steuerpflichtige Bruttoentgelt einen anderen Betrag als das sozialversicherungspflichtige Bruttoentgelt?

Zuschläge für Sonntags-, Feiertags- und Nachtarbeit sind unter bestimmten Bedingungen[2] einkommenssteuerfrei. Bei der Berechnung der Sozialversicherungsbeiträge müssen sie allerdings berücksichtigt werden. In diesen Fällen ist das steuerpflichtige Bruttoentgelt also niedriger als das sozialversicherungspflichtige Entgelt.

[1] Nach § 3 Solidaritätszuschlaggesetz ist die Bemessungsgrundlage für den Solidaritätszuschlag die zu zahlende Einkommen- bzw. Lohnsteuer.

[2] Nach § 3b Einkommensteuergesetz sind Zuschläge steuerfrei, die für tatsächlich geleistete Sonntags-, Feiertags- oder Nachtarbeit neben dem Grundlohn gezahlt werden, sowie sie
1. für Nachtarbeit 25 Prozent,
2. ... für Sonntagsarbeit 50 Prozent
des Grundlohns nicht übersteigen.

3.3 Was sind vermögenswirksame Leistungen?

Bei bestimmten Sparverträgen fördert der Staat die Vermögensbildung von Arbeitnehmern/Arbeitnehmerinnen. Die Arbeitnehmersparzulage muss unter Einhaltung von festgelegten Fristen beantragt werden. Der Arbeitgeber kann zusätzlich zum Arbeitsentgelt einen freiwilligen oder tariflichen Zuschuss zu vermögenswirksamen Leistungen an die Beschäftigten zahlen.

3.4 Wie errechnet sich mein monatliches Nettoentgelt bzw. der Überweisungsbetrag auf mein Konto?

Das Nettoentgelt ergeben sich grundsätzlich aus der Summe der monatliche Grundvergütung, der Zulagen und der Zuschläge abzüglich der Beträge der Lohnsteuer, der Kirchensteuer, des Solidaritätszuschlags und der Sozialversicherungsbeiträge. Die Überweisung auf das Konto des/der Arbeitnehmers/-in wird dann noch um den Betrag der vermögenswirksamen Leistungen reduziert.

Abbildung 10.22: *Merkblatt mit numerischer Gliederung*

7. Speichern Sie das gegliederte Merkblatt unter dem Dateinamen **10_merkblatt_05**.

10.5 Inhaltsverzeichnisse erstellen und gestalten

Arbeitsauftrag 5

Nun wünscht Frau Necke noch, dass das Merkblatt mit einem Inhaltsverzeichnis versehen wird. Da MS Word erkennt, welche Absätze als Überschriften gekennzeichnet sind, kann hier die automatische Erstellung eines Inhaltsverzeichnisses genutzt werden.

Web

1. Öffnen Sie die Datei **10_merkblatt_05**.
2. Setzen Sie den Cursor vor den ersten Gliederungspunkt.
3. Klicken Sie in der Registerkarte REFERENZEN auf INHALTSVERZEICHNIS – AUTOMATISCHES VERZEICHNIS 1

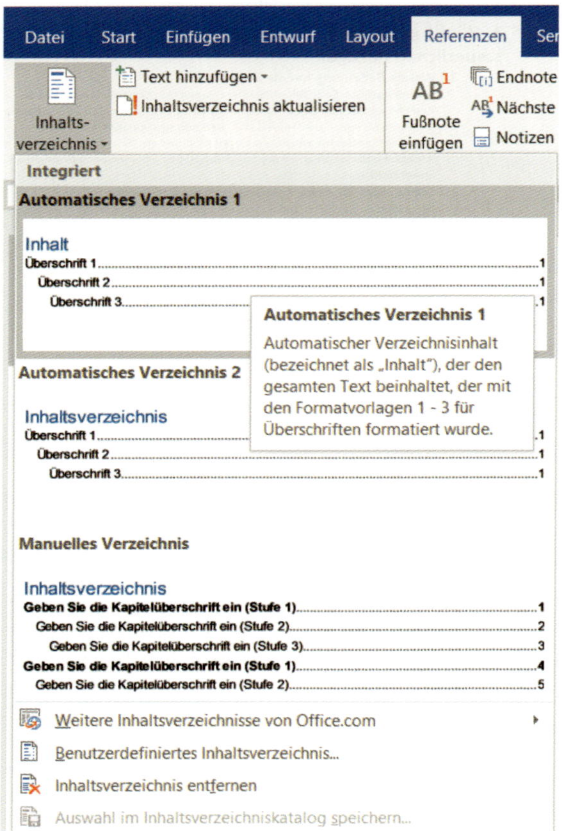

Abbildung 10.23: *Inhaltverzeichnis einfügen*

4. Wählen Sie die dargestellten Optionen und klicken Sie auf OK.
5. Das Inhaltsverzeichnis wird programmgesteuert an der gewünschten Stelle erstellt. Ggf. müssen die Absatzeigenschaften noch abschließend angepasst werden.
6. Das automatisch erstellte Inhaltsverzeichnis wird vor dem Text positioniert. Daher müssen die Seitenzahlen noch aktualisiert werden. Wählen Sie dazu REFERENZEN – INHALTSVERZEICHNIS – INHALTSVERZEICHNIS AKTUALISIEREN – NUR SEITENZAHLEN AKTUALISIEREN aus.

Merkblatt zur monatlichen Vergütungsabrechnung

Inhalt

Abbildung 10.24: *Das automatisch erstellte Inhaltsverzeichnis*

7. Speichern Sie das Dokument mit Inhaltsverzeichnis unter dem Dateinamen **10_merkblatt_06**.

10.6 Überarbeitungsfunktion nutzen

Ausgangssituation

Frau Necke ist sehr zufrieden mit der Gestaltung des Merkblatts zur monatlichen Vergütungsabrechnung. Da sie das Merkblatt erst ausgeben möchte, wenn sie sich ganz sicher sein kann, dass keine Fehler mehr im Dokument enthalten sind, leitet sie die Datei per E-Mail an ihren Kollegen, Werner Unger, mit der Bitte um Kontrolle und Überarbeitung weiter. Herr Unger mailt zurück, dass er das Merkblatt lesen und mit Kommentaren in der Überarbeitungsfunktion zurücksenden wird. Die Änderungsvorschläge könne Frau Necke dann übernehmen oder ablehnen. Auf Nachfrage erklärt Herr Unger Ihnen, wie das funktioniert.

Arbeitsauftrag 6

Vollziehen Sie die erklärten Schritte am Rechner nach.

1. Öffnen Sie das Dokument **10_merkblatt_06**.
2. Herr Unger hat für den Text noch einen Änderungswunsch. So möchte er die Formulierung „des/der Ehepartners/Ehepartnerin“ ändern und die Formulierung „des Ehepartners/der Ehepartnerin„ verwenden. Den Änderungsvorschlag möchte er angeben. Dazu klickt er zunächst im Menü ÜBERPRÜFEN in der Gruppe NACHVERFOLGUNG auf die Befehlsschaltfläche ÄNDERUNGEN NACHVERFOLGEN. Bei der Option MARKUP wählt er MARKUP: ALLE, um später z. B. genau nachverfolgen zu können, wer die Änderung vorgenommen hat.

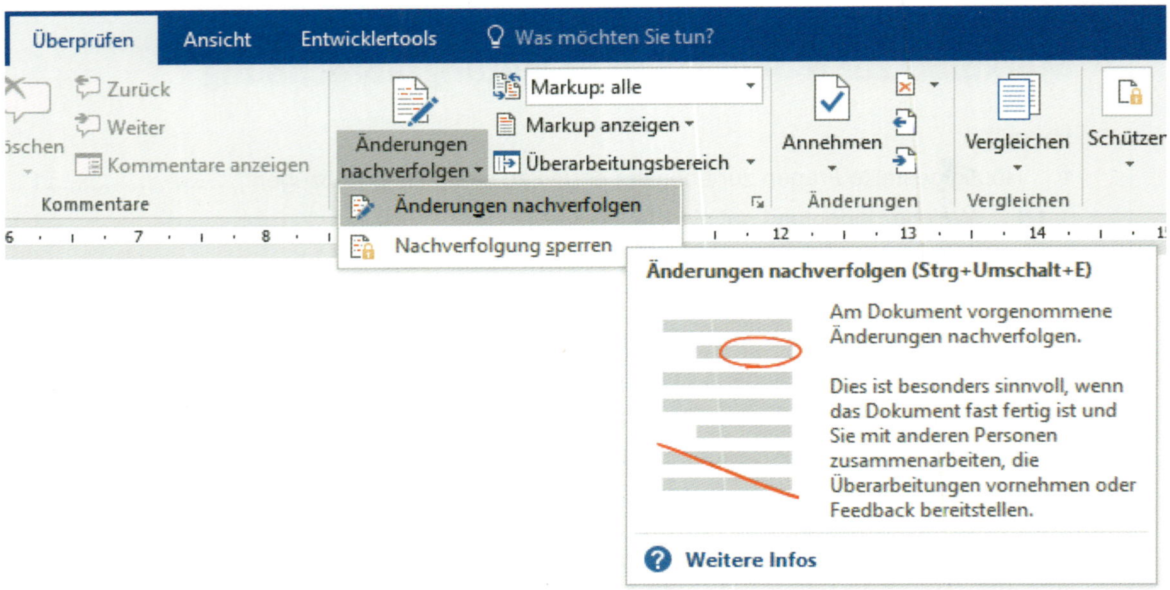

Abbildung 10.25: *Aktivierung der Nachverfolgung von Änderungen*

Zusätzlich bietet MS Word die Möglichkeit, in Kommentaren (ÜBERPRÜFEN – KOMMENTARE – NEUER KOMMENTAR) z. B. Änderungen zu erläutern oder Fragen zu den Textinhalten zu stellen. Der Cursor ist vor dem Einfügen eines neuen Kommentars an die zugehörige Textstelle zu setzen.

Abbildung 10.26: *Kommentar einfügen*

3. Anschließend löscht er den zu ändernden Text und gibt seinen Verbesserungsvorschlag ein. Der Verbesserungsvorschlag wird angegeben, aber noch nicht eingearbeitet.
   Herr Unger ändert ich gleicher Weise die Schreibweise unter Punkt 3.4 (des/der Arbeitnehmers/-in).

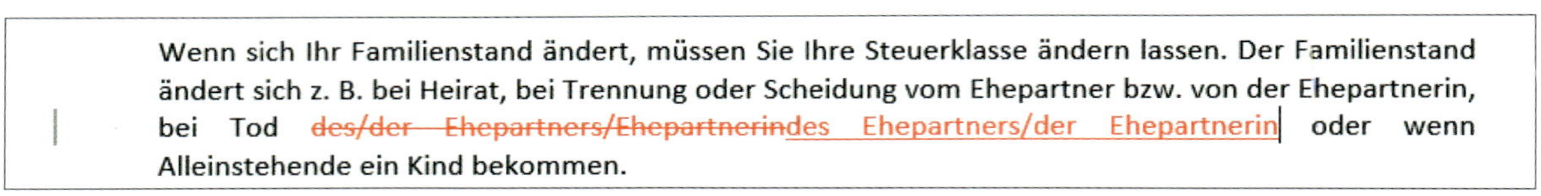
Wenn sich Ihr Familienstand ändert, müssen Sie Ihre Steuerklasse ändern lassen. Der Familienstand ändert sich z. B. bei Heirat, bei Trennung oder Scheidung vom Ehepartner bzw. von der Ehepartnerin, bei Tod ~~des/der Ehepartners/Ehepartnerin~~des Ehepartners/der Ehepartnerin oder wenn Alleinstehende ein Kind bekommen.

Abbildung 10.27: *Vorgeschlagene Änderung*

Web

4. Da Herr Unger keine weiteren Fehler entdeckt, speichert er das Dokument unter dem Namen **10_merkblatt_07** und schließt es. Er sendet die Datei als E-Mail-Anhang an Frau Necke zurück.

5. Frau Necke öffnet an ihrem Arbeitsplatz das Dokument. Sie öffnet das Menüband ÜBERPRÜFEN und klickt in der Gruppe ÄNDERUNGEN auf den Pfeil unter der Befehlsschaltfläche ANNEHMEN UND WEITER. Der Cursor positioniert sich nacheinander auf die Positionen der vorgeschlagenen Änderungen, die Frau Necke nun annehmen oder ablehnen kann.

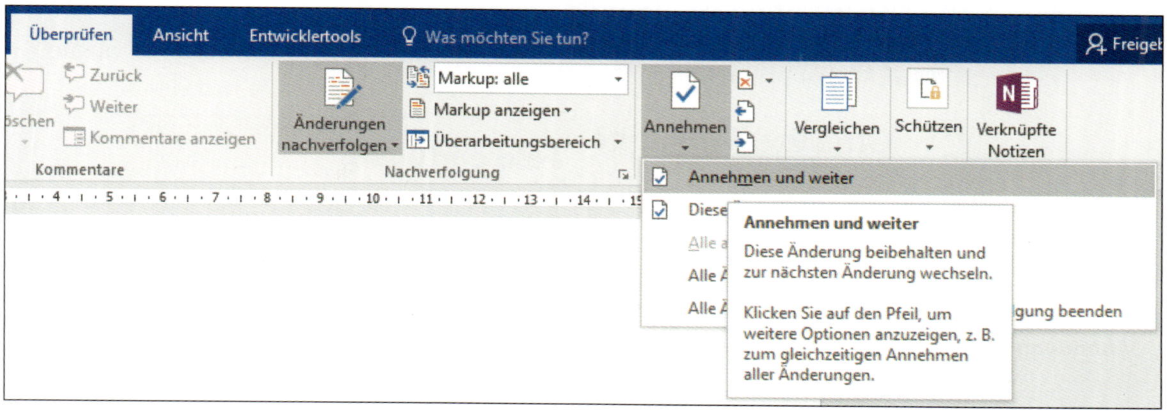

Abbildung 10.28: *Annehmen einer vorgeschlagenen Änderung und Wechsel zur nächsten vorgeschlagenen Änderung*

6. Abschließend deaktiviert Frau Necke die Nachverfolgung durch Klick auf ÜBERPRÜFEN – NACHVERFOLGUNG – ÄNDERUNGEN VERFOLGEN, speichert das korrigierte Merkblatt unter dem Namen **10_merkblatt_08**, druckt es mehrfach aus und verteilt es mit den Vergütungsabrechnungen dieses Monats an die Mitarbeiter der Duisdorfer BüroKonzept KG.

10.7 Vordefinierte Felder in Texte einfügen

Textverarbeitungsprogramme bieten i. d. R. eine Vielzahl von vordefinierten Feldern an, die bei der Erstellung von Texten und der Anreicherung von Information hilfreich sein können.

Beispiel

In der Fußzeile soll linksbündig der Dateiname, unter dem das Dokument gespeichert wurde, angegeben werden. Zusätzlich soll in die Fußzeile rechtsbündig automatisch eine Seitennummerierung eingefügt werden. Weiterhin ist vorgesehen, dass neben der Zahl der aktuellen Seite auch die Gesamtzahl der Seiten angegeben wird.

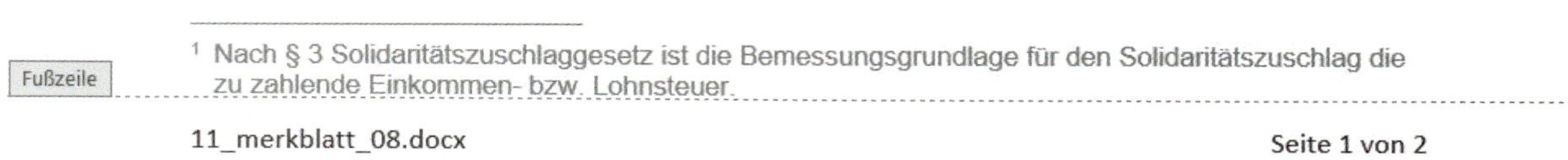

Abbildung 10.29: *Fußzeile mit vordefinierten Feldern*

Vorgehensweise:

1. *Öffnen Sie das Dokument **10_merkblatt_08**. Fügen Sie durch Doppelklick im Fußzeilenbereich eine Fußzeile ein.*

Web

2. *Klicken Sie in der Registerkarte EINFÜGEN in der Gruppe TEXT auf die Befehlsschaltfläche SCHNELLBAUSTEINE und wählen Sie FELD aus.*

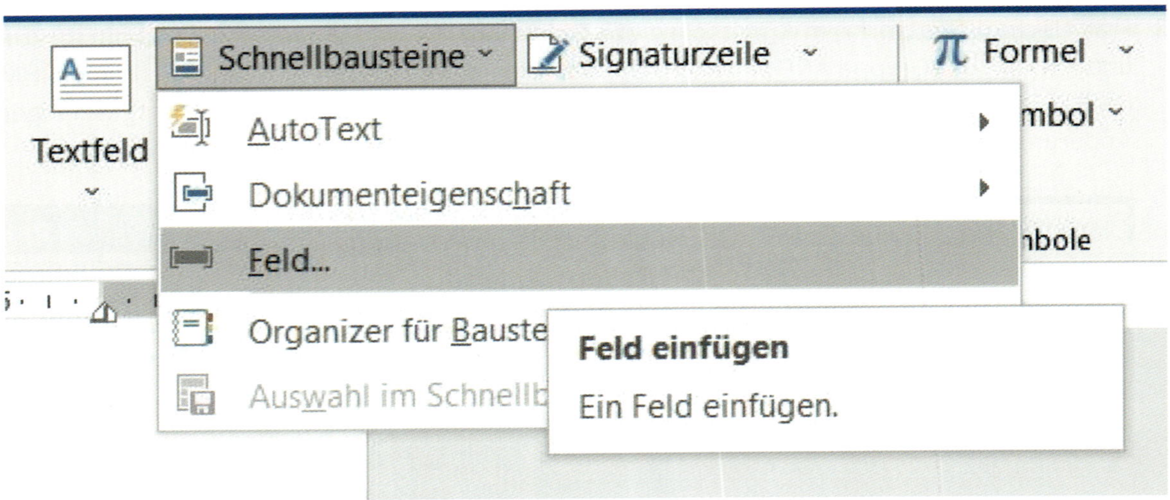

Abbildung 10.30: *Mögliche Felder anzeigen lassen*

3. *Wählen Sie anschließend in der Kategorie DOKUMENTINFORMATIONEN FileName aus und bestätigen Sie die Auswahl mit OK. Im Dokument erscheint der Dateiname.*

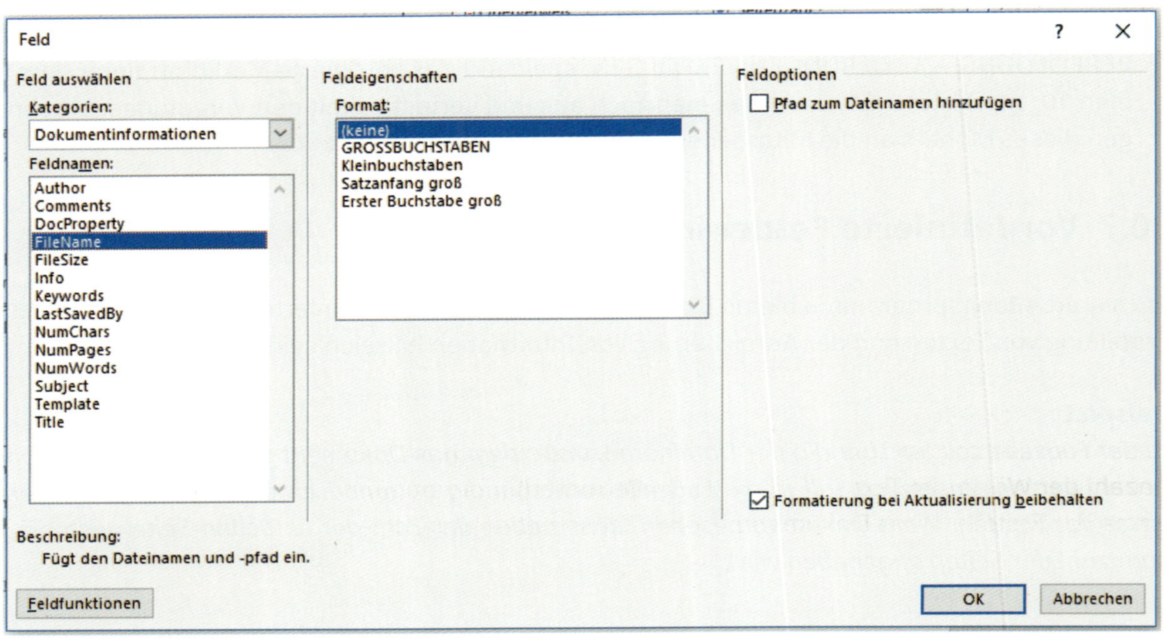

Abbildung 10.31: *Feld zur Abgabe des Dateinamens auswählen*

Auf Wunsch kann durch Aktivierung des Kontrollkästchens veranlasst werden, dass unter Feldoptionen auch der Speicherpfad zum Dateinamen hinzugefügt wird (siehe Abbildung 10.31 rechts oben).

4. *Betätigen Sie nun nach dem Dokumentennamen die Tabulatortaste zweimal. Die Fußzeile ist durch das Programm MS Word so eingestellt, dass der erste Tabulator zentriert und der zweite rechtsbündig zum rechten Seitenrand formatiert ist.*

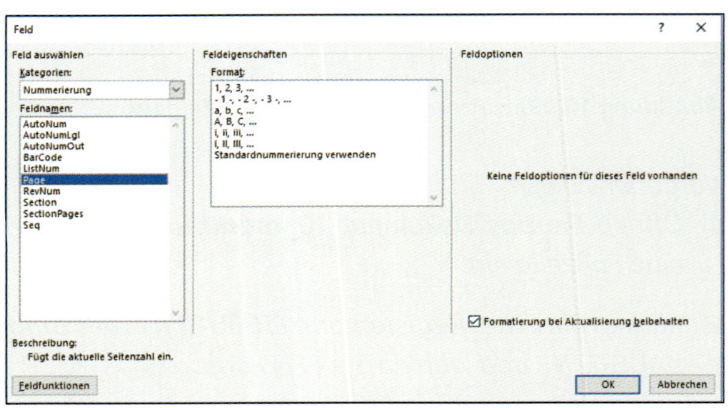

Abbildung 10.32: *Feld zur Angabe der aktuellen Seitenzahl auswählen*

5. *Geben Sie nun das Wort „Seite“, zwei Leerstellen, dann das Wort „von“ und abschließend eine weitere Leerstelle ein.*

6. *Positionieren Sie den Cursor zwischen die beiden ersten Leerstellen. Wählen Sie in der Registerkarte EINFÜGEN in der Gruppe TEXT die Befehlsschaltfläche SCHNELLBAUSTEINE DURCHSUCHEN und anschließend die Liste FELD aus. Wählen Sie in der Kategorie NUMMERIERUNG die Position* ***Page*** *aus. Bestätigen Sie Ihre Auswahl mit OK.*

7. *Positionieren Sie den Cursor nun nach dem Wort „von“ hinter die letzte Leerstelle. Rufen Sie erneut in der Registerkarte EINFÜGEN in der Gruppe TEXT die Befehlsschaltfläche SCHNELLBAUSTEINE DURCHSUCHEN und anschließend die Liste FELD auf. Wählen Sie in der Kategorie DOKUMENTINFORMATIONEN die Position* ***NumPages*** *aus. Bestätigen Sie Ihre Auswahl mit OK.*

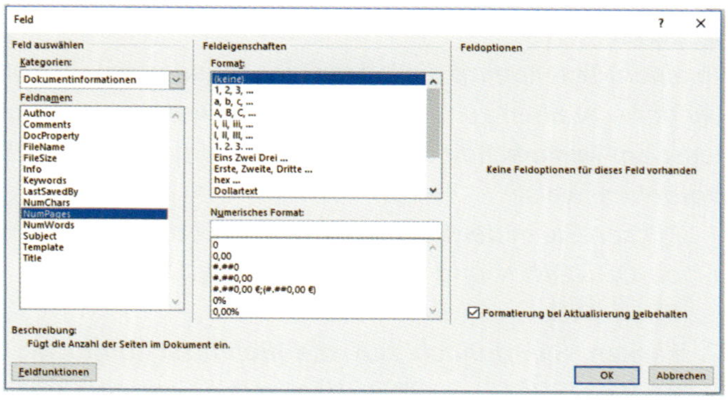

Abbildung 10.33: *Feld zur Angabe der gesamten Seitenzahlen im Dokument*

Formatieren Sie die Informationen in der Fußzeile in Schriftart Calibri und Schriftgrad 11. Die Fußzeile hat jetzt das gewünschte Aussehen.

8. *Speichern Sie das Dokument unter dem Dateinamen* ***10_merkblatt 09.***

Hier einige weitere Beispiele für die Verwendung von Feldern zur Automation in Dokumenten in MS Word:

Information	**Kategorie**	**Feldname**
Erstellungsdatum	Datum und Uhrzeit	CreateDate
Druckdatum	Datum und Uhrzeit	PrintDate
letztes Speicherdatum	Datum und Uhrzeit	SaveDate
Anzahl der Zeichen im Text	Dokumentinformationen	NumChars
Anzahl der Wörter im Text	Dokumentinformationen	NumWords
Name der Erstellers des Dokuments	Dokumentinformationen	Author

Hinweis: Bei geöffneten Dokumenten wird die Anzeige in den Feldern nicht automatisch aktualisiert. Die Aktualisierung kann über das **Kontextmenü** zum jeweiligen Feld veranlasst werden.

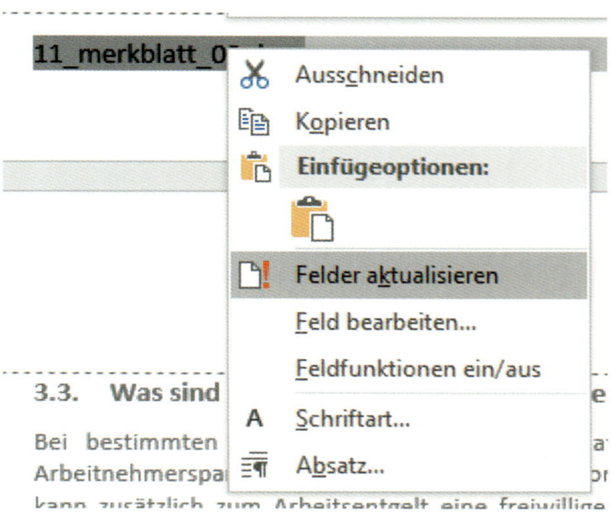

Abbildung 10.34: *Anzeige der Feldinhalte aktualisieren*

10.8 Automatisches Hinzufügen von Textelementen während der Eingabe

Beim Erfassen von Texten kann es hilfreich sein, dass häufig verwendete Textelemente nach Eingabe einer meist kleinen Zeichenfolge automatisch eingefügt werden. Hier kann die Funktion AutoKorrektur in MS Word genutzt werden.[1]

Beispiel

In einem Text kommt die Wortfolge „Duisdorfer BüroKonzept KG" häufig vor. Um den Text nicht immer wieder schreiben zu müssen, wird eine Autokorrektur bei der Eingabe der Zeichenfolge „DBK" veranlasst. Im Text erscheint anstelle der drei Buchstaben „DBK" automatisch „Duisdorfer BüroKonzept KG".

Vorgehensweise:

1. *Klicken Sie in der Registerkarte DATEI auf die Option OPTIONEN und anschließend auf DOKUMENTPRÜFUNG.*
2. *Klicken Sie danach auf die Befehlsschaltfläche AUTOKORREKTUR-OPTIONEN sowie weiterhin auf das Registerblatt AUTOKORREKTUR. Es öffnet sich das in Abbildung 10.35 dargestellte Dialogfenster.*
3. *Geben Sie nun die in der Zelle mit der Beschriftung* **Ersetzen:** *die Buchstabenfolge „DBK" und in der Zelle mit der Beschriftung* **Durch:** *„Duisdorfer BüroKonzept KG" ein und klicken Sie auf HINZUFÜGEN.*
4. *Bestätigen Sie Ihre Eingabe mit OK. Setzen Sie – falls nicht bereits gesetzt – vorher das Häkchen bei* ***WÄHREND DER EINGABE ERSETZEN****.*

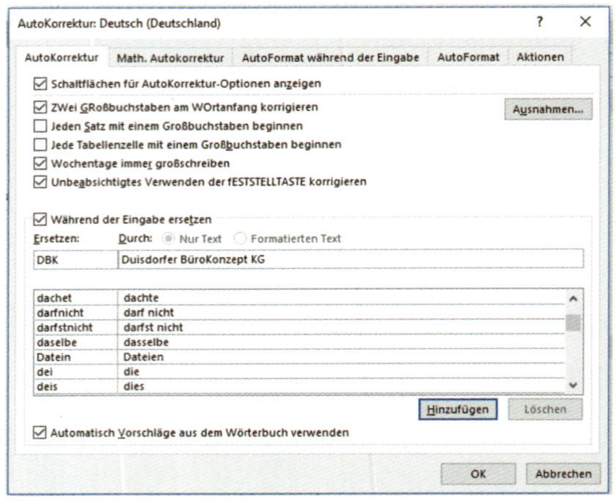

Abbildung 10.35: *Erfassen von Text für eine Autokorrektur*

Wenn Sie nun in einem Dokument die Buchstabenfolgen DBK erfassen, erscheint anstelle dieser Eingabe der Text „Duisdorfer BüroKonzept KG".

[1] *Eine zweite Möglichkeit ist die Einrichtung eines Schnellbausteins als AutoText. Die Verfahrensweise entspricht der in Kapitel 6 beschriebenen Vorgehensweise. Nach dem Klick auf „Auswahl im Schnellbaustein-Katalog speichern ..." ist als Katalog AutoText auszuwählen.*

11 Exkurs: Interner und externer Schriftverkehr per E-Mail

Mit Einführung des Internetdienstes **E-Mail** wurde eine Möglichkeit der elektronischen Kommunikation geschaffen, die den Versand von Briefen in erheblichem Umfang ersetzt hat. Die stetig wachsende Bedeutung der Kommunikation per E-Mail begründet sich vor allem durch die schnelle und kostengünstige Zustellung der Nachrichten. Außerdem können mit einer E-Mail mehrere Adressaten gleichzeitig erreicht werden. Die E-Mail-Adressen sind zudem kürzer und einfacher zu verwalten als postalische Adressen.

Zur Erstellung und zur Bearbeitung von E-Mails werden zumeist E-Mail-Programme genutzt. Diese sind auf dem Rechner installiert und für die Datenkommunikation via Internet mit den erforderlichen Nutzerdaten konfiguriert. Moderne E-Mail-Programme erlauben auch die Formatierung von Zeichen. Hier empfiehlt sich allerdings ein sparsamer Umgang, um persönliche bzw. emotionale Betroffenheit zu vermeiden. So kann z. B. die Verwendung eines höheren Schriftgrades als „Schreien" (miss)verstanden. Manche E-Mail-Programme sehen auch das Einfügen von Tabellen oder anderen Elementen (Grafiken, Videos, Sonderzeichen) vor.

Mit einer E-Mail können neben der Übermittlung von Informationen auch rechtsverbindliche Erklärungen (wie z. B. Bestellungen, Auftragsbestätigungen) abgegeben werden. Je nach Inhalt haben sie also die rechtliche Relevanz wie Geschäftsbriefe und müssen dann mit einer Signatur (siehe unten unter Punkt 2.) versehen sein. Eine E-Mail kann Anlagen (z. B. ein mehrseitiges Angebot oder ausführliche Produktbeschreibungen) als separate Dokumente enthalten.

Eine E-Mail besteht grundsätzlich aus folgenden Bestandteilen:

1. Eine E-Mail enthält einen **Kopf**, auch Header genannt. In ihm finden sich Angaben zum **Absender**, die **Empfängeradresse/n** und das **Versanddatum** sowie die **Versandzeit** (i. d. R. nur bei erhaltenen E-Mails sichtbar). Weiterhin ist im Kopf die **Betreffzeile** aufgeführt. Zur Erfassung und Speicherung von E-Mail-Adressen sind in den E-Mail-Programmen **Adressbücher** integriert. Zur Auswahl des Empfängers sind unterstützende Suchfunktionen verfügbar. So grenzt das Programm nach der Eingabe von Buchstabenfolgen des gespeicherten Namens die zutreffenden Adressen ein und unterbreitet Vorschläge für die Auswahl der passenden E-Mail-Adresse. Ist eine E-Mail-Adresse im Adressbuch enthalten, wird optisch nicht die E-Mail-Adresse, sondern der zu der Adresse gespeicherte Name ausgewiesen.

   Der eigentliche Adressat der E-Mail ist unter **An**: angegeben. Werden mehrere Adressen eingegeben, sind sie meist durch ein Komma voneinander getrennt. Unter **Cc**: (carbon copy) werden die Adressen weiterer Personen eingetragen, die die E-Mail zu ihrer Information erhalten sollen. Diese Adressen bzw. Namen werden für alle sichtbar ausgewiesen. Unter **Bcc**: (blind carbon copy) werden weitere Empfänger der E-Mail eingetragen, die allerdings für die anderen Empfänger nicht sichtbar sind. Gehen Sie mit dieser Funktion sparsam um.

2. Der Inhalt der E-Mail befindet sich im sogenannten **Body**. Hierzu gehören die Anrede, der eigentliche E-Mail-Text mit einleitendem Satz und Schlusssatz, die Grußformel und Angaben zum Absender.

   Aufgrund rechtlicher Vorschriften enthält eine geschäftsmäßige nach außen gerichtete E-Mail, also eine E-Mail vergleichbar einem Geschäftsbrief, zum Abschluss der Nachricht eine **Signatur**.

Pflichtangaben der Signatur sind abhängig von der Gesellschaftsform des Unternehmens. Für die Duisdorfer BüroKonzept KG müssen die Firma mit dem Zusatz der Rechtsform, der Sitz der Unternehmung sowie das Registergericht mit der Nummer der Handelsregistereintragung aufgeführt sein. Zur Erleichterung der Erreichbarkeit wird die Signatur häufig auch bei anderen externen E-Mails sowie bei E-Mails in der unternehmensinternen Kommunikation verwendet. Die Signatur kann nutzerbezogen in einer E-Mail-Vorlage im E-Mail-Programm erfasst werden, und wird dann bei der Erstellung der E-Mails automatisch eingefügt.

3. In einem weiteren Abschnitt werden die Dokumente mit Dateinamen aufgeführt, die der E-Mail als **Anhang** beigefügt sind.

Für eine E-Mail gelten – ähnlich einem Brief – **Regeln** zur Bearbeitung und zu den Formulierungen.

- Der Empfänger wird stets höflich angesprochen (z. B. Sehr geehrter Herr Bauer, Sehr geehrte Damen und Herren, Lieber Kollege).
- Eine E-Mail ist verbindlich und geschäftsmäßig formuliert.
- Eine E-Mail ist frei von Rechtschreib- und Grammatikfehlern.
- Eine E-Mail sollte stets kurzfristig bearbeitet bzw. beantwortet werden.

E-Mails werden sowohl für den unternehmensinternen als auch für den externen Schriftverkehr genutzt.

Beispiel für einen E-Mail-Verkehr mit einem externen Partnerunternehmen

Frau Fabienne Sonntag, Sachbearbeiterin im Einkauf der Duisdorfer BüroKonzept KG, möchte ein Angebot über LED-Bürotischleuchten einholen. Sie entscheidet sich als Kommunikationsmedium den Internetdienst E-Mail zu nutzen und erstellt die nachfolgend abgedruckte E-Mail. Informationen zur Versandzeit (z. B. Datum und Uhrzeit) werden vom E-Mail-Programm automatisch hinzugefügt.

An:	info@scheffler-ohg.de
Cc:	
Bcc:	
Betreff:	Anfrage LED-Leuchten
Anhang:	

Sehr geehrte Damen und Herren,

seit unserer Gründung im Jahr 2005 produzieren und vertreiben wir Ausstattungsgegenstände im Bürobereich und beraten andere Unternehmen in Fragen der Büroorganisation. Unsere Kunden haben ihren Sitz überwiegend in Deutschland und sind teilweise als Wiederverkäufer tätig.

Aktuell möchten wir unser Sortiment um LED-Bürotischleuchten erweitern und sind bei der Recherche nach Anbietern auf Ihr Unternehmen aufmerksam geworden.

Wir bitten Sie um ein Angebot von LED-Leuchten mit beweglichem Leuchtenkopf und festem Standfuß. Der Energieverbrauch der Leuchten soll der Effizienzklasse A entsprechen. Wir möchten sowohl Leuchten mit der Möglichkeit der Steuerung der Helligkeit durch Dimmer als auch ohne Dimmer in das Sortiment aufnehmen.

Informieren Sie uns bitte auch über Ihre Konditionen für Mengenrabatt sowie Ihre Lieferungs- und Zahlungsbedingungen.

Wir freuen uns auf Ihr Angebot.

Freundliche Grüße

Fabienne Sonntag
Beschaffung Handelswaren
Duisdorfer BüroKonzept KG
Rochusstraße 30
53123 Bonn

E-Mail: f.sonntag@duisdorfer-bueko.de
Telefon: 0228 98765-68
Fax: 0228 98765-80
Handelsregister HRA 1221 beim Amtsgericht Bonn

Abbildung 11.1: *Unsere Anfrage an einen möglichen Lieferanten per E-Mail*

Die Antwort der Scheffler OHG geht am nächsten Arbeitstag auf das E-Mail-Konto von Frau Sonntag ein.

Von:	Frank Scheffler	12.05.20.., 10:54 Uhr
An:	Fabienne Sonntag	
Cc:		
Bcc:		
Anhang:	Produktblatt_led-leuchte_17.pdf AGB-Scheffler-OHG.pdf	

Sehr geehrte Frau Sonntag,

wir danken Ihnen für Ihre Anfrage. Gerne bieten wir Ihnen unsere LED-Leuchte DL17mD (mit Dimmer) und DL17oD (ohne Dimmer) an. Beide Leuchten sind in den Farben silber-weiß und schwarz verfügbar und entsprechen Ihren gewünschten Anforderungen. Weitere technische Details sind in der anliegenden Produktbeschreibung aufgeführt.

Die Leuchten sind sofort verfügbar. Die Lieferung erfolgt frei Haus innerhalb von drei Werktagen ab Eingang der Bestellung per Paketdienst. Wir bieten Ihnen die Leuchten zu den folgenden Konditionen an:

Artikel	**Farbe**	**Einzelpreis bis 10 Stück**	**Einzelpreis ab 11 Stück**
LED-Leuchte DL17mD	silber-weiß	32,50 € netto	30,85 € netto
LED-Leuchte DL17mD	schwarz	32,10 € netto	30,45 € netto
LED-Leuchte DL17oD	silber-weiß	29,90 € netto	28,40 € netto
LED-Leuchte DL17oD	schwarz	29,50 € netto	28,00 € netto

Unsere Liefer- und Zahlungsbedingungen entnehmen Sie bitte unseren Allgemeinen Geschäftsbedingungen (AGB-Scheffler-OHG.pdf) im Anhang.

Gerne stehen wir Ihnen für weitere Fragen zur Verfügung und freuen uns auf Ihre Bestellung. Wir versichern Ihnen schon jetzt einwandfreie Auftragsausführung.

Mit freundlichen Grüßen

Frank Scheffler
Scheffler OHG
Wiedener Straße 17
86167 Augsburg

E-Mail: frank.scheffler@scheffler-augsburg.de
Telefon: 0821 58978-95
Fax: 0821 58978-80
Handelsregister HRA 999111 beim Amtsgericht Augsburg

Abbildung 11.2: *Das Angebot unseres möglichen Lieferanten per E-Mail*

Beispiel für einen unternehmensinternen E-Mail-Verkehr

Frau Andrea Winter, Leiterin der Organisationseinheit Aus- und Weiterbildung, plant die Durchführung eines eintägigen Workshops für die Auszubildenden im zweiten Ausbildungsjahr. Dazu benötigt sie einen Schulungsraum. Sie verfasst eine E-Mail an Herrn Antonio Diallo, Leiter Gebäudemanagement, zur Reservierung des Raumes 208 für den 5. Mai des Jahres.

An:	Antonio Diallo
Cc:	
Bcc:	
Betreff:	Reservierung Raum 208
Anhang:	

Lieber Herr Diallo,

am 5. Mai dieses Jahres möchte ich einen Workshop für eine Gruppe von Auszubildenden durchführen. Dazu würde ich gerne ganztägig den Raum 208 nutzen.

Ich bitte Sie, den Raum für mich an dem oben angegebenen Datum zu reservieren und mir die Reservierung zu bestätigen.

Vielen Dank und freundliche Grüße

Andrea Winter
Leiterin Aus- und Weiterbildung
Duisdorfer BüroKonzept KG
Rochusstraße 30
53123 Bonn

E-Mail: a.winter@duisdorfer-bueko.de
Telefon: 0228 98765-21
Fax: 0228 98765-80
Handelsregister HRA 1221 beim Amtsgericht Bonn

Abbildung 11.3: *Ein internes Schreiben zur Reservierung eines Schulungsraums als E-Mail*

Herr Diallo antwortet umgehend. Frau Winter erhält die abgedruckte E-Mail in ihrem E-Mail-Programm.

Von:	Antonio Diallo	04.03.20.., 09:54 Uhr
An:	Andrea Winter	
Betreff:	Raumreservierung	
Anhang:		

Guten Morgen Frau Winter,

leider ist der Raum 208 am 5. Mai schon ausgebucht. Ich biete Ihnen gerne die Reservierung des Raumes 308 an. Er hat die gleiche Ausstattung und Größe des von Ihnen angefragten Raumes.

Geben Sie mir bitte kurz Rückmeldung, ob ich den Raum 308 für Sie vorsehen soll.

Viele Grüße

Antonio Diallo
Leiter Gebäudemanagement
Duisdorfer BüroKonzept KG
Rochusstraße 30
53123 Bonn

E-Mail: a.diallo@duisdorfer-bueko.de
Telefon: 0228 98765-68
Fax: 0228 98765-80
Handelsregister HRA 1221 beim Amtsgericht Bonn

Abbildung 11.4: *Die E-Mail als Antwort auf die interne Anfrage zur Reservierung eines Schulungsraums*

Arbeitsauftrag 1

Ihr Kunde Intermöbel GmbH, Großhandel für Büromöbel, möchte die Schreibtischserie **Naturkontor** in sein Sortiment aufnehmen. Frau Zeta Franke (zeta.franke@intermoebel-siegen.de) sendet Ihnen am 23.03.20.. eine Anfrage per E-Mail.

Web

Erstellen Sie das Angebot per E-Mail. Nutzen Sie dazu die Datei **E-Mail-Vorlage Duisdorfer BüroKonzept**. Verwenden Sie in der Signatur Ihren Namen und ersetzen Sie x.yyy durch geeignete Angaben. Geben Sie für die Telefondurchwahl die Nummer 99 an. Aufgrund einer aktuellen Sonderaktion können Sie der Intermöbel GmbH einen Sonderrabatt von 10 % und ein Zahlungsziel von 90 Tagen bzw. 3 % Skonto bei Zahlung innerhalb von 10 Tagen für alle Schreibtische der Serie Naturkontor einräumen, die bis zum 31.03. des Jahres bestellt werden. Ansonsten gilt der vereinbarte Rabattsatz. Die Lieferung wird frei Haus innerhalb von 30 Tagen ab Auftragsdatum angeboten.

Speichern Sie das Dokument unter dem Dateinamen **11_angebot_intermöbel**.

Arbeitsauftrag 2

Frau Andrea Winter, Leiterin der Organisationseinheit Aus- und Weiterbildung, hat die Planungen für den eintägigen Workshop am 5. Mai des Jahres in der Zeit von 09:00 bis 16:00 Uhr für die Auszubildenden im zweiten Ausbildungsjahr abgeschlossen. Sie bittet Sie, die Einladung als E-Mail an die folgenden drei Auszubildenden zu verfassen: 1. Sarah Hansen (s.hansen@duisdorfer-bueko.de), 2. Manuel Pützler (m.puetzler@duisdorfer-bueko.de), 3. Laura Rubens (l.rubens@duisdorfer-bueko.de)

Herr Antonio Diallo (a.diallo@duisdorfer-bueko.de) soll die E-Mail zu seiner Information erhalten. Weitere Rahmendaten für den Workshop sind: 1. Der Workshop findet in Raum 308 statt. 2. Die Mittagspause findet in der Zeit von 12:00 bis 13:00 Uhr statt. 3. Es werden Fragen des Kaufvertragsrechts und des kundenorientierten Verkaufsgesprächs behandelt. 4. Das in der Berufsschule verwendete Lehrbuch soll für einige Themen genutzt werden. 5. Zur Recherche werden die vom Ausbildungsunternehmen zur Verfügung gestellten Tablets benötigt.

Web

Verfassen Sie die E-Mail an die drei Auszubildenden. Nutzen Sie dazu die Datei **E-Mail-Vorlage Duisdorfer BüroKonzept**. Verwenden Sie in der Signatur Ihren Namen und ersetzen Sie x.yyy durch geeignete Angaben. Geben Sie für die Telefondurchwahl die Nummer 72 an. Speichern Sie das Dokument unter dem Dateinamen **11_einladung_workshop.**

Power Point

PowerPoint

1 Einführung in das Präsentationsprogramm PowerPoint

1.1 Bildschirmaufbau

Starten Sie PowerPoint. Es öffnet sich eine leere Präsentation. Standardmäßig ist als sogenanntes Folienlayout für die erste Folie eine Titelfolie gewählt worden.

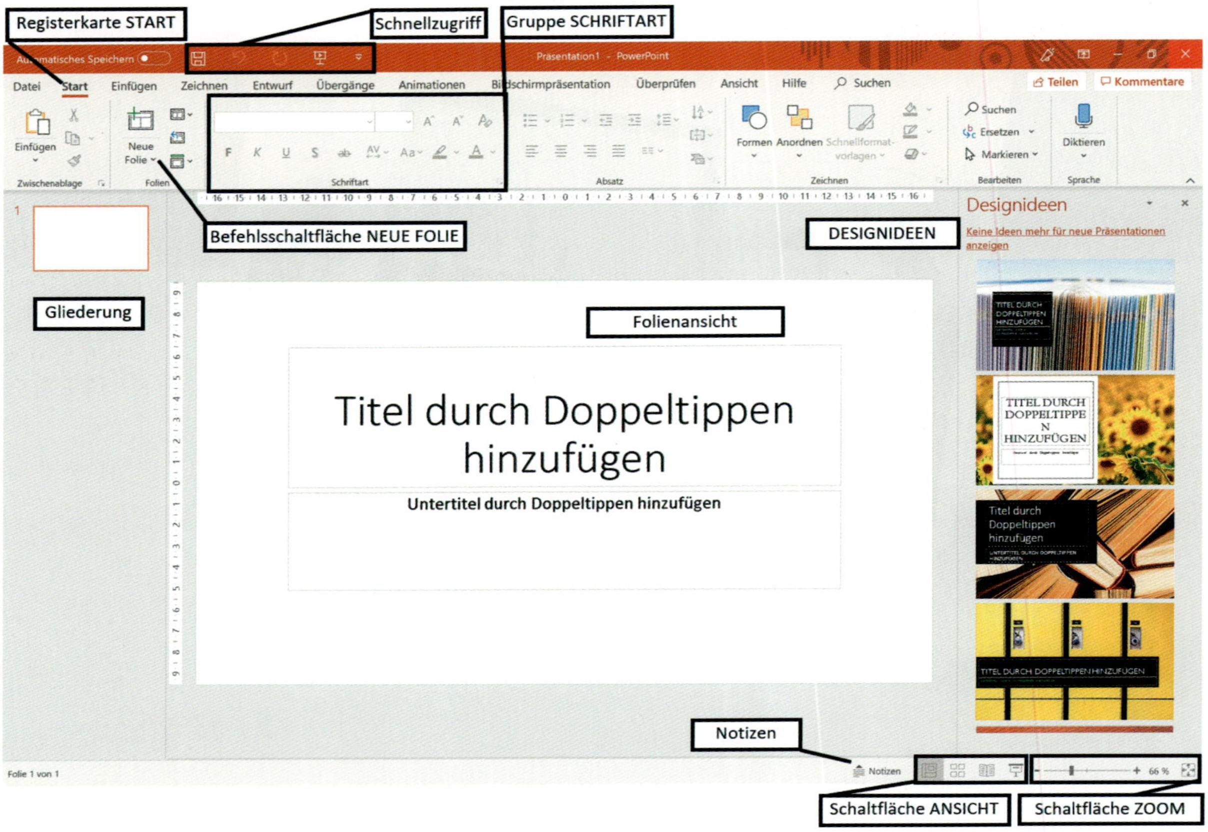

Abbildung 1.1: *Bildschirmaufbau*

Im oberen Teil der Abbildung 1.1 sehen Sie das sog. Ribbon-Menü mit Registerkarten, die sich an die jeweilige Aktivität anpassen. Neben anderen Registerkarten befinden sich auf der Registerkarte START Befehlsschaltflächen bzw. Gruppen, die für die Erstellung einer Präsentation von großer Bedeutung sind. In der Gruppe FOLIEN lassen sich neue Folien einfügen, vorhandene Folien löschen oder das Layout der Folien verändern. Weitere Gruppen sind beispielsweise ZWISCHENABLAGE, SCHRIFTART, ABSATZ, ZEICHNUNG und BEARBEITEN.

Oben links ist eine direkt beschreibbare GLIEDERUNG zu sehen, in der die jeweiligen Texte der einzelnen Folien auch eingegeben bzw. korrigiert werden können. Standardmäßig im Vordergrund dieser Register sieht man eine verkleinerte Ansicht der FOLIEN. Sowohl über das Register GLIEDERUNG als auch über FOLIEN lassen sich die einzelnen Folien markieren und dann in der Reihenfolge verschieben bzw. löschen.

In der FOLIENANSICHT (Mitte) können Texte und Medien eingegeben werden. Weiterhin besteht die Möglichkeit, NOTIZEN einzugeben. Dieser Bereich kann verwendet werden, wenn Sie einen „Spickzettel" für einen Vortrag benutzen möchten. Rechts unten, links neben der Schaltfläche ZOOM, befindet sich die Schaltfläche ANSICHT. Hiermit kann von der standardmäßigen NORMALANSICHT in die FOLIEN-SORTIERUNG, in die LESEANSICHT und in die BILDSCHIRMPRÄSENTATION umgeschaltet werden. In Office 365 werden in einem rechten Fenster DESIGNIDEEN angezeigt.

1.2 Eingabe von Texten

In der FOLIENANSICHT sind zwei – durch Linien gekennzeichnete – Text- bzw. Eingabefelder zu sehen. Diese werden auch als Platzhalter bezeichnet. Sie sind durch das sog. Layout – hier Titelfolie – vorgegeben. Durch Klicken mit der linken Maustaste in diese Felder ist es möglich, sie jeweils zu beschriften. Im oberen Textfeld kann ein Titel, im unteren ein Untertitel eingegeben werden.

Anmerkung
Es sollte immer mit den vorgegebenen Platzhaltern gearbeitet werden, da so eine einheitliche Formatierung aller Folien der Präsentation möglich wird.

1.3 Einfügen von Folien und Folienlayout

Im Textverarbeitungsprogramm Word werden neue Seiten automatisch angelegt, im Programm PowerPoint müssen neue Folien extra eingefügt bzw. angelegt werden. Eine Folie kann eingefügt werden, indem im Register START in der Gruppe FOLIEN die Schaltfläche NEUE FOLIE gewählt wird. Alternativ kann auch die Tastenkombination [Strg] + [M] gedrückt werden. Standardmäßig wird nun eine neue Folie als Layout TITEL UND INHALT dargestellt. Ein abweichendes Layout – wie beispielsweise ABSCHNITTSÜBERSCHRIFT – kann über START – FOLIEN – LAYOUT (siehe Abbildung 1.2) gewählt werden. Alternativ kann durch Klicken auf den unteren Teil des Symbols NEUE FOLIE das Layout für eine neue Folie direkt gewählt werden.

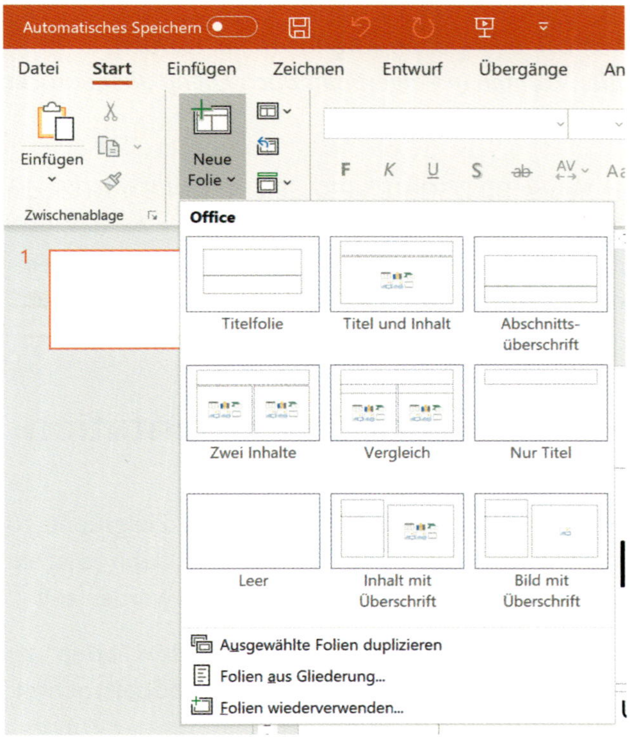

Abbildung 1.2: *Wahl des Layouts einer neuen Folie*

1.4 Vorführen einer Bildschirmpräsentation

Die Präsentation kann auf verschiedenen Wegen, z. B. am Monitor oder mit einem Beamer auf einer Projektionsfläche, z. B. einer Leinwand, dargestellt werden. Über das Register BILDSCHIRMPRÄSENTATION – BILDSCHIRMPRÄSENTATION STARTEN – VON BEGINN AN oder über die Taste F5 kann die Präsentation von Beginn an gestartet werden. Soll die Präsentation ab der aktuellen Folie vorgeführt werden, muss auf dem Register auf das entsprechende Symbol (AB AKTUELLER FOLIE), auf die Schaltfläche BILDSCHIRMPRÄSENTATION (siehe Abbildung 1.1 – Schaltflächen ANSICHT) oder die Tastenkombination [Umschalttaste] + [F5] geklickt werden.

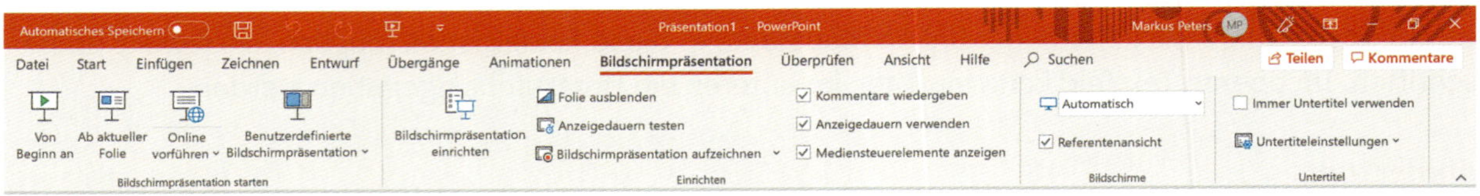

Abbildung 1.3: *Bildschirmpräsentation starten*

Links neben der Schaltfläche BILDSCHIRMPRÄSENTATION (siehe Schaltflächen ANSICHT in Abbildung 1.1) lässt sich die sog. LESEANSICHT aktivieren. Diese stellt die Präsentation als Fenster und nicht zwangsläufig als Vollbild dar. Mit der Schaltfläche BILDSCHIRMPRÄSENTATION – BILDSCHIRMPRÄSENTATION STARTEN – BILDSCHIRMPRÄSENTATION ÜBERTRAGEN lassen sich Bildschirmpräsentationen über das Internet übertragen und somit mit einem Webbrowser ansehen. Auf diese Möglichkeit wird im Weiteren nicht eingegangen.

Die erste bzw. die aktuelle Folie wird – wie beschrieben – über die Tastenkombination [F5] oder [Umschalttaste] + [F5] in voller Bildschirmgröße sichtbar. Durch Klicken mit der linken Maustaste oder durch Drücken der Eingabetaste erscheint die nächste Folie. Befindet man sich auf der letzten Folie einer Präsentation wird durch Klicken ein schwarzer Bildschirm angezeigt. Die Bildschirmpräsentation ist damit beendet.

Anmerkung

1. *In der Ansicht der Bildschirmpräsentation können keine Eingaben vorgenommen werden.*
2. *Neben der Erstellung einer Bildschirmpräsentation können in PowerPoint auch Folien ausgedruckt werden. Dazu später mehr.*

Im Register BILDSCHIRMPRÄSENTATION existieren neben BILDSCHIRMPRÄSENTATION STARTEN die Gruppen EINRICHTEN und BILDSCHIRME. In der Gruppe EINRICHTEN lassen sich u. a. die Art der Bildschirmpräsentation (volle Bildschirmgröße bzw. im Fenster) variieren und die Auswahl der Folien einschränken. In der Gruppe BILDSCHIRME lässt sich mit dem Befehl AUFLÖSUNG die Auflösung anpassen.

2 Exkurs: Kriterien für eine professionelle Präsentation

Bei der Erstellung einer professionellen Präsentation ist es von großer Wichtigkeit, die Zielgruppe zu beachten. Die Wortwahl, der Inhalt und unter Umständen die Seriosität sind entscheidend, denn es ist ein Unterschied, ob eine Präsentation der Geschäftsführung oder Auszubildenden vorgeführt werden soll.

Um dem Publikum einen Überblick über die Inhalte der Präsentation und einen „roten Faden" zu liefern, ist eine sinnvolle Gliederung wichtig. Die Folien sollten übersichtlich und nicht überfrachtet, die Animationen (dazu später mehr) und die Anzahl der Folien angemessen sein. Da der Zuhörer nicht vom Inhalt der Folien abgelenkt werden soll, sondern das Präsentierte ihn beim Zuhören unterstützen soll, sollten auf den Folien keine vollständigen Sätze stehen. Vielmehr ist es sinnvoll, nur Halbsätze bzw. Stichpunkte zu formulieren, die von den Zuhörern schnell aufgefasst werden können und das „gesprochene Wort" unterstützen.

Als weiteres Kriterium lässt sich festhalten, dass eine Schriftgröße von mindestens 20 verwendet werden sollte. Es sollten Schriftarten ohne Serifen (siehe Anmerkung auf der nächsten Seite) und mit klarem Schriftbild (z. B. Arial, Tahoma, Verdana) gewählt werden. Bei der Wahl von Hintergrund und Schriftfarbe sollten möglichst starke Kontraste, aber keine rot-grünen Kontraste verwendet werden, da diese für das menschliche Auge schlecht zu lesen sind (Download im Webcode-Bereich: **2_Kriterien**).

Web

Anmerkung

Als Serifen werden die feinen Linien bzw. Striche bezeichnet, die einen Buchstaben am Anfang, am Ende oder quer abschließen. Die bekannteste Schrift mit Serifen ist Times New Roman.

3 Folienmaster

Formatierungen und sonstige Änderungen, wie Schriftarten, -größe, -farbe usw., die sich auf alle (bisherigen und zukünftigen) Folien der Präsentation beziehen sollen, können mit dem sogenannten Folienmaster vorgenommen werden. Dieser kann, wie in Abbildung 3.1 dargestellt, über das Menü ANSICHT – MASTERANSICHTEN – FOLIENMASTER aufgerufen werden. Einstellungen, die hier vorgenommen werden, gelten für alle Folien oder alle Folien eines Layouts, sofern mit den vorgegebenen Folienlayouts gearbeitet wird. Zusätzliche Textfelder und Einstellungen werden hingegen nicht verändert. Mit dem Folienmaster kann somit nachträglich – oder auch vorher – das Layout der gesamten Präsentation bestimmt werden.

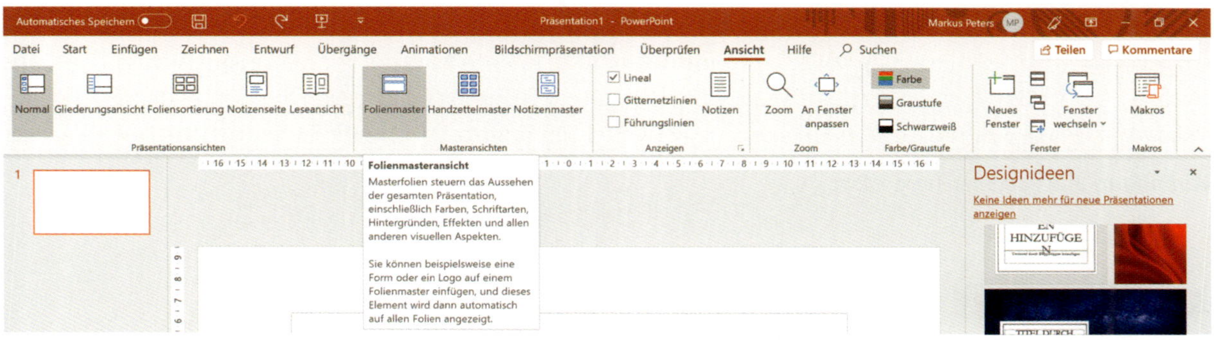

Abbildung 3.1: *Menü ANSICHT – MASTERANSICHTEN – FOLIENMASTER*

Um im Folienmaster Formatierungen vornehmen zu können, muss der Text oder der Platzhalter markiert werden. Anschließend kann wie in einem Textverarbeitungsprogramm der Text formatiert werden. In der linken Spalte können die Veränderung kontrolliert werden. Nach dem Öffnen des Folienmasters erscheinen in der linken Spalte verschiedene Layouts, als Folienansicht die zu ändernden Formatierungen und das Register FOLIENMASTER (siehe Abbildung 3.2). Standardmäßig ist in der linken Spalte das Layout der Folie markiert, das zuletzt in der Normalansicht markiert war (hier Titelfolie). Soll nun beispielsweise die Schriftgröße für alle Titelfolien geändert werden, muss der jeweilige Platzhalter bzw. der jeweilige Text markiert und die entsprechende Formatierung über das Menü START – SCHRIFTART – SCHRIFTGRAD VERGRÖSSERN gewählt werden.

Es kann in der linken Spalte auch ein anderes Layout, wie beispielsweise TITEL UND INHALT, formatiert werden. Alternativ können durch Anklicken der an oberster Stelle stehenden Folie über das sog. Masterlayout sämtliche Layouts in einem Schritt formatiert werden. Die jeweiligen Auswirkungen lassen sich in der linken Spalte beobachten. Neben der zuvor beispielhaft dargestellten Änderung der Schriftgröße können im Folienmaster auch der Hintergrund (Kapitel 4.1), die Farben (Kapitel 4.2), die Animationen (Kapitel 5) usw. einheitlich formatiert bzw. geändert werden.

Anmerkung

1. *Sollte es passieren, dass ein Platzhalter für den Titel, den Text, das Datum, die Fußzeile oder die Foliennummer versehentlich gelöscht wird, kann dieser über das Register FOLIENMASTER – MASTERLAYOUT – PLATZHALTER EINFÜGEN wieder in die Folie integriert werden.*
2. *Auf den Handzettelmaster wird im **Kapitel 12 „Drucken“** eingegangen.*

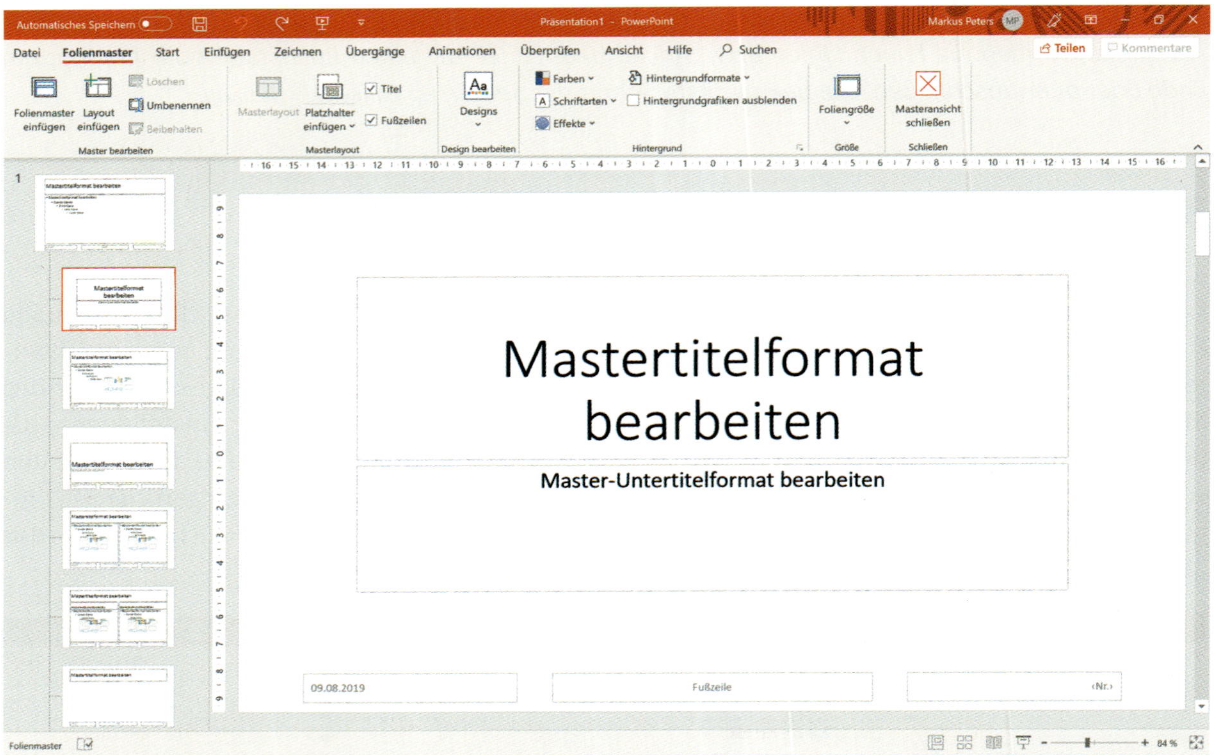

__Abbildung 3.2:__ Folienmasteransicht

4 Entwurf

4.1 Hintergrund

Standardmäßig ist der Hintergrund einer neuen Präsentation weiß. Soll der Hintergrund farbig gestaltet oder eine Grafik als Hintergrund eingefügt werden, muss das Register ENTWURF – ANPASSEN – HINTERGRUND FORMATIEREN gewählt werden. Hier steht eine Auswahl von Formatierungsoptionen zur Verfügung.

__Abbildung 4.1:__ Hintergrundformate

Es kann dem Hintergrund eine EINFARBIGE FÜLLUNG, ein FARBVERLAUF, eine BILD- UND TEXTURFÜLLUNG oder eine MUSTERFÜLLUNG zugewiesen werden. Durch Klicken auf das Symbol FARBE: öffnet sich ein Fenster mit Design-und, Standardfarben sowie der Option WEITERE FARBEN ... (siehe Abbildung 4.2). Der Schieberegler TRANSPARENZ: kann von 0 % bis 100 % eingestellt werden.

Abbildung 4.2: *Hintergrund formatieren*

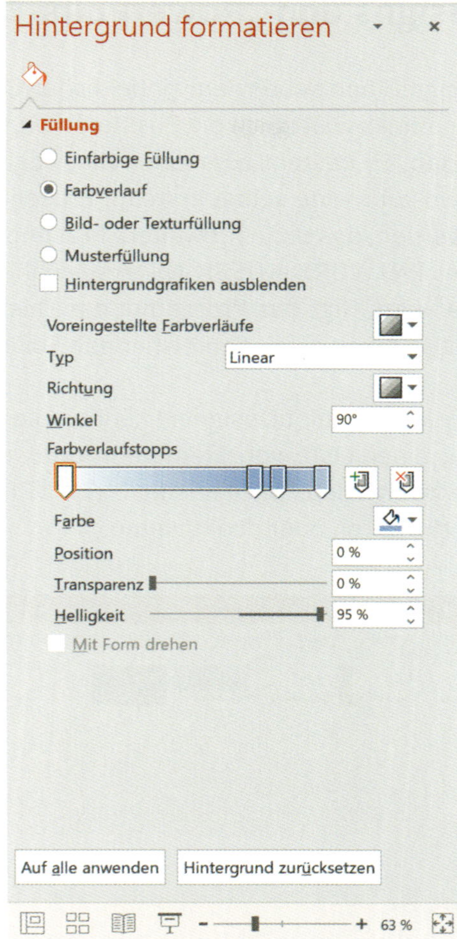

Abbildung 4.3: *Hintergrund formatieren – FARBVERLAUF*

Anmerkung

Das Optionsfeld FARBVERLAUF bietet zusätzlich eine Vielzahl von Möglichkeiten. Wie in Abbildung 4.3 zu sehen ist, kann der Hintergrund mehrfarbig über verschiedene VOREINGESTELLTE FARBVERLÄUFE und weitere Einstellungen wie TYP, RICHTUNG, WINKEL usw. gestaltet werden.

Über das Optionsfeld BILD- ODER TEXTURFÜLLUNG kann der Hintergrund beispielsweise mit einem Bild versehen und weiter formatiert werden. Die Änderungen des Hintergrunds können sowohl auf einer einzelnen Folie als auch auf allen vorhandenen und zukünftigen Folien der Präsentation (Schaltfläche FÜR ALLE ÜBERNEHMEN) vollzogen werden. Die Schaltfläche HINTERGRUND ZURÜCKSETZEN macht die vorgenommenen Änderungen rückgängig. Es stehen noch weitere Möglichkeiten der Hintergrundgestaltung zur Verfügung, auf die hier allerdings nicht weiter eingegangen wird. Probieren Sie es einfach aus!

Anmerkung

Achten Sie auf angemessene Kontraste von Hintergrund und Text und vermeiden Sie Rot-Grün-Kontraste.

4.2 Designs und „PowerPoint Designer“

Mit den Designs kann neben dem einheitlichen Design von Hintergrund, Titeltext, Text, Linien, Schatten und Hyperlinks zusätzlich die Positionierung von Platzhaltern und Grafiken verändert bzw. festgelegt werden. Es besteht zum einen die Möglichkeit, aus einer Vielzahl von Designs zu wählen. Zum anderen kann eine selbst erstellte Präsentation auch als Design (PowerPoint-Vorlage) abgespeichert werden, das dann für weitere Präsentationen genutzt werden kann. Designs können über das Register ENTWURF – DESIGNS ausgewählt werden (siehe Abbildung 4.4). Sobald ein Design angewendet wird, fügt das Programm das Design zum Folienmaster der Präsentation hinzu bzw. ersetzt – falls vorhanden – den bisherigen Folienmaster.

Mithilfe von „PowerPoint Designer“ können Sie in Office 365 nach Eingabe von einem oder mehreren Bildern, einer Liste von Elementen oder einer Liste von Datumsangaben eine gewünschte Designidee auswählen. Im Register ENTWURF – DESIGNER können Sie „PowerPoint Designer“ wahlweise aktivieren oder deaktivieren.

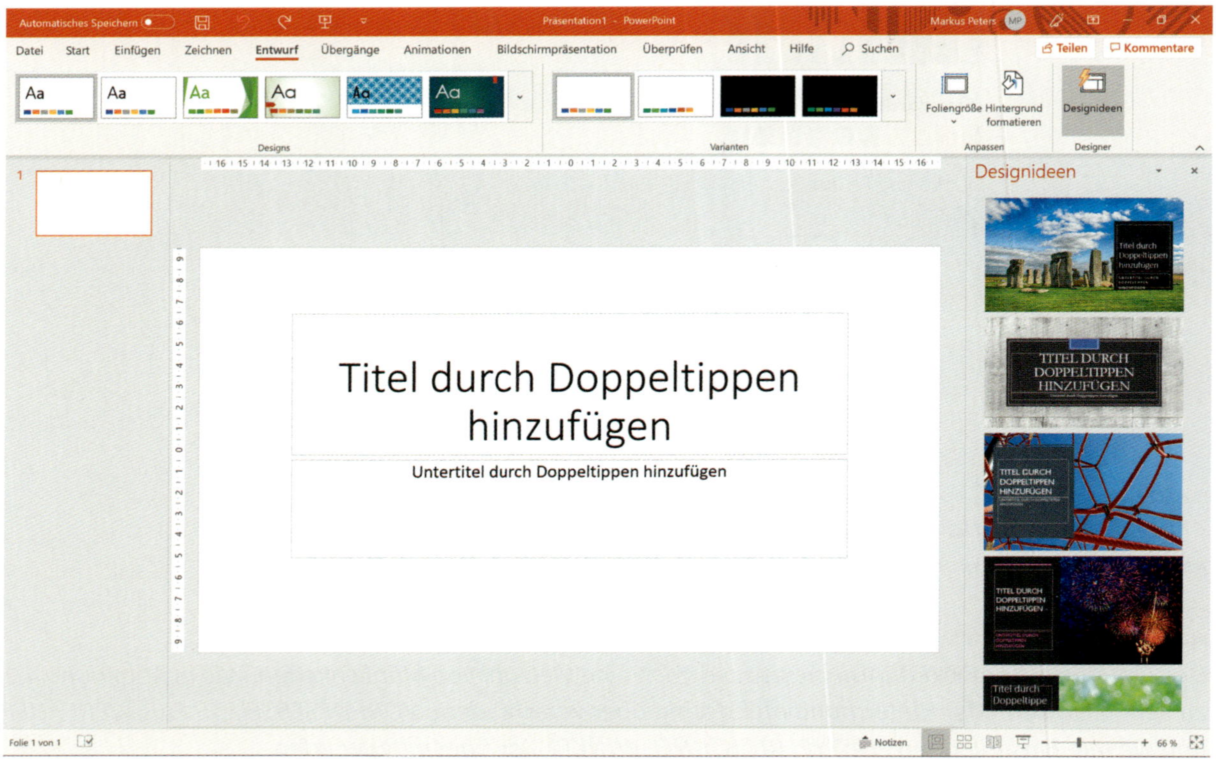

***Abbildung 4.4:** Designs*

Soll eine Präsentation als Design bzw. PowerPoint-Vorlage gespeichert werden, kann die Speicherung über SPEICHERN UNTER – MEHR OPTIONEN erfolgen. Wie in Abbildung 4.5 zu sehen ist, muss der DATEITYP: Power Point-Vorlage gewählt werden. Der Dateiname verändert sich dann automatisch und die Dateiendung lautet anschließend „.potx“. Es ändert sich automatisch (Abbildung 4.5 oben) auch der Speicherort. Die PowerPoint-Vorlage wird im dafür vorgesehenen Ordner „Benutzerdefinierte Office-Vorlagen“ oder in einem selbst gewählten Ordner gespeichert und kann für weitere Präsentationen erneut aufgerufen werden.

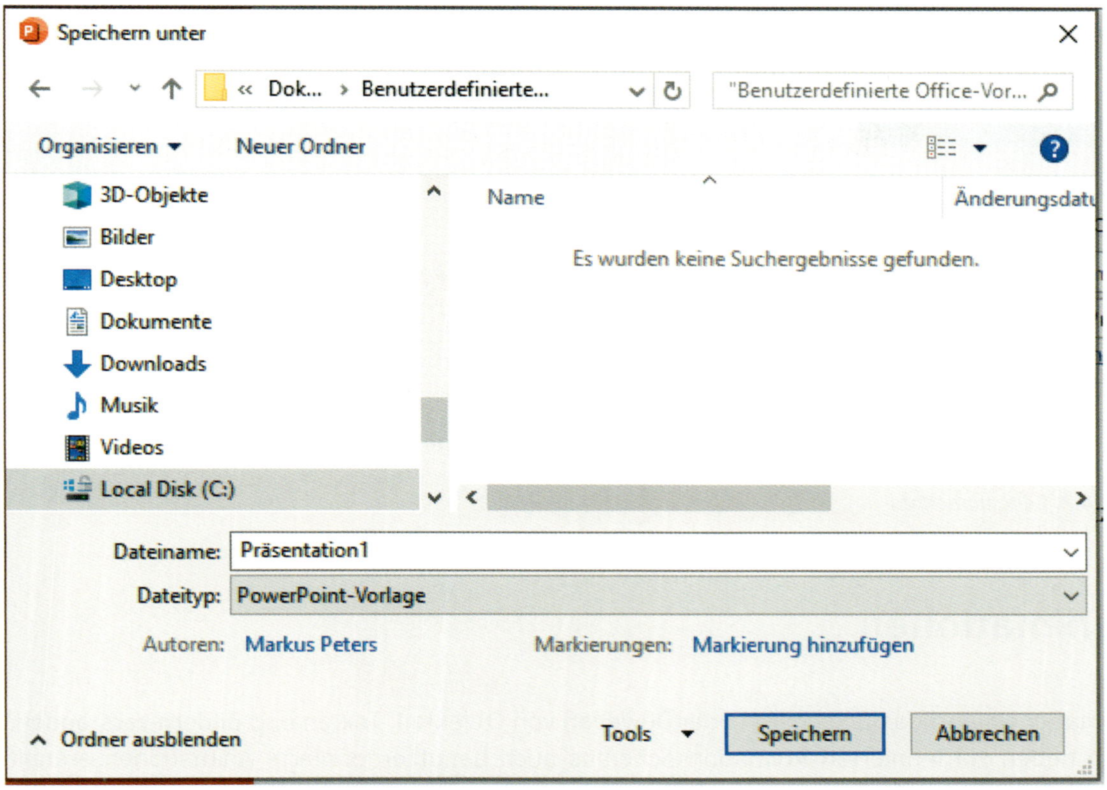

Abbildung 4.5: *PowerPoint-Vorlage – SPEICHERN UNTER – MEHR OPTIONEN*

Über ENTWURF – VARIANTEN – FARBEN können die Farben der Designs in Bezug auf Hintergrund, Titeltext, Text, Linien, Schatten und Hyperlinks festgelegt bzw. die zuvor ausgewählten Designs verändert werden. Über ENTWURF – VARIANTEN – SCHRIFTARTEN können die Schriftarten variiert werden usw.

Anmerkung

Als Hyperlink wird eine Verknüpfung (Querverweis) bezeichnet, mit der man auf ein anderes Dokument (z. B. andere Folie einer Präsentation) verweisen bzw. springen kann. Das Verzweigen mit Hyperlinks wird in Kapitel 10 ausführlich behandelt.

Farben bzw. Designfarben wirken sich auf alle Folien der Präsentation aus. Über Schaltfläche FARBEN ANPASSEN (siehe Abbildung 4.6 unten) können die Farben bearbeitet werden.

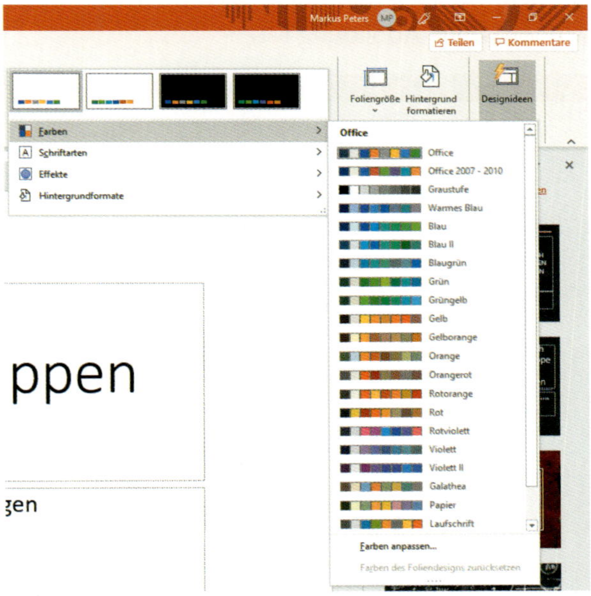

Abbildung 4.6: *Designfarben*

4.3 Seite einrichten

Über das Menü ENTWURF – ANPASSEN – FOLIENGRÖSSE lässt sich das Format der Folien ändern. Dies kann je nach Format des Papiers bzw. des Beamers sinnvoll sein. Auch eine BENUTZERDEFINIERTE FOLIENGRÖSSE ... kann wie in Abbildung 4.7 dargestellt, definiert werden.

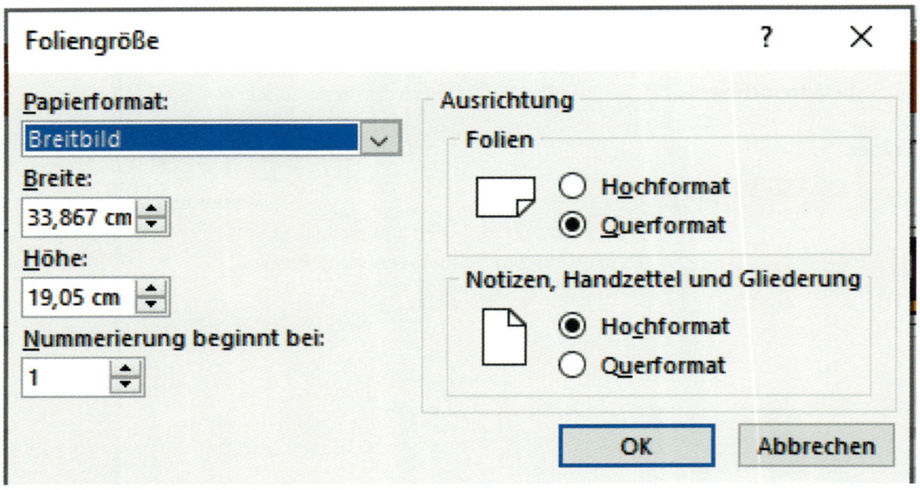

Abbildung 4.7: *Seite einrichten*

5 Animationen

Unter Animationen wird das Erscheinen oder Bewegen von Objekten, Texten und Bildern verstanden. Es können neben vordefinierten Animationsschemas auch benutzerdefinierte Animationen erstellt werden. Animationsschemas lassen sich u. a. über das Register ANIMATIONEN in der Gruppe ANIMATIONEN aufrufen. Um eine Folie zu animieren, muss zunächst ein Objekt bzw. Platzhalter markiert werden. Anschließend lässt sich über ANIMATIONEN – ANIMATIONEN ein Animationsschema auswählen (siehe Abbildung 5.1).

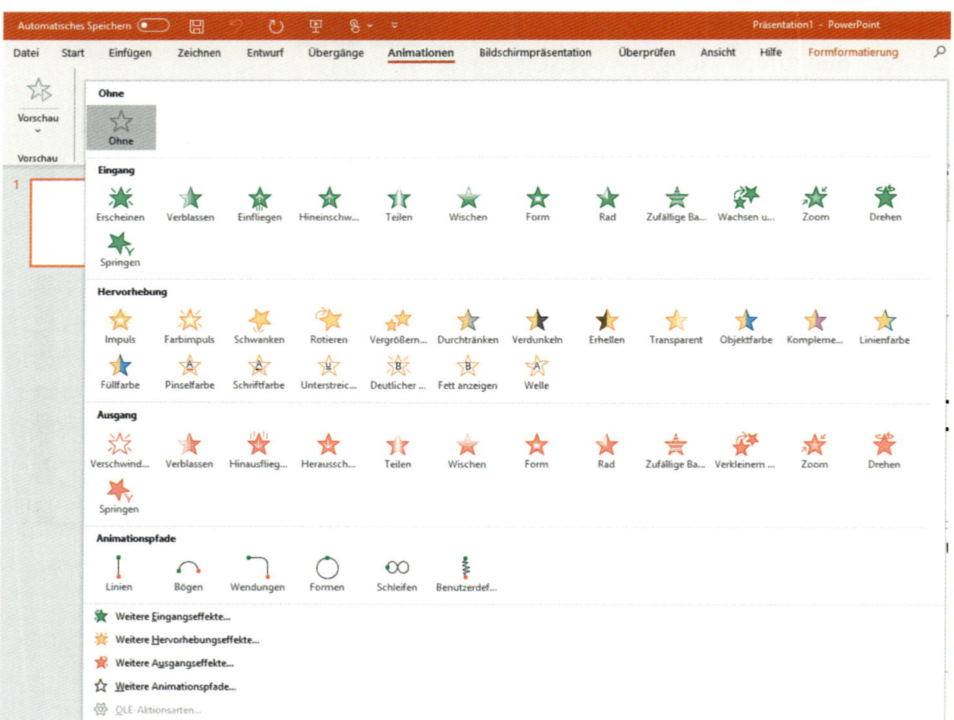

Abbildung 5.1: *Vordefinierte Animationen*

Anmerkung

Um die Animationen nicht für jede Folie einzeln vornehmen zu müssen, sollten die Animationen im Folienmaster vorgenommen werden.

Unter ANIMATIONEN – ERWEITERTE ANIMATION – ANIMATIONSBEREICH (Abbildung 5.2) lassen sich die bereits erstellten Animationen anzeigen. Hier kann für einzelne Objekte (Platzhalter, Grafiken usw.) einer Folie eine gesonderte Animation festgelegt und verändert werden. Es lassen sich Einstellungen, wie DAUER und VERZÖGERUNG, über das Register ANIMATION in der Gruppe ANZEIGENDAUER verändern.

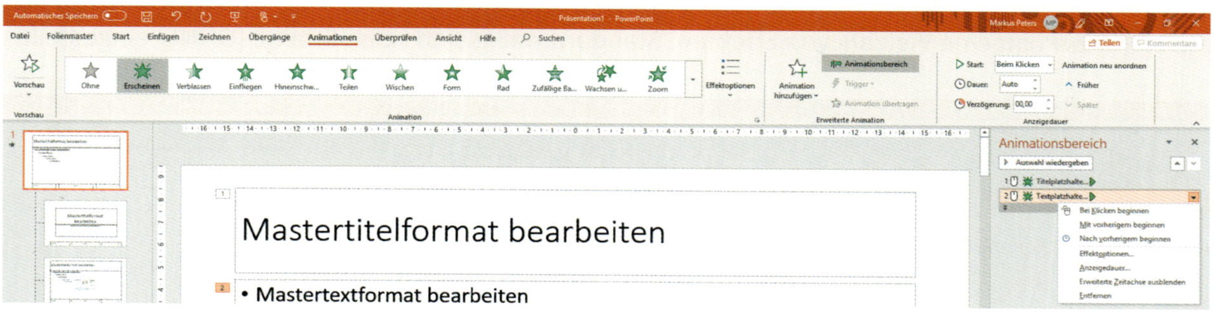

Abbildung 5.2: *Erweiterte Animation*

Im Animationsbereich kann die Reihenfolge der einzelnen zu animierenden Objekte gesteuert werden. Über die Schaltfläche WIEDERGEBEN AB bzw. das Symbol VORSCHAU (links oben im Register ANIMATION) kann die Animation erstmalig bzw. nochmals angesehen werden. Durch einen Klick auf die jeweils animierte Position (Dropdown) gelangt man zum sog. Kontextmenü (siehe Abbildung 5.2). Neben der Möglichkeit, hier beispielsweise den „Auslöser der Animation" für die entsprechende Animation festzulegen, lassen sich u. a. EFFEKTOPTIONEN ... definieren.

Nachfolgend werden beispielhaft die Effektoptionen für das „Erscheinen" gezeigt. Im Register EFFEKT (siehe Abbildung 5.3) lässt sich ein Sound hinzufügen, ein Abblenden des Textes bzw. Objektes erreichen und es können weitere Eigenschaften zu animiertem Text festgelegt werden. In den weiteren Registerblättern lassen sich die ANZEIGEDAUER und die TEXTANIMATION variieren. Je nachdem, ob Text oder Objekt und welche Animation gewählt wird, verändern sich die jeweiligen Registerüberschriften und -inhalte. Im Kapitel 9 „Einfügen von Diagrammen" wird darauf nochmals eingegangen.

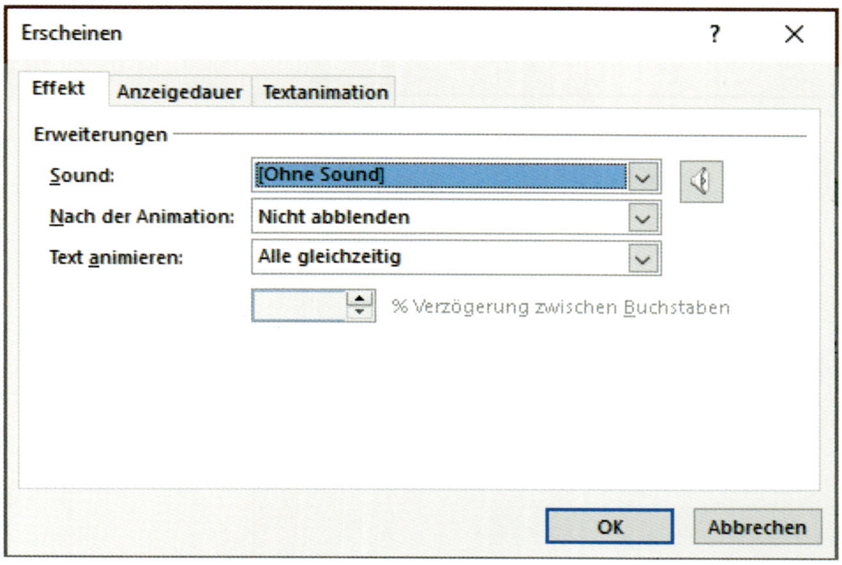

Abbildung 5.3: *EFFEKTOPTIONEN ...*

6 Folienübergänge

Als Folienübergang bezeichnet man die Art des Wechsels zwischen den einzelnen Folien. Über das Menü ÜBERGÄNGE – ÜBERGANG ZU DIESER FOLIE können die Übergänge zwischen den Folien innerhalb einer Präsentation mit Effekten versehen werden. Wie in Abbildung 6.1 dargestellt existieren in PowerPoint eine Vielzahl von Effekten. Standardmäßig sind keine Effekte (OHNE) eingestellt.

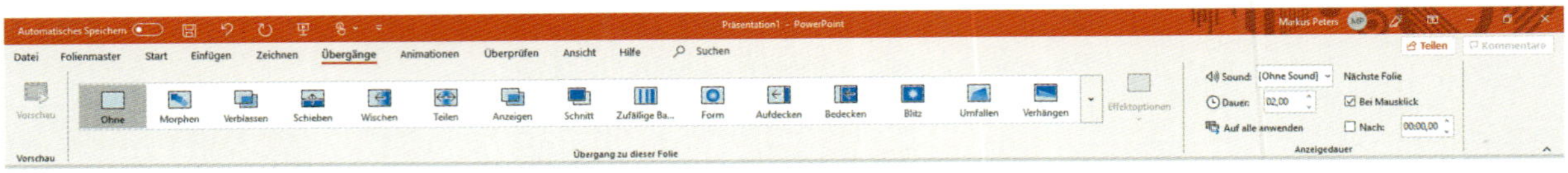

Abbildung 6.1: *Folienübergänge*

Die zur Verfügung gestellten Übergänge können in der Geschwindigkeit verändert oder mit einem Sound hinterlegt werden. Weiterhin kann ein Übergang über einen Mausklick (BEI MAUSKLICK) oder automatisch nach einer bestimmten Zeit (NACH:) ausgelöst werden. Folienübergänge können für einzelne und auch alle Folien (AUF ALLE ANWENDEN) eingestellt werden. Nach der Auswahl eines Übergangs wird dieser im Rahmen einer Vorschau angezeigt.

7 Formatierungen der Kopf- und Fußzeile

Die Möglichkeit zur Formatierung der Kopf- und Fußzeile erreicht man über das Menü EINFÜGEN – TEXT – KOPF- UND FUSSZEILE. Unter dem Register FOLIE (siehe Abbildung 7.1) lassen sich als Darstellungsformen für Datum und Uhrzeit AUTOMATISCH AKTUALISIEREN oder FEST vorgeben. Weiterhin kann ausgewählt werden, ob die FOLIENNUMMER und in der FUSSZEILE (mittlerer Bereich) sonstige Angaben, z. B. „Autor der Präsentation", dargestellt werden. Setzen Sie das Häkchen bei AUF TITELFOLIE NICHT ANZEIGEN, werden die Kopf- und Fußzeile auf der Titelfolie nicht angezeigt. Abschließend kann gewählt werden, ob die Eingaben für alle Folien (FÜR ALLE ÜBERNEHMEN) oder nur für die aktuelle Folie (ÜBERNEHMEN) übernommen werden sollen.

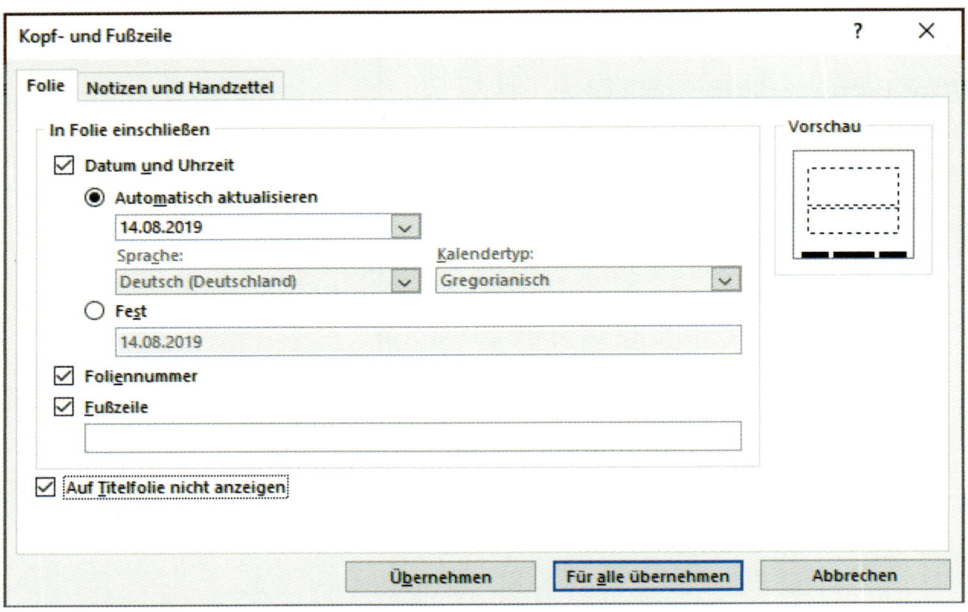

Abbildung 7.1: *Kopf- und Fußzeile*

Anmerkung

1. *Es lässt sich im standardmäßig nur die Zeile im Fuß der Folie (Fußzeile) formatieren. Möchte man auch Teile der „Kopfzeile" formatieren – z. B. den Autor in die Kopfzeile setzen – muss dieser Platzhalter im Folienmaster entsprechend in den oberen Teil der Folie geschoben werden.*
2. *Das Register NOTIZBLÄTTER UND HANDZETTEL wird im Zusammenhang mit dem Drucken (Kapitel 12) thematisiert.*

8 Einfügen von Organigrammen

Um eine hierarchische Unternehmensstruktur grafisch darzustellen, gibt es in PowerPoint die sogenannten SmartArt-Grafiken. Soll beispielsweise ein Organigramm auf einer neuen Folie eingefügt werden, muss im Menü EINFÜGEN – ILLUSTRATIONEN – SMARTART (siehe Abbildung 8.1) angeklickt werden (Alternative: Symbol SMARTART-GRAFIK EINFÜGEN auf der Mitte einer neuen Folie).

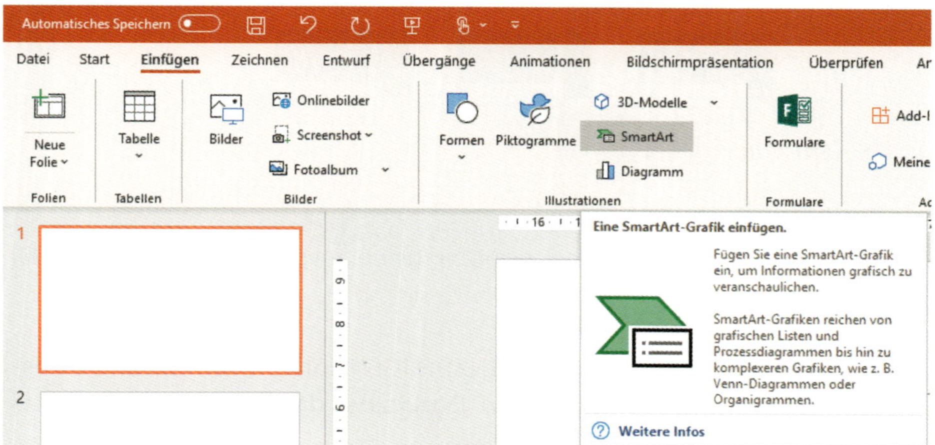

Abbildung 8.1: *SmartArt-Grafik einfügen*

Zum Erstellen eines Organigramms auf einer Folie muss im Fenster SMARTART-GRAFIK AUSWÄHLEN unter HIERARCHIE (siehe Abbildung 8.2) eine SmartArt-Grafik ausgewählt werden. Neben dem Organigramm stellt PowerPoint noch weitere Diagrammtypen zur Verfügung.

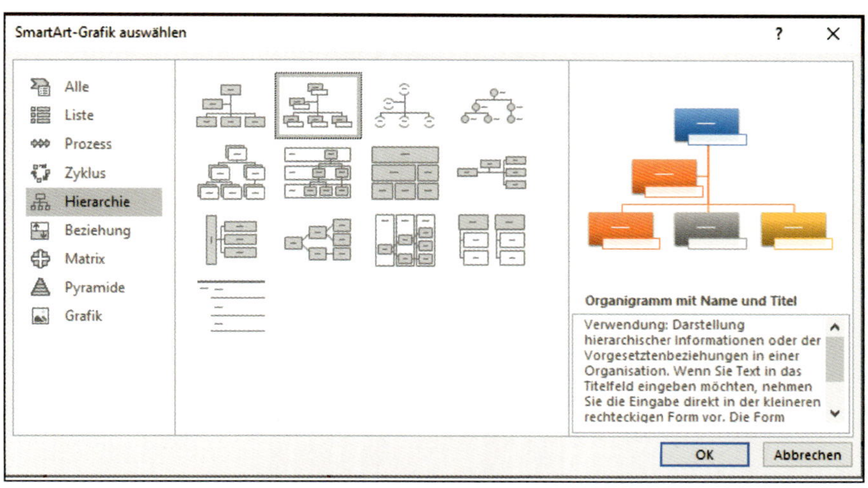

Abbildung 8.2: *SmartArt-Grafik auswählen*

Nach Auswahl einer SmartArt-Grafik (beispielsweise HIERARCHIE – ORGANIGRAMM) wird eine Grundstruktur eines Organigramms dargestellt. Nun lässt sich, wie in Abbildung 8.3 dargestellt, durch Klicken in ein jeweiliges Element [Text] einfügen (z. B. Geschäftsführung). Je nach Länge des Textes verändert sich die Schriftgröße im Organigramm.

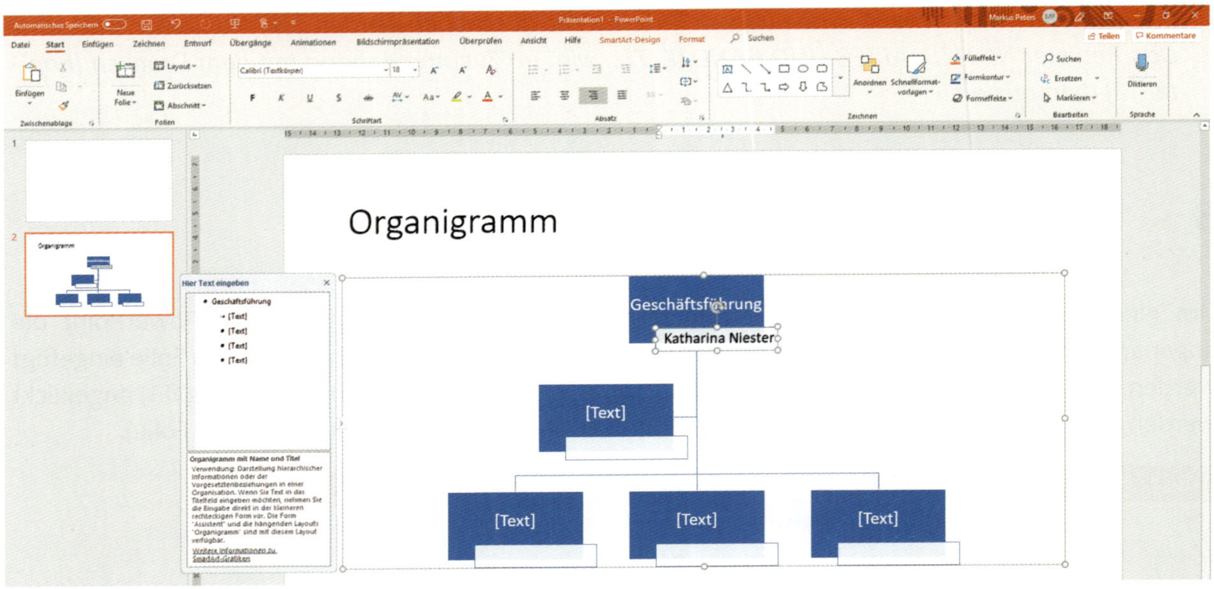

Abbildung 8.3: *SMARTART-TOOLS – ENTWURF*

Anmerkung

Das Register SMARTART-DESIGN und FORMAT sind nur sichtbar, wenn zuvor die Grafik ausgewählt wurde.

Über SMARTART-Design – GRAFIK ERSTELLEN – FORM HINZUFÜGEN können Formen und Assistenten zum bestehenden Organigramm hinzugefügt werden. Dazu muss das jeweilige Element des Organigramms markiert sein.

Die Schaltfläche LAYOUT bietet die Möglichkeit, neben dem dargestellten STANDARD die Elemente beispielsweise „hängend" anzuordnen. Auch dazu muss das jeweilige Element markiert sein. Über die Gruppe SMARTART-FORMATVORLAGEN lässt sich das Organigramm in der Farbe und im Aussehen unter SMARTART-DESIGN – LAYOUTS das Layout der SmartArt-Grafik verändern.

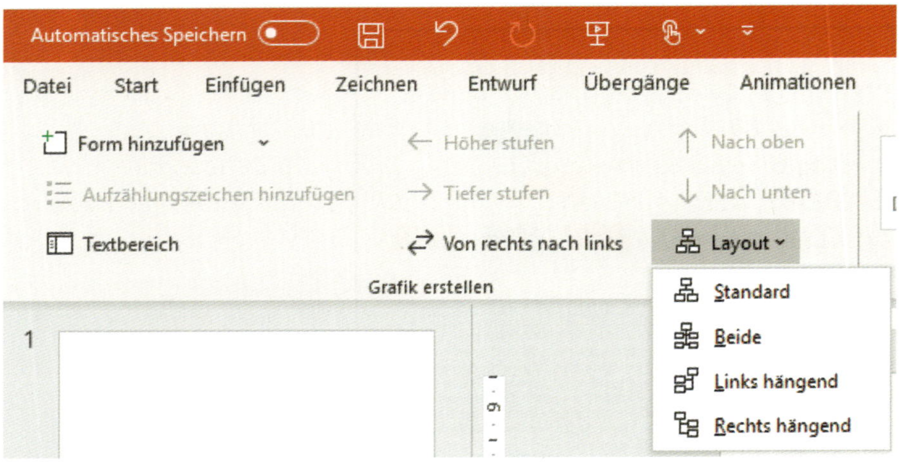

Abbildung 8.4: *Organigrammlayout*

9 Einfügen von Diagrammen

Im Menü EINFÜGEN – ILLUSTRATIONEN – DIAGRAMM (siehe Abbildung 9.1) lässt sich ein Diagramm in die Präsentation einfügen (Alternativ: Auswahl des Symbols DIAGRAMM EINFÜGEN). In der Folie erscheint nun das in Abbildung 9.2 dargestellte und aus Excel bekannte Fenster. Hier kann aus der Vielzahl von Diagrammtypen ausgewählt werden. Nach Auswahl eines Diagrammtypen startet automatisch das Tabellenkalkulationsprogramm Excel mit einer mit Beispieldaten gefüllten Tabelle. Sie können diese Daten entweder überschreiben oder löschen und neue Daten einfügen. Das Diagramm passt sich entsprechend Ihrer Eingaben an. Die sonstige Bearbeitung entspricht der aus Excel bekannten Vorgehensweise.

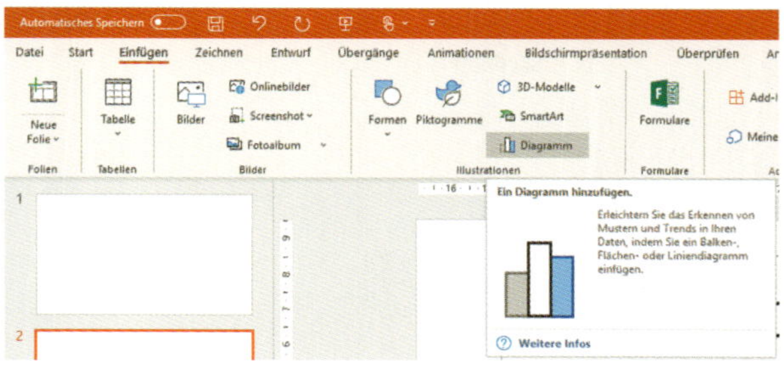

Abbildung 9.1: *Einfügen eines Diagramms*

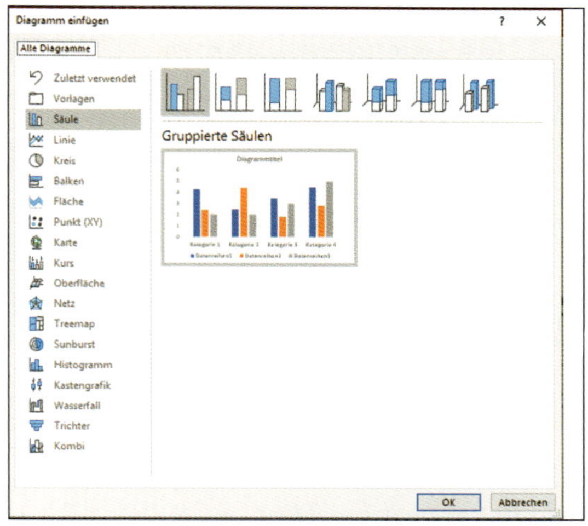

Abbildung 9.2: *DIAGRAMM EINFÜGEN*

Auch Diagramme lassen sich animieren. Beispielsweise kann bei einem Säulendiagramm jeweils durch einen Klick die nächste Säule eingeblendet werden. Zur Animation eines Säulendiagramms muss es zunächst durch Anklicken markiert werden. Anschließend muss der Animationsbereich aufgerufen und dem Diagramm eine passende Eingangsanimation (z. B. Erscheinen) zugewiesen werden. Über die rechte Maustaste kann man dann die EFFEKTOPTIONEN ... aufrufen (siehe auch Abbildung 5.3 in Kapitel 5) und über das Register DIAGRAMMANIMATION die gewünschte Einstellung (z. B. nach Kategorie) vornehmen.

Anmerkung

1. *Es ist zu beachten, dass die richtige „Eingangsanimation" gewählt wird, denn nicht jede Eingangsanimation lässt ein Animieren von Diagrammelementen (Säulen, Kreiselemente usw.) zu.*
2. *Neben dem Animieren von Diagrammen lassen sich auch Organigramme animieren.*
3. *Im Menü EINFÜGEN – ILLUSTRATIONEN – FORMEN kann neben SmartArt-Grafiken und Diagrammen eine Vielzahl von unterschiedlichen Formen in die Präsentation eingefügt werden.*

10 Verzweigen mithilfe von Hyperlinks

Um von einer Folie direkt zu einer anderen Folie „springen" zu können, kann ein sogenannter Hyperlink verwendet werden. Mit einer solchen Verlinkung ist es beispielsweise möglich, innerhalb der Präsentationsansicht durch Klicken auf einen Text, Objekt, Bild, Diagramm, eine Form oder WordArt direkt zur entsprechenden Folie zu gelangen.

Zur Erstellung des Hyperlinks muss beispielsweise der Text zunächst markiert werden. Anschließend kann die rechte Maustaste und dann die Option HYPERLINK ... angeklickt werden (alternativ: EINFÜGEN – LINKS – LINK EINFÜGEN). Im Fenster LINK EINFÜGEN können Sie nun die Verlinkung angeben. In der linken Spalte LINK ZU: kann, wie in Abbildung 10.1 dargestellt, AKTUELLES DOKUMENT ausgewählt und so ein Hyperlink zu den verschiedenen Folien der aktuellen Präsentation hergestellt werden. Im kleinen Fenster FOLIENVORSCHAU: sieht man eine Vorschau der jeweils ausgewählten Folie. Nach Bestätigung der Auswahl durch Klick auf die Schaltfläche OK erscheint der Text als Hyperlink. Er ist unterstrichen und in der Regel in einer anderen Farbe dargestellt.

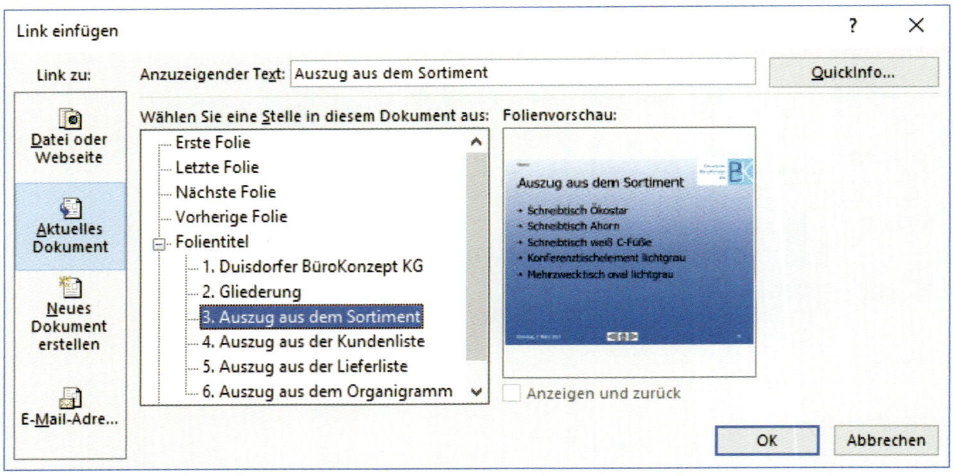

Abbildung 10.1: *Hyperlink einfügen*

Anmerkung

1. *Die Funktion des Hyperlinks wird erst in der Präsentationsansicht wirksam. Wie in Abbildung 10.1 dargestellt, gibt es auch die Möglichkeit, einen Hyperlink zu einer anderen DATEI ODER WEBSITE einzufügen. Weiterhin stehen die Optionen NEUES DOKUMENT ERSTELLEN und E-MAIL-ADRESSE zur Auswahl.*
2. *Die ZIELGRUPPENORIENTIERTE PRÄSENTATION bietet die Möglichkeit,* ***eine*** *Präsentation für verschiedene Zielgruppen, wie z. B. Auszubildende, Kunden und Lieferer zu erstellen. Bei der Präsentation werden dann nur die jeweils gewünschten Folien dargestellt, einige Folien bleiben – wenn gewünscht – ausgeblendet. Auf die Möglichkeit der zielgruppenorientierten Präsentation wird in diesem Buch nicht näher eingegangen.*

Unter Umständen kann es sinnvoll sein, die Farbe der Hyperlinks zu verändern, damit sie (auch nach einmaliger Nutzung als „besuchter Hyperlink") gut sichtbar sind bzw. bleiben. Dazu muss im Register ENTWURF – VARIANTEN – FARBEN – FARBEN ANPASSEN ... (siehe auch Kapitel 4) gewählt werden. Im Fenster NEUE DESIGNFARBEN ERSTELLEN (siehe Abbildung 10.2) können die Designfarben für LINK und BESUCHTER HYPERLINK durch Klick auf die jeweilige Schaltfläche verändert werden. LINK bezeichnet die Farbe des Hyperlinks, der noch „nicht besucht" (angeklickt) wurde, BESUCHTER HYPERLINK die Schemafarbe für den bereits „besuchten" (angeklickten) Link. Durch Klick auf die Schaltfläche SPEICHERN werden die geänderten Farben übernommen. ABBRECHEN macht die getätigten und noch nicht übernommenen Änderungen rückgängig.

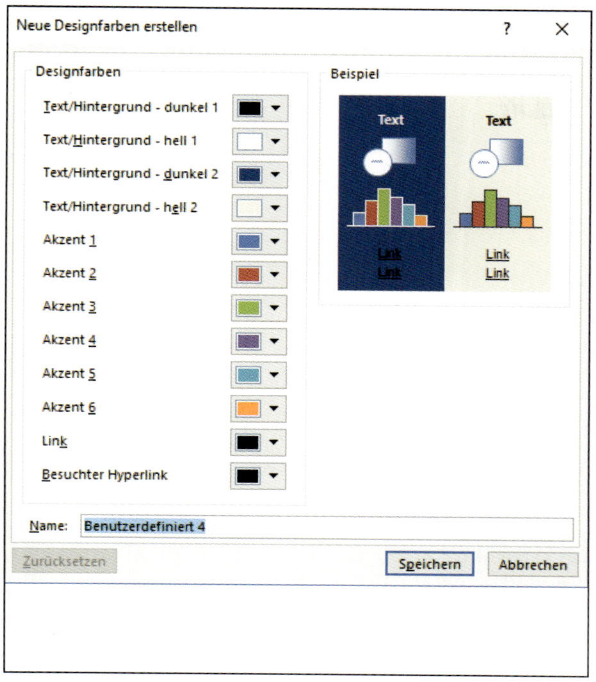

Abbildung 10.2: *Neue Designfarben erstellen*

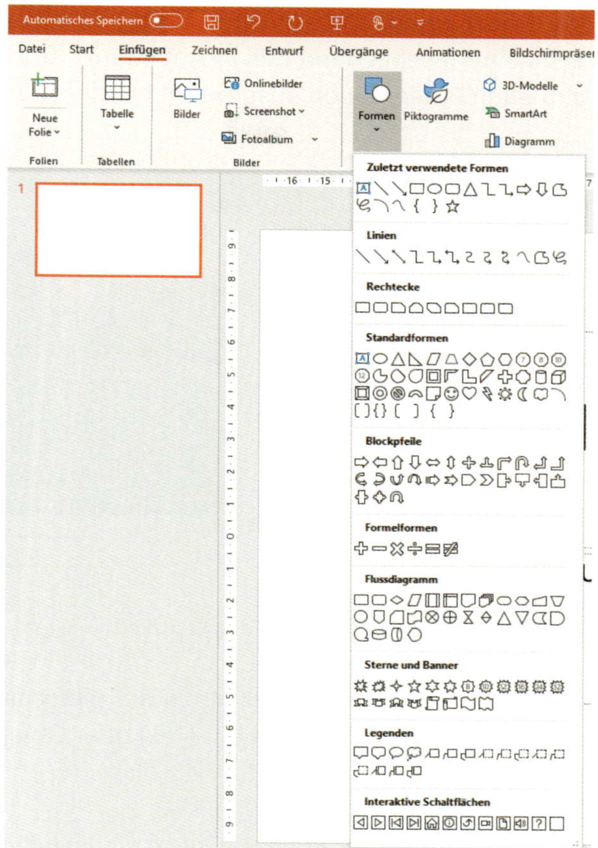

Abbildung 10.3: *Interaktive Schaltflächen*

Hyperlinks können auch über sogenannte interaktive Schaltflächen in eine PowerPoint-Präsentation integriert werden. Interaktive Schaltflächen können über das Menü EINFÜGEN – ILLUSTRATIONEN – FORMEN – INTERAKTIVE SCHALTFLÄCHEN aufgerufen und anschließend in das Dokument eingefügt werden. Wie in Abbildung 10.3 dargestellt, existieren zwölf verschiedene interaktive Schaltflächen, die bereits mit bestimmten Hyperlinks voreingestellt sind.

Diese voreingestellten Hyperlinks können problemlos geändert bzw. angepasst werden. Zum Einfügen muss zunächst die gewünschte interaktive Schaltfläche ausgewählt werden. Anschließend kann durch Drücken und Festhalten der linken Maustaste die Schaltfläche in gewünschter Größe und an gewünschter Position auf die Folie gezeichnet werden. Nach „Loslassen" der linken Maustaste erscheint das Fenster AKTIONSEINSTELLUNGEN (siehe Abbildung 10.4). Im Register MAUSKLICK kann über das Dropdown-Feld HYPERLINK ZU: unter anderem ERSTE FOLIE, LETZTE FOLIE oder FOLIE ... gewählt werden.

Die gleichen Funktionen stehen auch im Registerblatt MOUSEOVER (siehe Abbildung 10.4) zur Verfügung. Diese Aktionen werden in der Präsentationsansicht ausgelöst, indem man den Mauspfeil über die Schaltfläche bewegt.

Sollen Hyperlinks und/oder Interaktive Schaltflächen auf jeder Folie einer Präsentation erscheinen, können diese über den Folienmaster „eingebaut" werden. Siehe dazu Kapitel 3.

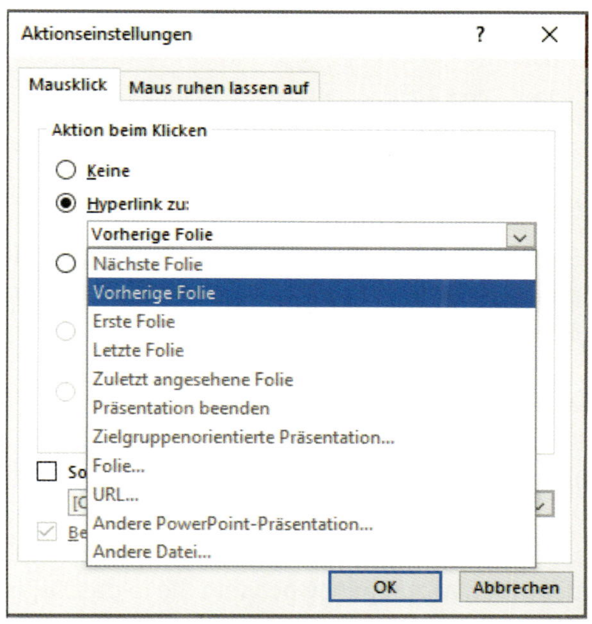

Abbildung 10.4: *Aktionseinstellungen*

Wird im Registerblatt MAUSKLICK – HYPERLINK ZU: – FOLIE ... (Abbildung 10.4) gewählt, so erscheint anschließend das in Abbildung 10.5 dargestellte Fenster. Hierin kann ein Folientitel der aktuellen Präsentation ausgewählt werden, zu dem verzweigt werden soll.

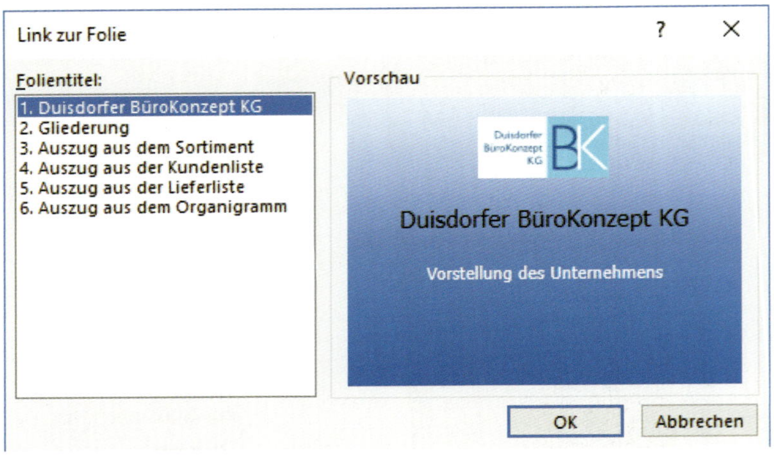

Abbildung 10.5: *Hyperlink zur Folie (Beispiel)*

Die Aktion des Hyperlinks kann in der Bildschirmpräsentation durch Klicken mit der linken Maustaste auf das jeweilige Element (Text oder Objekt) ausgelöst werden.

Anmerkung
Über einen Hyperlink kann u. a. auch eingestellt werden, dass beim Klicken ein Programm ausgeführt oder ein Sound wiedergegeben wird.

11 Zoom

Sie können einen Zoom in PowerPoint verwenden, um Ihre Präsentation lebendiger zu gestalten. Ein Zoom kann hinzugefügt werden, indem Sie im Register EINFÜGEN auf LINKS – ZOOM klicken.

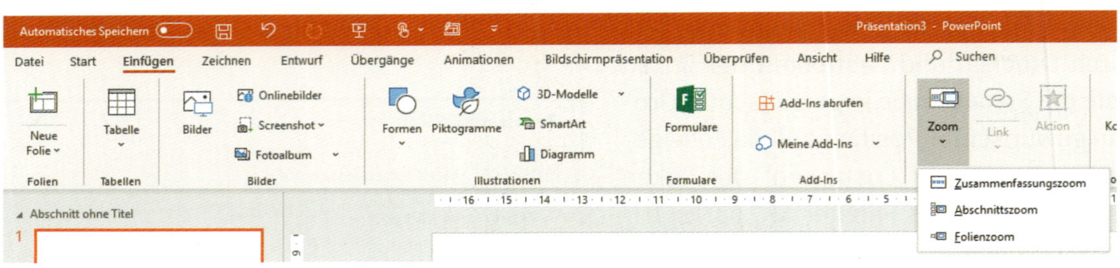

Abbildung 11.1: *ZOOM*

Sie können mit dem ZUSAMMENFASSUNGSZOOM die gesamte Präsentation auf einer Folie zusammenfassen. Möchten Sie nur ausgewählte Folien anzeigen, dann wählen Sie FOLIENZOOM aus. Beim ABSCHNITTZOOM wird nur ein einzelner Abschnitt angezeigt.

Anmerkung
Für die Nutzung des Abschnittszooms müssen zuvor Abschnitte in PowerPoint hinzugefügt werden (Register START – FOLIEN – ABSCHNITT – ABSCHNITT HINZUFÜGEN).

Um beispielsweise einen ZUSAMMENFASSUNGSZOOM als Überblick bzw. Gliederung für eine Präsentation anzulegen, wechseln Sie in das Register EINFÜGEN – LINKS – ZOOM – ZUSAMMENFASSUNGSZOOM. Wählen Sie anschließend die Folien aus, auf die „gezoomt“ werden soll. Anschließend wird automatisch eine neue Folie erzeugt, in der die ausgewählten Folien erscheinen. Während der Bildschirmpräsentation können Sie nun in die jeweiligen Folien zoomen.

Durch Anklicken auf eine der Folien (Symbol auf der Folie ZUSAMMENFASSUNGSZOOM) erscheint das Register ZOOM. Hier können insbesondere die ZOOMOPTIONEN bearbeitet werden (siehe Abbildung 11.2).

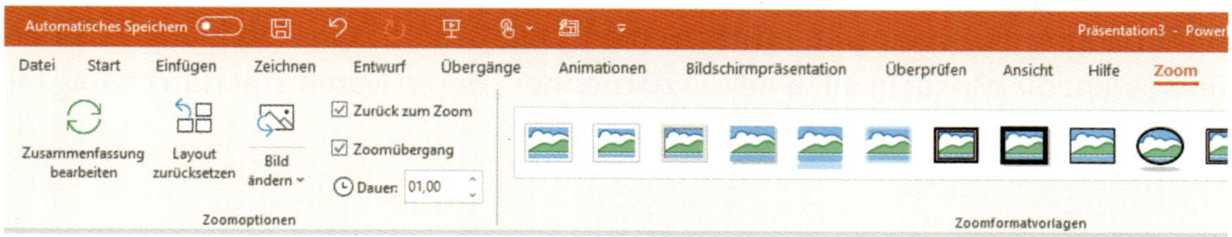

Abbildung 11.2: *Register ZOOM*

Anmerkung

Das Häkchen ZURÜCK ZUM ZOOM ist beim ZUSAMMENFASSUNGSZOOM automatisch gesetzt und führt dazu, dass nach der Präsentation von der „gezoomten" Folie wieder zur „Zusammenfassung" zurückgesprungen wird. Diese Einstellung muss bei Bedarf beim FOLIENZOOM und ABSCHSCHNITTS-ZOOM manuell angeklickt werden.

12 Speichern und exportieren einer PowerPoint-Präsentation

Häufig soll eine PowerPoint-Präsentation nicht auf dem PC oder Notebook vorgeführt werden, auf dem sie erstellt wurde. Daraus kann sich das Problem ergeben, dass auf dem Präsentations-Computer eine andere oder keine Version von PowerPoint vorhanden ist. Um eine Inkompatibilität der Versionen zu vermeiden und sicherzustellen, dass die Präsentation auch vorgeführt werden kann, gibt es in PowerPoint die Möglichkeit der computerunabhängigen Speicherung der Präsentation.

Generell können Sie die Präsentation über SPEICHERN bzw. SPEICHERN UNTER abspeichern. Wird SPEICHERN UNTER gewählt, kann die Präsentation in der OneDrive, in berechtigten SharePoints, anderen Clouds oder beispielsweise auf dem eigenen PC (DIESER PC) gespeichert werden.

Bei der Auswahl im Register DATEI – SPEICHERN UNTER – DIESER PC – MEHR OPTIONEN kann die Präsentation – neben einer Vielzahl von Formaten (z. B. PDF) – auch als selbstständig ablaufende Präsentation unter dem DATEITYP: POWERPOINT-BILDSCHIRMPRÄSENTATION (*.PPSX) gespeichert werden (siehe Abbildung 12.1).

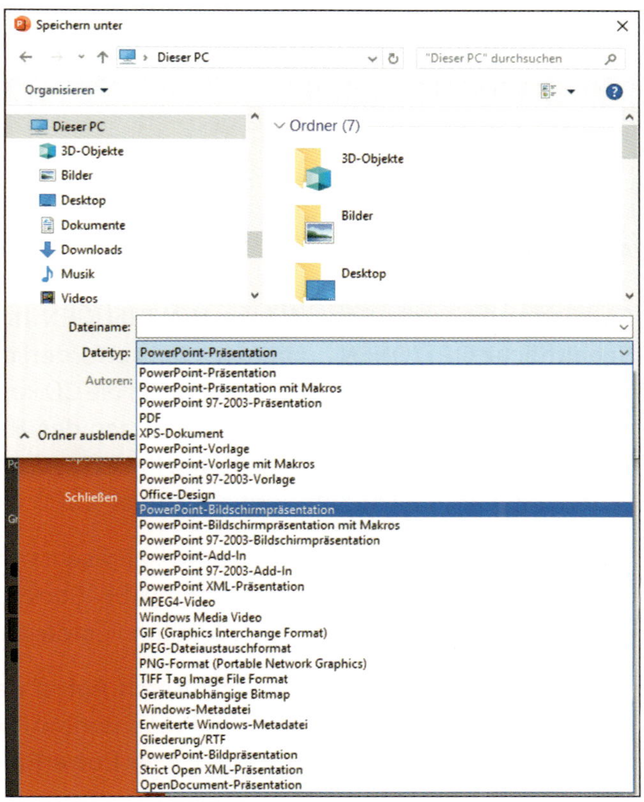

Abbildung 12.1: *Speichern unter*

Bei dieser Datei mit der Endung „ppsx“ wird die Bildschirmpräsentation durch Doppelklick auf die Datei sofort gestartet und schließt sich automatisch nach Beendigung. Um dieses Dateiformat nutzen zu können, muss PowerPoint oder zumindest der sogenannte PowerPoint-Viewer auf dem entsprechenden Computer installiert sein.

Um eine vollkommen computerunabhängige Präsentation zu erstellen, sollte man folgendermaßen vorgehen. Wird über DATEI – EXPORTIEREN – BILDSCHIRMPRÄSENTATION FÜR CD VERPACKEN – VERPACKEN FÜR CD (Abbildung 11.2) gewählt, öffnet sich anschließend das in Abbildung 11.3 dargestellte Fenster. Nun besteht die Möglichkeit, eine CD zu brennen, deren Name standardmäßig mit „Präsentation“ vorgegeben ist.

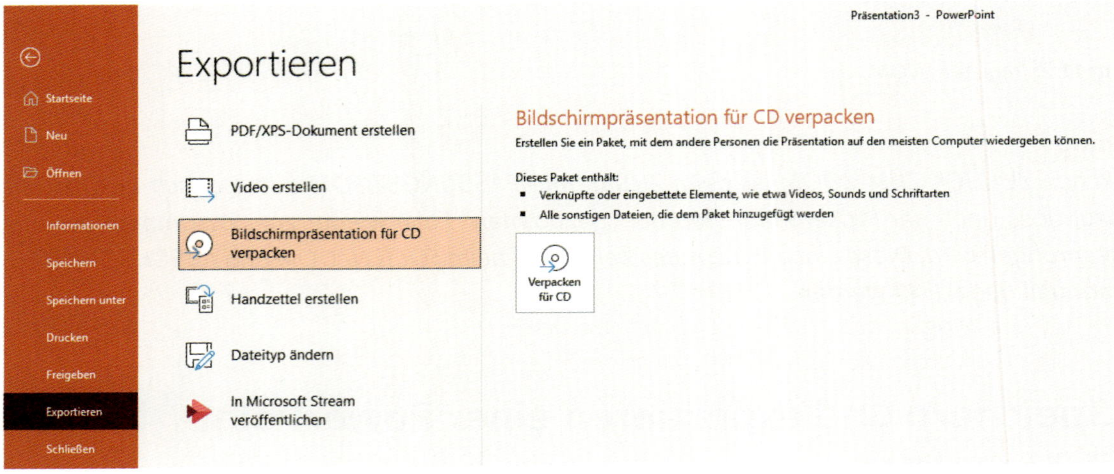

Abbildung 12.2: *DATEI – VERPACKEN FÜR CD*

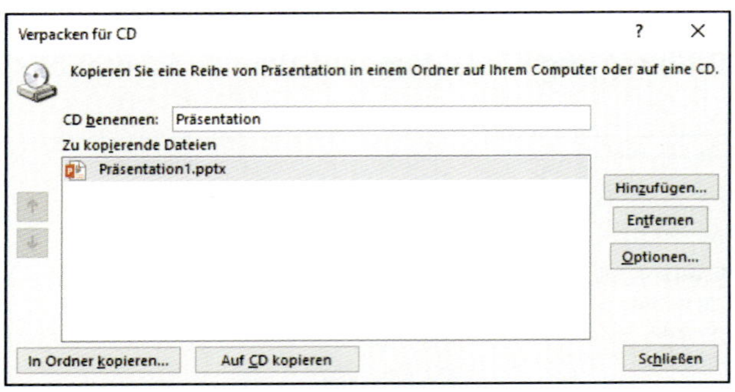

Abbildung 12.3: *Verpacken für CD*

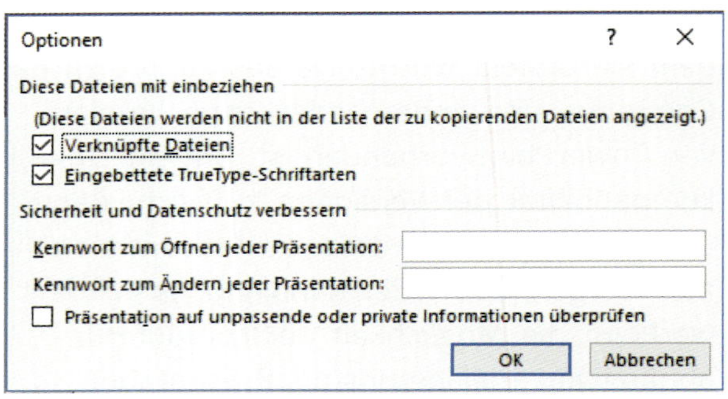

Abbildung 12.4: *Optionen (Verpacken für CD)*

Es können über die Schaltfläche HINZUFÜGEN noch weitere Dateien ergänzt werden. Über die Schaltfläche OPTIONEN ... können – falls erforderlich – VERKNÜPFTE DATEIEN bzw. EINGEBETTETE TRUETYPE-SCHRIFTARTEN zusätzlich auf die CD kopiert werden (siehe Abbildung 12.4). Die Vergabe eines Kennwortes ist möglich. Durch setzen des Häkchens bei PRÄSENTATIONEN HINSICHTLICH UNPASSENDER ODER PRIVATER INFORMATIONEN ÜBERPRÜFEN wird die Datei auf ausgeblendete Daten und persönliche Informationen überprüft.

Neben dem Kopieren auf eine CD kann die Präsentation über die Schaltfläche IN ORDNER KOPIEREN ... (siehe Abbildung 12.3) auch auf einem USB-Stick, einer externen Festplatte oder Ähnlichem oder in einem anderen Ordner auf der lokalen Festplatte gespeichert werden.

Nach dem erfolgten Kopieren kann durch Aufruf des html-Dokuments PresentationPackage.html im automatisch erstellten Ordner Präsentation\PresentationPackage direkt zum Download des PowerPoint-Viewers verlinkt werden. Der PowerPoint Viewer kann kostenlos von der Internetseite von Microsoft heruntergeladen werden.

Neben dem zuvor beschriebenen Verfahren, eine PowerPoint-Präsenation zu verpacken, können Präsentationen beispielsweise auch als Video oder PDF/XPS-Dokument exportiert werden.

13 Drucken

Beim Drucken einer PowerPoint-Präsentation gibt es eine Vielzahl von Möglichkeiten. Es können Folien gedruckt werden, die anschließend über einen Overhead-Projektor dargestellt werden können. Weiterhin können sogenannte Handzettel als Handout, Notizenseiten und eine Gliederungsansicht gedruckt werden.

Soll eine PowerPoint-Präsentation gedruckt werden, muss man im Register DATEI den Menüpunkt DRUCKEN wählen. Neben den aus Word bekannten Einstellungen können im unteren Teil des Fensters (siehe Abbildung 13.1) PowerPoint-spezifische Einstellungen zum Drucken vorgenommen werden. Es können, wie bereits beschrieben, Folien, Handzettel, Notizseiten und eine Gliederungsansicht ausgewählt werden.

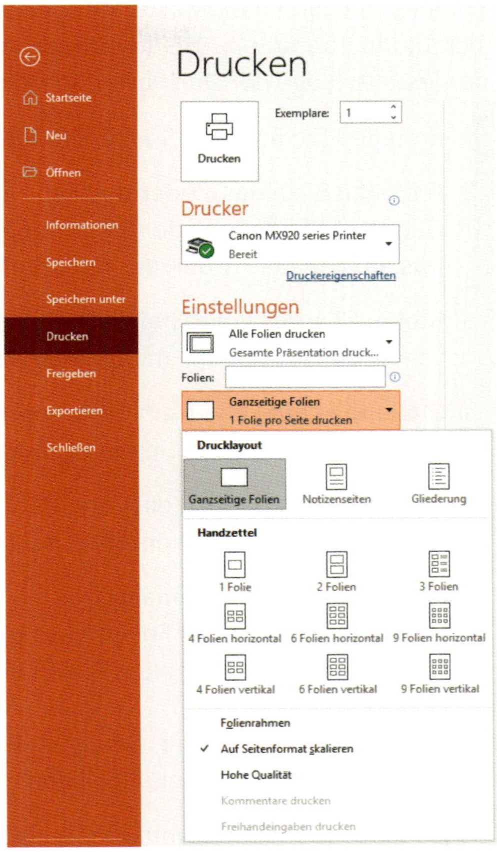

Abbildung 13.1: *Drucken*

Wie in Abbildung 13.1 dargestellt – besteht unter EINSTELLUNGEN die Möglichkeit, unter FOLIEN: nur bestimmte Folien(nummern) zu drucken. Standardmäßig werden GANZSEITIGE FOLIEN gedruckt. Als DRUCKLAYOUT lassen sich neben GANZSEITIGE FOLIEN auch NOTIZENSEITEN und GLIEDERUNG auswählen. Zusätzlich besteht in diesem Menü die Möglichkeit, Handzettel mit einer Folie bzw. bis zu neun Folien pro Seite zu drucken. Neben dem Ausdruck in FARBE können die Folien auch in GRAUSTUFEN und als REINES SCHWARZWEISS gedruckt werden.

Für den Druck von Handzetteln als Handout kann eine verschiedene Anzahl von Folien pro Seite (1, 2, 3, 4, 6 oder 9) angegeben werden. Die jeweilige Darstellung der Folien lässt sich in der Vorschau verfolgen. Weiterhin können die Folien AUF SEITENFORMAT SKALIERT angepasst sowie mit einem Folienrahmen versehen werden.

Über das Menü DATEI – DRUCKEN – KOPF- UND FUSSZEILE BEARBEITEN (siehe Abbildung 13.2) können die Seiten des Handouts umfangreich formatiert werden. Im Register NOTIZEN UND HANDZETTEL lassen sich DATUM UND UHRZEIT entweder AUTOMATISCH AKTUALISIEREN oder FEST eingeben (siehe Abbildung 13.2). Datum und Uhrzeit erscheinen standardmäßig auf dem Handzettel rechts oben. In die KOPFZEILE (erscheint links oben) kann ein beliebiger Inhalt eingetragen werden. Die SEITENZAHL steht – wenn gewünscht – standardmäßig rechts unten, die FUSSZEILE links unten. Soll die Position oder die Größe der Platzhalter für Datum und Uhrzeit, Kopfzeile, Seitenzahl und Fußzeile innerhalb der Handzettel verändert werden, muss über das Menü ANSICHT – MASTERANSICHTEN – HANDZETTELMASTER die gewünschte Änderung durchgeführt werden (siehe dazu auch Kapitel 3, Abbildung 3.1). Die Vorschau wird direkt im Druckfenster angezeigt.

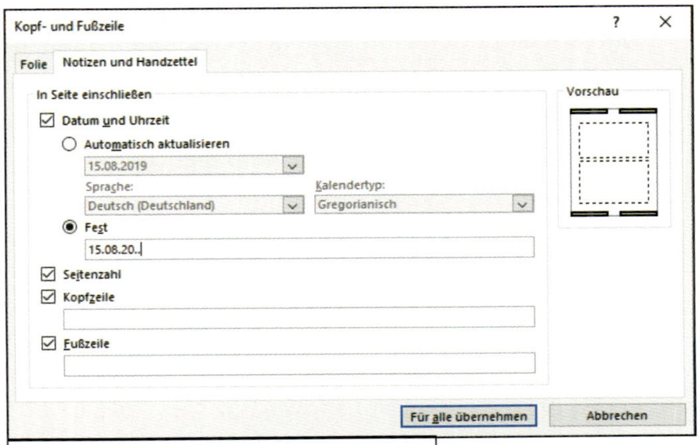

Abbildung 13.2: *Kopf- und Fußzeile*

14 Übungsaufgabe 1

Web

Erstellen Sie eine dem Muster entsprechende Präsentation. Übernehmen Sie alle Texte, Daten und sichtbaren Formate (z. B. Unterstreichungen, Aufzählungen, ungefähre Schriftgröße) wie im Muster dargestellt. (Logo der Duisdorfer BüroKonzept KG als Download im Webcode-Bereich: **BK_Logo**).

1. Erstellen Sie auf Folie 1 eine Titelfolie und gestalten Sie die Folie entsprechend dem Muster.

2 Erstellen Sie eine Gliederung (Folie 2) und sorgen Sie mithilfe von Hyperlinks dafür, dass von der Gliederung auf die in der Gliederung aufgeführten Folien verzweigt (gesprungen) werden kann. Passen Sie, die Farben der Hyperlinks an.

3. Stellen Sie auf Folie 3 einen Auszug des Sortiments der Duisdorfer BüroKonzept KG dar und versehen Sie die Folie mit beliebigen Animationen.

4. Stellen Sie auf Folie 4 einige Kunden und auf Folie 5 einige Lieferer der Duisdorfer BüroKonzept KG dar und gestalten Sie die Folie entsprechend dem Muster.

5. Stellen Sie auf Folie 6 ein vereinfachtes Organigramm der Duisdorfer BüroKonzept KG dar und gestalten Sie die Folie entsprechend dem Muster.

6. Nutzen Sie den Folienmaster:
   d) Fügen Sie auf allen Folien das Logo der Duisdorfer BüroKonzept KG ein.
   e) Verwenden Sie auf allen Folien ausschließlich (auch in der Kopf- und Fußzeile) die Schriftart Tahoma.
   f) Testen Sie mehrere Designs. Verwenden Sie abschließend wieder das Standarddesign „Larissa" und weisen Sie allen Folien als Hintergrundfarbe einen zweifarbigen Fülleffekt zu.

7. Erstellen Sie mithilfe von interaktiven Schaltflächen auf den Folien eine einheitliche Navigation, mit der man von den jeweiligen Folien auf die Gliederung, auf die nächste und auf die vorherige Folie springen kann. Auf der Titelfolie sollen keine interaktiven Schaltflächen dargestellt werden.

8. Formatieren Sie den Kopf und Fuß der Folien wie abgebildet:
   a) Sorgen Sie dafür, dass das jeweils aktuelle Datum angezeigt wird und formatieren Sie das Datum wie abgebildet.
   b) Sorgen Sie dafür, dass die jeweilige Foliennummer automatisiert angezeigt wird.
   c) Sorgen Sie dafür, dass Ihr Name im oberen Teil der Folien (wie abgebildet) dargestellt wird und ersetzen Sie Name durch Ihren Namen.
   d) Sorgen Sie dafür, dass die Fußzeile (bzw. Kopfzeile) nicht auf der Titelfolie angezeigt wird.

9. Weisen Sie allen Folien einen beliebigen Folienübergang zu.

10. Drucken Sie abschließend Ihre Präsentation aus. Dabei sollen Ihre Folien als Handzettel (Handout) auf einer Seite mit jeweils sechs Folien ausgedruckt werden. Auf der ausgedruckten Seite soll in der Kopfzeile Ihr Name und das jeweils aktuelle Datum mit ausgedruckt werden. Da es sich um lediglich eine Seite handelt, soll keine Seitennummerierung vorhanden sein. Drucken Sie das Handout in reinem schwarz-weiß aus.

MUSTER

Abbildung 14.1: *Folie 1*

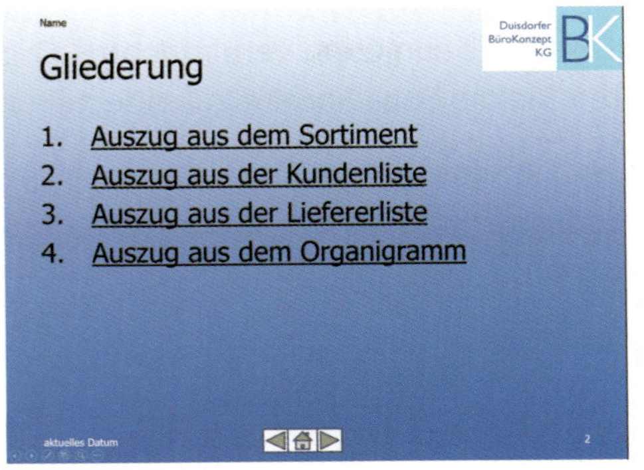

Abbildung 14.2: *Folie 2*

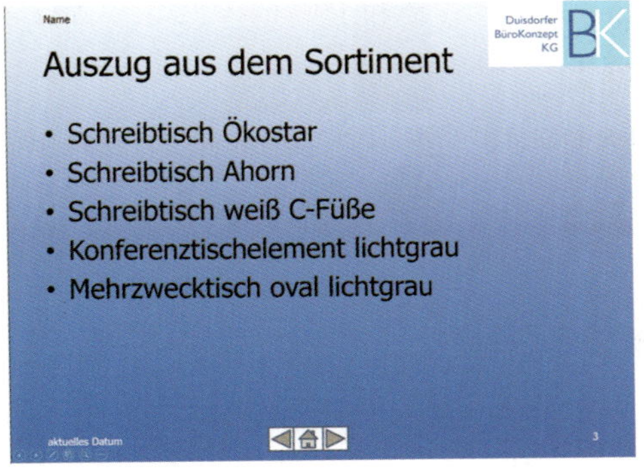

Abbildung 14.3: *Folie 3*

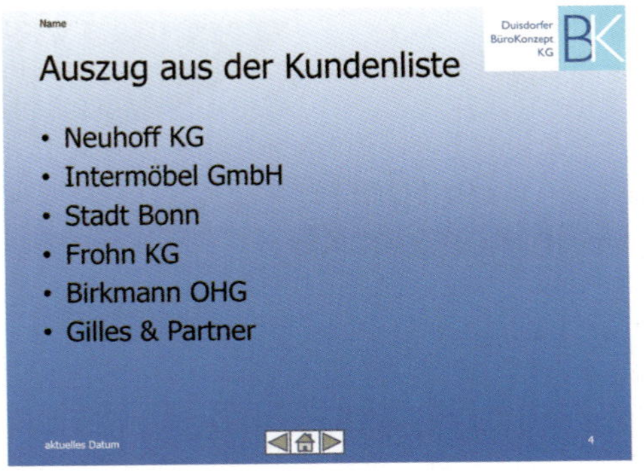

Abbildung 14.4: *Folie 4*

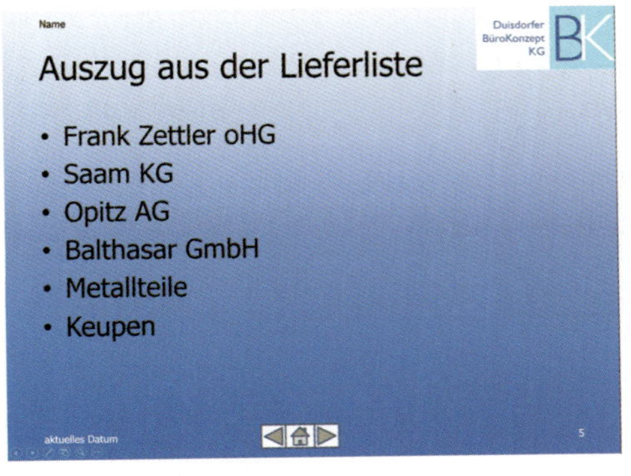

Abbildung 14.5: *Folie 5*

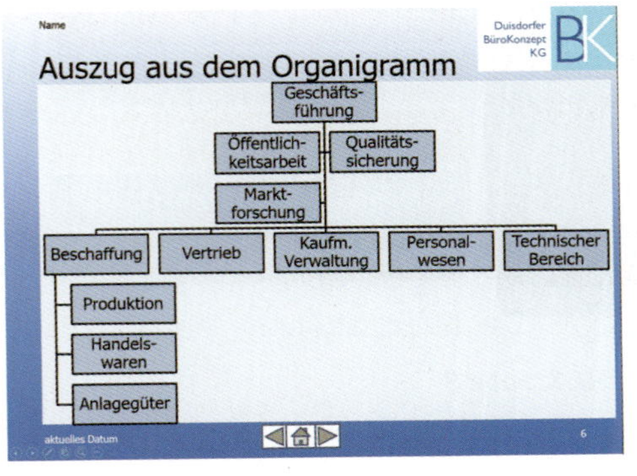

Abbildung 14.6: *Folie 6*

15 Übungsaufgabe 2[1]

Erstellen Sie eine dem Muster entsprechende Präsentation. Übernehmen Sie alle Texte, Daten und sichtbaren Formate (z. B. Unterstreichungen, Aufzählungen, ungefähre Schriftgröße) wie im Muster dargestellt (Logo der Duisdorfer BüroKonzept KG als Download im Webcode-Bereich: **BK_Logo**).

Web

1. Erstellen Sie auf Folie 1 eine Titelfolie und gestalten Sie die Folie, indem Sie eine beliebige Designidee verwenden.
2. Stellen Sie auf Folie 2 einen Auszug des Sortiments der Duisdorfer BüroKonzept KG dar und gestalten Sie die Folie, indem Sie eine beliebige Designidee verwenden.

[1] *Die Übungsaufgabe 2 kann in dieser Form nur mit Office 365 gelöst werden, da die DESIGNIDEEN in Office 2021 nicht zur Verfügung stehen. Die grafische Darstellung der Folien ist mit Office 2021 aufwendiger.*

3. Stellen Sie auf Folie 3 einige Kunden und auf Folie 4 einige Lieferer der Duisdorfer BüroKonzept KG dar und gestalten Sie die Folie; indem Sie eine beliebige Designidee verwenden.
4. Stellen Sie auf Folie 5 ein vereinfachtes Organigramm der Duisdorfer BüroKonzept KG dar und gestalten Sie die Folie; indem Sie eine beliebige Designidee verwenden.
5. Erstellen Sie eine Übersicht (neue Folie 2) und sorgen Sie mithilfe von einem Zusammenfassungszoom dafür, dass Sie in der Präsentation von der Übersicht auf die jeweiligen Folien zoomen können.

MUSTER

***Abbildung 15.1:** Folie 1*

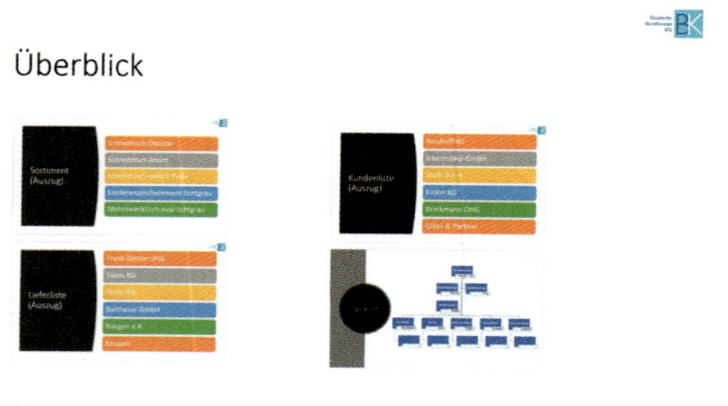

***Abbildung 15.2:** Folie 2*

***Abbildung 15.3:** Folie 3*

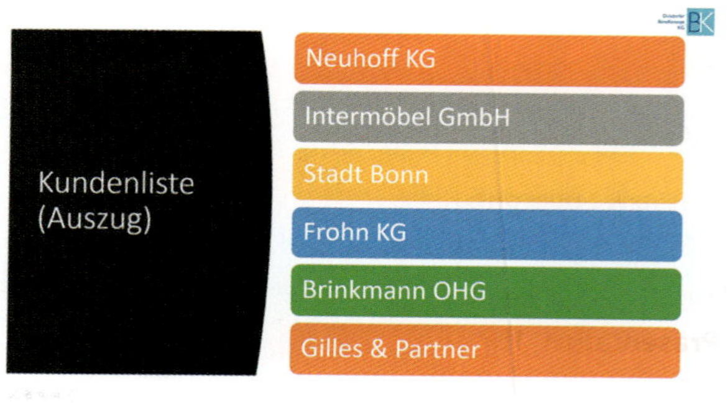

***Abbildung 15.4:** Folie 4*

***Abbildung 15.5:** Folie 5*

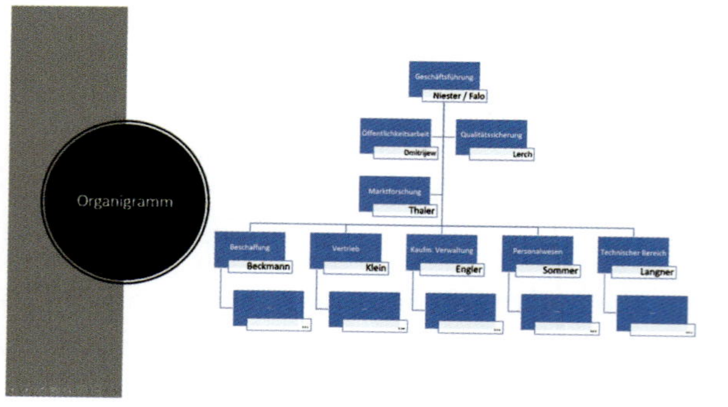

***Abbildung 15.6:** Folie 6*

Sachwortverzeichnis

Bildquellenverzeichnis

Apel, Olaf, Alfter: 112.1, 113.1, 114.1, 115.1.
Jouve Germany GmbH & Co. KG, München: 15.1, 112.2, 113.2, 114.2, 115.2.
Microsoft Deutschland GmbH, München: 20.1, 20.2, 21.1, 21.2, 22.1, 24.1, 24.2, 24.3, 25.1, 25.2, 26.1, 26.2, 27.2, 28.1, 28.2, 28.3, 29.1, 29.2, 29.3, 29.4, 31.1, 31.2, 31.3, 31.4, 31.5, 31.6, 32.1, 32.2, 32.3, 32.4, 33.1, 33.2, 34.1, 35.1, 35.2, 35.3, 36.1, 38.1, 38.3, 38.4, 39.1, 41.1, 43.1, 43.2, 46.1, 46.2, 47.1, 48.1, 48.2, 48.3, 48.4, 49.2, 50.2, 51.1, 51.2, 51.3, 52.3, 52.4, 53.1, 53.5, 53.6, 54.6, 55.1, 55.2, 56.1, 57.1, 58.1, 58.2, 75.2, 76.1, 76.2, 76.3, 77.2, 78.1, 85.1, 86.1, 86.2, 86.3, 87.1, 87.2, 88.1, 88.2, 90.1, 90.2, 90.3, 92.1, 92.2, 92.3, 93.1, 93.2, 93.3, 94.1, 94.2, 94.3, 98.1, 99.1, 99.2, 100.1, 101.1, 101.2, 102.1, 102.2, 102.3, 103.1, 104.1, 104.2, 105.1, 105.2, 105.3, 105.4, 106.1, 106.2, 106.3, 106.4, 107.1, 107.2, 111.1, 117.1, 118.1, 118.2, 119.1, 119.2, 120.2, 121.1, 121.2, 122.1, 122.2, 122.3, 123.1, 123.2, 124.3, 125.1, 126.1, 128.1, 128.2, 129.1, 129.2, 130.1, 130.2, 130.3, 131.1, 131.2, 132.1, 138.1, 139.1, 140.1, 141.1, 142.1, 142.2, 143.1, 143.2, 144.1, 145.1, 145.2, 146.1, 146.2, 147.1, 147.2, 148.1, 148.2, 149.1, 149.2, 150.1, 150.2, 151.1, 151.2, 152.1, 153.1, 153.2, 153.3, 154.1, 154.2, 155.1, 155.2, 156.1, 156.2, 156.3, 157.1, 157.2, 160.6.
Peters, Markus, Köln: 159.1, 159.2, 159.3, 159.4, 159.5, 159.6, 160.1, 160.2, 160.3, 160.4, 160.5.
Pürling, Elvira, Hennef (Sieg): 27.1, 30.1, 37.1, 38.2, 38.5, 41.2, 42.1, 42.2, 46.3, 49.1, 50.1, 52.1, 54.1, 54.2, 54.3, 54.4, 54.5, 56.2, 57.2, 58.3, 60.1, 70.1, 72.1, 75.1, 77.1, 78.2, 79.1, 89.1, 91.1, 95.1, 98.2, 103.2, 108.1, 120.1, 120.3, 120.4, 123.3, 123.4, 124.1, 124.2, 125.2, 125.3, 125.4, 127.1, 128.3.
stock.adobe.com, Dublin: Addison, Cyb 53.4; Alice 144.4; Amelia 138.5; BillionPhotos.com 138.4; evannovostro 144.3; iridi66 53.2; Kalytta, Ralf 67.1; Matthias 138.3; mrnai 144.2; nyul 137.1; oatawa Titel; Rawf8 17.1; RealVector 133.1; salita2010 138.2; Sarote 141.3; Shtepa, Andrey 141.2; Srisunon, Wichittra 53.3; Yeamake 52.2; zodar_ce 144.5.